公安院校体育教学方法理论与实践研究

徐淦斌　著

中国原子能出版社

图书在版编目(CIP)数据

公安院校体育教学方法理论与实践研究 / 徐淦斌著.
-- 北京 ：中国原子能出版社，2023.2
ISBN 978-7-5221-2075-1

Ⅰ. ①公… Ⅱ. ①徐… Ⅲ. ①公安－高等学校－体育教学－教学研究－中国 Ⅳ. ①D631②G807.4

中国国家版本馆 CIP 数据核字(2023)第 033206 号

公安院校体育教学方法理论与实践研究

出版发行 中国原子能出版社(北京市海淀区阜成路 43 号 100048)
责任编辑 王 蕾
责任印制 赵 明
印 刷 北京九州迅驰传媒文化有限公司
经 销 全国新华书店
开 本 787mm×1092mm 1/16
印 张 12.875
字 数 330 千字
版 次 2023 年 2 月第 1 版 印 次 2023 年 2 月第 1 次印刷
书 号 ISBN 978-7-5221-2075-1 定 价 88.00 元

前言

体能是人体抗负荷、抗疲劳和快速持久运动及最大限度发挥人体各器官的机能的能力。警察体能，是指警察先天具有的遗传素质与后天经过训练形成的身体有形能力和无形能力共同构成一个多层次的相对独立而有机的内稳态自组织系统结构。它的强弱是衡量警察体质水平高低的重要因素。警察体能训练是通过身体形态、身体机能、身体素质等训练，最大限度地发挥和提高自身各器官系统的机能在身体活动中所表现出的能力。其目的是适应公安工作及警务实战的要求，真正使警察做到“追得上、打得过、擒得住”。提高警察体能，增强警察体质，科学训练与评价，是提高警察战斗力的重要组成部分。

“体能”是警察体育教育训练的基础，是提升警察素质和战斗力的首要载体，并在当今警事科学研究、警察教育训练和警察队伍建设中形成了一种共识。为了满足公安院校大学生和警察职业培训工作的愿望和需求，本书在借鉴相关社会体育（体能训练）方面的有益经验和汲取警察体能训练实践的理论成果的基础上，提炼出了体能训练方面许多个性化的特殊训练内容、训练方法和训练要求。旨在通过科学训练来促进我国警察体能训练工作基础性的发展，充实警察体能训练理论，更好地为警察发展体能、增进健康、提升战斗力服务，使得我国警察对警察体能训练有一个较为全面动态的认知。

本书依据司法部《警察体育教学大纲》，结合教学实际经验编写而成。书中比较系统地从体能训练的基础知识和基本训练方法等方面进行了简明扼要的叙述，以期帮助参与者对警察体能训练的内涵有所了解；浅显易懂地提供了一些符合公安大学生（警察）健身活动需要的运动项目和形式多样的体能训练方法，以期激发锻炼者对警察体能训练产生浓厚的锻炼兴趣和爱好；确立体能训练的标准，提出训练目标的方向，对提高警察体能训练的质量、效果，有一定的参考价值，同时对延续、发展和开发、更新警察体能训练的研究成果和实践经验，有积极促进的作用。

本书紧紧围绕着“取之于学、用之于学”的原则，探索和揭示了体能训练的基本规律；力求内容科学、合理，突出了简单、易学、易练、易掌握的特点；尽可能地反映出体能训练理论与实践的统一，综合性和专门性训练的统一。本书共分为十二章，第一章是公安院校体育教学概述，介绍了警察体育教学的目的、任务、原则和教学方法；第二章是公安院校体能训练理论与方法，分为警察体能训练的原则、要素、方法、疲劳与恢复和运动中猝死的预防五个部分；第三章对公安院校攀登训练做了简介；第四章介绍了公安院校越障碍训练，包括特点、动作分类、动作技术和自我保护方法；第五章介绍了公安院校体能训练中的心理训练与心理恢复；第六章从现状、改革思路、构建原则、分组与测试指标、指标权重和测试方法六方面对公安院校体能测试评价进行说明；第七章是公安院校体能训练健康教育；第八章介绍了警察的游泳训练与水中救护；第九章至第十一章对散打基本技术训练、套路技术、实战技能训练进行讲解；第十二章对公安院校公共体育进行简要介绍。

受理论和实践条件及水平所限，本书难免出现诸多不妥之处，恳请各位专家、同行和读者提出宝贵意见和建议，以便进一步修改和完善。

目录

第一章　公安院校体育教学概述

公安院校是培养合格人民警察的摇篮。江泽民同志在党的十六大报告中指出：坚持教育创新，深化教育改革，优化教育结构，合理配置教育资源，提高教育质量和管理水平，全面推进素质教育，造就数以亿计的高素质的劳动者、数以万计的专门人才和一大批拔尖创新人才。从而明确了教育和人的素质对国家振兴的重要性。

由于国际局势和国内的国情，党和国家对人民警察的素质要求越来越高。作为培养人民警察的专业学校，在警察素质的培养上具有艰巨的任务。素质既是先天的，更主要的是来自后天的教与学，实践和积累。人的素质具体包括政治素质、思想道德素质、科学文化素质、体能素质和心理素质等。政治素质是人生的精神支柱，优良的道德品质是取得社会好的评价的基础；科学文化素质是在社会竞争中取得胜利的基本条件；良好的体能素质和心理素质是参与社会竞争的基本保障。所以公安院校的体育教学，要以素质教育为基础，注重人的道德品质培养、体能的训练和心理素质的提高。培养“德、智、体、美”全面发展的、合格的人民警察。

第一节　警察体育教学的目的和任务

警察体育教学是人民警察学校教育工作的重要组成部分，是把学生培养成为有理想、有道德、有文化、有纪律的人民警察的一项重要的训练手段。因此，公安院校的教育工作必须把警察体育教学摆到重要位置，切实搞好警体教学。

一、警察体育教学的目的

公安院校的学生所接受的体育教育是就业前的教育，所以，警察体育教学的目的是：增强学生体质，促进身心发展，提高警技素质，培养学生的警体技能，在“德、智、体、美”方面得到全面发展，达到警察学校教育的目的，为将来能担负起预防犯罪、打击犯罪、教育和改造罪犯的任务打下良好的基础。

二、警察体育教学的基本任务

（一）全面锻炼学生的体质

(1) 促进学生身体的正常发育和机能的发展，培养健壮的体魄。

(2) 促进学生的身体素质和基本活动的全面发展。

(3) 增强身体对外界自然环境的适应能力。

（二）掌握警察体育的基础知识、技术与技能

(1) 使学生了解警察体育教学在学校工作中的重要地位和在实际工作中的重要意义，处理好教与学之间的关系。

（2）掌握警察体育中的基本知识，着重提高擒拿技术，手枪射击和缉捕等方面的技术与技能，以适应今后工作的实际需要。

（3）学会科学的锻炼方法，养成自觉锻炼的习惯，逐步提高运动技术水平。

（三）向学生传授运动生理卫生和运动损伤的基本知识，使学生能安全地从事警体训练，预防和减少运动损伤

（1）掌握运动生理卫生知识，为警体训练作指导。

（2）了解体育锻炼中常见的生理现象，并知道怎样预防及处理。

（3）了解常见运动损伤的预防和处理。

（四）进行思想品德教育

（1）教育学生热爱共产党、热爱祖国，提高为社会主义现代化建设锻炼身体的自觉性和责任感，培养学生为警察事业献身的精神。

（2）培养学生具有沉着、勇敢、机智、灵活的素质以及吃苦耐劳和勇敢克服困难的优良品质。

（3）培养学生严守纪律、团结紧张、严肃活泼的工作作风，养成服从命令、听从指挥的习惯。

（4）培养学生的文明行为，使学生具有良好的社会公德和职业道德。

第二节　警察体育教学的原则

警察体育教学原则是警体教学中必须遵循的基本要求和准则，是从事警体教学和警体研究的人们长期实践经验的总结和概括，也是警体教学过程中客观规律的反映。

正确地理解和贯彻警体教学原则，对明确教学目的，选择和安排好教材内容，正确地运用教学方法，提高教学效果，加速教学进程，更好地完成教学任务具有重要的意义。

警体教学原则有：思想性原则、增强体质的原则、科学性原则、实用性原则。

一、思想性原则

警察体育教学要体现思想性，要向学生进行共产主义道德品质教育，培养学生忠于人民、忠于党，热爱本职工作，有高度的组织性、纪律性，有顽强的意志品质和良好的职业道德。

二、增强体质的原则

警察体育教学要以有效地增强学生体质，促进身体机能为准则。在有利于全面发展学生身体素质的同时，要重视传授警体技能和技术，把增强身体素质和提高专项技术、技能有机结合起来，起到互相促进的作用。

三、科学性原则

警察体育教材内容的选择和安排应与学生的年龄特点、生理和身体素质相适应，要符合学生认识事物的基本规律、人体生理机能活动变化的规律以及动作技能形成的规律。在教材的难易程度上，要考虑到各部分内容的体系、层次具有一定的系统性，应该突出重

点，由易到难，循序渐进。警察体育教材的内容应反映警察系统教育工作、警察专项技能和体育科学发展的新成果，同时在传统的教学基础上不断更新，逐步改进。

四、实用性原则

警察体育教学要在有效增强学生体质的前提下，突出人民警察工作的特点，讲求实效。在加强警体“三基”（即基本知识、基本技术、基本技能）教学的基础上，注意搜集第一线的实践经验，并吸收军事体育项目中的实用技术，培养学生具有较扎实的警体基础和较强的实践应用能力。警察体育教学要与学生的专业知识、技能紧密联系，以适应公安工作发展的需要。

第三节 警察体育的教学方法

教学是教和学的统一。教学是学生在教师的指导下学习知识、掌握技能、提高身体素质的过程。教和学是密切结合在一起的，“教”起着主导作用。而在“教”的过程中，教法又是完成教学任务、达到教学目的的主要手段。

一、教学步骤

（一）教师讲解示范

警体课的教学多采用直观示范性方法，学生通过观察、模仿教师的动作，经过人体的感官，来感受技术动作，以建立动作的概念，通过实践加深理解认识。这就要求教师正确地做好示范动作，着重讲解动作过程、要领，带领学生做模仿练习。这种讲解与示范，是建立正确动作概念的基本途径。

（1）教师在教学过程中，用语言向学生说明动作名称、作用、要领，启发学员思维，这属于讲解。讲解时要注意符合学生的实际理解程度，正确地运用术语。语言要精练、扼要、抓住关键，减少不必要的讲解内容。

（2）教师或指定的学生用具体的动作为范例，使学生了解动作形象、结构和完成的顺序，这属于示范。示范要先做准备，并要注意示范位置、示范面和示范方向，以便给学生留下更直观的印象。

（二）学生体会、模仿、掌握技术动作

教学中，必要的讲解示范后，大部分时间应让学生体会技术动作。任何一个新的动作，初学者都不能很完善地把它实现出来，起初甚至不知道该怎样去完成。因此，一个新的技术动作的形成要经过泛化、分化、自动化三个阶段。

1．泛化阶段

在练习初期，练习者注意力范围较狭窄，只能集中于个别动作上，不能控制动作的细节。在新的动作方式没有形成之前，练习者在进行个别动作时往往顾此失彼，致使动作发生错误。这一阶段的主要特点是忙乱和紧张，动作呆板而不协调，因出现多余动作而造成动作不连贯，缺乏控制能力。

2．分化阶段

通过进一步的实践以及教师有目的的深入讲解，正确地示范和纠正错误，逐步理解和掌握动作的实质以及各个动作之间的内在联系，使动作逐渐变得连贯、准确并且加快。在这个阶段练习者的紧张程度有所减低，但并未完全消除，动作的相互矛盾和干扰减少，多余动作趋向消除。

3．自动化阶段

自动化阶段即巩固阶段。这一阶段，学生对技术动作要领基本能正确掌握并准确完成。然后，学生需要反复的训练。“拳打千遍，身法自然。”说明只有重复练习，才能使各个动作联合成为一个有机的系统并巩固下来。这时，练习者的紧张状态和多余动作都已消除，注意力范围扩大，并能根据条件的变化而迅速、准确地完成所需要的动作，达到运用自如的程度，使动作巩固定型。

二、教学手段

教学中教师应根据动作技能形成的特点，采用不同的教学方式来完成教学任务。

（1）完整教学：完整教学是指完整的学习动作，从开始到结束，不分段落，不分部分，一次性完成。这种方法有利于掌握动作的内在联系，对动作的某些环节容易掌握。

（2）分解教学：分解教学是把动作分成几个部分，按动作部分的顺序逐步地进行学习，最后完全掌握动作。这种方法可以各个击破，有利于掌握动作，但容易造成脱节。

因此，在教学中，一般是两种方法相互补充运用。

三、教学中应注意的几个问题

（1）课前做好准备活动。

（2）教师做示范讲解动作时，学生不能自行模仿，以免分散注意力。

（3）学生练习动作时，要行动划一，力求做到令行禁止。

（4）学生练习对抗性动作时，要强调体会动作，切不可斗气“较劲”，避免发生意外伤害事故。

（5）学生要注意培养自己的武德修养，调整好心理状态。

第二章　公安院校体能训练理论与方法

第一节　警察体能训练原则

警察体能训练原则是根据一定的训练目的，在体能教育训练实践经验的基础上，遵循体能训练规律与指导规律而制定的指导体能训练工作实践的基本要求。其包含四个方面的含义：第一，体能训练原则从属于体能训练目的，是为实现体能训练目的而服务；第二，体能训练实践经验是制定体能训练原则的基础；第三，体能训练原则的确立有赖于对体能训练规律和指导规律的认识；第四，体能训练原则对体能训练内容、方法、组织形式的设计与运用等起指导作用。

体能训练原则与训练原理、训练规则、训练规律和指导规律密切相关，但在具体研究与实践中却存在相互混淆的现象，它们的关系应是相互区别、相互联系、相互渗透、相互制约、互不替代、相辅相成的辩证统一。警察体能训练规律与指导规律是在体能训练过程中客观存在、不以人的意志为转移的某种内在本质联系或本质之间的联系。当规律还隐藏在事物内部未被揭开时，即在没有外在表现形式的情况下，规律是纯客观性质，而规律一旦被揭示就脱离纯客观状态掺入了人的主观因素。因此，被揭示的规律是客观内容与主观形式的统一体，是存在与思维的统一体。既不能绝对地划入主观意识的一方，也不能绝对地划入客观存在的另一方。对于警察体能训练规律与指导规律的认识，如果用一定的体能训练术语、命题来表述，这种反映和表述就属于体能训练原理范畴。体能训练原理是对于体能训练现象认识结果的逻辑语言表述。根据体能训练原理提出的体能训练的要求就是体能训练原则，所以体能训练原则是借助体能训练原理来反映体能训练规律与指导规律的，它是在体能训练原理中提出体能训练的要求，用来规范体能训练怎么做。体能训练原理的属性是理论性较强，体能训练原则是体能训练实践活动的准则，偏于实践层面。一般根据体能训练规律与指导规律来阐述体能训练原则，体能训练原则又是体能训练规律与指导规律的反映。但是，体能训练规律与指导规律和体能训练原则不是一一对应的关系，根据一条规律可以提出多条训练原则，而有的训练原则也反映着不同训练规律的要求。体能训练原则是借助一定的体能训练规则来实现的。体能训练规则是体能训练活动中共同遵守的制度或规章。体能训练规则是体能训练原则的组成部分和具体细节，每个体能训练原则都包含一系列具体的体能训练规则。我国著名的马克思主义哲学家华岗同志在《规律论》导言中指出："社会上对于规律或法则这个概念和范畴的含义，却常有不同的了解和分歧，误用和滥用的现象甚为普遍。例如，有人把法则（规律）同法律相混淆，有人把规律同原理、原则或规则相混淆，有人把定律与定理相混淆，也有人把仅仅属于自己主观愿望而在客观实际上未曾存在的东西当作规律，有人甚至认为可以随心所欲地创造规律和废除规律，如此等等。"在警察体能训练理论与原则的研究中，上述情况也不同程度地存在，因此，要厘清警察体能训练原则的内涵与外延，区分与相关概念的不同点，努力克服主观片面随意性。

警察体能训练活动的组织者和参与者都应该深刻理解和认识其训练规律与指导规律，严格遵循警察体能训练规律去组织体能训练，才有可能取得良好的训练效果和优异成绩。任何违背警察体能训练规律与指导规律的认识和实践，都必然会受挫乃至失败，甚至受到惩罚。

一、理论与实际相结合原则

警察体能训练是一门综合性的科学，既涉及哲学、史学、经济学、社会学、教育学等社会科学，又涉及生理学、生物学、生化学、心理学、医学、生命科学等自然科学。所以，体能训练必须遵循科学原理和客观规律，运用科学理论知识指导、探索和创新训练。在训练过程中遵循科学原理，就是遵循人体解剖学、人体生理学、生化学、遗传学、物理学等与训练相关的科学原理。遵循客观规律，就是要遵循人体身心发育规律、认识规律、机能变化规律、训练适应规律、技能形成规律等，同时还要遵循各项目训练的特殊规律。这些科学原理和客观规律都在一定程度上反映了训练这一事物发展过程中事物之间内在的、本质的、必然的联系。遵循科学原理和客观规律，不是按部就班、循规蹈矩，而是在遵循中探索、在运用中创新。因此，警察体能的训练要理论联系实际，遵循科学原理和客观规律，要克服训练中理论与实际脱离的弊病，鼓励受训人员战胜在体能训练中遇到的困难，不断地提出切合实际的任务和要求，并根据受训者的健康状况、素质状况、技能基础、学习态度、接受能力和意志品质等方面的实际情况，制定切实可行的训练方法。

二、科学训练原则

科学训练就是在遵循科学原理和客观规律的基础上，充分运用多学科知识和现代科学技术，以揭示训练规律，创新训练理论、方法和手段，获取最佳训练效果为目的的具有探索性和创造性的实践过程。训练中对重点内容的调整，对训练方法的改进等，都是一种探索和创造过程。在这一过程中，人们不能预知调整或改进后的有效性，科学训练就是在反复的探索过程中，在失败与成功的体验中，找到成功的奥秘，揭示其中的规律，得到现有训练理论所没有认识到的或人们所意识不到的答案和结果。科学的发展永无止境，警察体能训练的发展也是一个由低级到高级不断深化的无限过程，它永远不会停留在一个水平上，它必须不断探索、不断实践、不断创新、不断发展。由于警察体能是以形态、机能、素质为基本层次，由多种能力共同构成的一个多层次相对独立的综合系统，同时对于人体速度、力量、耐力、灵敏、柔韧等素质要求较高，因此，在训练中的具体内容要具有针对性和实用性，进行科学的训练。应针对主要的、实用的体能反复锤炼，以提高操作质量，同时在训练中要把大无畏的精神和科学的态度有机地结合起来。

运用科学训练原则进行训练应当注意的是：其一，要把握好与训练经验的关系。训练经验是连接共性与个性的桥梁，是实施科学化训练不可缺少的基石，没有经验是无法指导训练实践的。但是，也应该清楚地认识到，如果固守原有经验不放，必然会使训练走向死胡同。所以，经验必须与科学相结合，上升为理论，才更有科学性和普遍的指导意义。其二，体能训练科学化的问题。依照系统科学理论，体能训练科学化是一个系统概念，即用科学化的标准对体能训练全过程实施最佳控制，从而取得优异效果，实现系统目标的系统工程。体能训练科学化是在科学训练的基础上，按照系统性、整体性和有效性原则构建起来的科学训练体系。科学训练是一种具体的具有探索性、创造性的实践过程，是体能训练科学化的重要体现。科学训练是体能训练科学化的内核，体能训练科学化的实现依赖于科学训练水平的提高。体能训练科学化是一项复杂的系统工程，它涉及训练过程的方方面面，包括科学选材、科学诊断、系统目标体系、训练计划与训练组织实施的科学安排与控制、科学恢复、科学监测、情报信息等，此外，还与社会、家庭、学校有千丝万缕的联系。其科学化水平有赖于各环节因素的整合，讲求整体效应。不过，在其他环节或其他因素尚未发生质变的情况下，某一环节或某一因素的改善、突破，可以带动整体效应的突破。事实上，如果不考虑现有条件，不尊重客观事实，要求任何一个警队都要按照体能训练科学化的理想模式，按照它涉及的方方面面，一丝不差地进行训练，那么许多训练活动就无法组织实施。因此，由于体能训练科学化是呈多环节、多因素的复杂的动态系统，在一定时间内，仍然处于从局部环节到整体、从探索走向成熟的过渡阶段，各种困难、问题和矛盾较多，只有抓好对全局有长远影响，却又是当前薄弱环节的关键因素，才能逐步实现体能训练科学化的目标。

三、从实战出发，战训一致原则

从实战出发，战训一致的原则是指根据警察在执行警务行动过程中实战的特点和要求，紧密结合可能担负的任务，努力缩短训练与实战的距离，提高队伍战斗力。努力缩短训练与实战的距离，这是因为警察在训练过程中所达到的体能能力的水平又称为训练水平，它反映着训练中警察体能的发展程度，训练水平并不能完全代表实战体能能力。因此，不能为训练而训练，更不能为表演而训练，必须努力缩短训与战的距离，达到战与训的相对一致。为了贯彻这一原则，在警察体能训练中，应坚持从难、从严、从实战出发、大负荷训练的理念，选择与预定实战相似的地形和气候，设置仿真的实战环境，不断增强训练难度及强度，在近似实战的情况下锻炼受训人员，紧密联系实际，磨炼战斗意志。

从难，首先，要讲究训练手段的实效性，只有经过艰苦的训练才能打下良好的基础；其次，要在各种艰难的条件下，进行从难训练；最后，要根据世界警察训练发展新形势，进行新技术、方法、手段的适应训练。从严，首先，要严肃对待受训者表现出来的各种思想问题，及时进行教育，对其作风、纪律严格要求；其次，在训练中对任务的完成，务必严格要求，一丝不苟；最后，科学制定各警种、各层次的训练内容和考核标准。从实战出发，就是要在战术背景条件下进行训练，加强对警察体能的严格训练、严格考核，以适应实际工作和实战的需要。大负荷训练，不是盲目地追求形式上的大负荷，而是进行科学的大负荷训练。训练强度具有累积效应，训练量仅指强度积累量，对于提高体能水平来说，唯有有效强度才是有用的。在实际体能训练过程中，有效强度量引起的自主适应性变化水平总体依从于强度波动均值，而体能水平表现的可能性则在于个体强度负荷训练安排的最小值与最大值之间。训练的科学化程度与体力消耗是成正比、同步发展的，即训练的科学化水平越高，受训者机体就越有能力接受大负荷的刺激，训练过程就越接近人体所能担负极限的水平，负荷安排越大，体力消耗也就越大。体能类项目尤其如此，技能类项目同样遵循这一法则。训练越科学，完成动作的难度就越大，强度也就越大，而不会使训练变得更轻松。所以，科学训练与大负荷训练成正比关系，训练越科学，负荷的安排并非越小，训练越科学，才能最大限度地挖掘潜力，达到最大训练效果。从运动能量的角度上讲，体能训练是一个不断积累并释放人体内部由肌肉和神经发生的生物能量的过程。能量积累的多少决定了训练水平的高低，能量释放的优劣决定了训练成绩的高低。科学的体能训练就是一个不断扩大运动能量来源和最大限度地聚集能量的过程，而大负荷训练是能量积累最有效的手段之一。能量积累过程是阶段式的，当某一阶段聚集的能量达到一定限度时，就必须要进行能量的阶段性更替，这种阶段性更替不是以丧失原有能量水平为条件的，而是在每一个新阶段中继续保留原来质态并加入新的质态，是以承接新的负荷刺激或更新训练内容等为条件的。从这个意义上讲，要进行科学的大负荷训练，要加大—适应—积累—再加大—再适应—再积累，利用现代科学技术，开辟更广泛的渠道，挖掘潜能，实现能量最有效的积累和体能水平最大限度的提高。进行大负荷训练，就是促使受训者苦练加巧练，保证在负荷极限水平上进行合理有效的训练，不断提高训练水平。

四、训练负荷量与强度及恢复的统一性原则

训练负荷是以身体练习为基本手段，对警察机体施加的训练刺激，使其产生训练适应。任何施加在警察机体上的训练负荷，都包含负荷量和负荷强度两个方面，从而对机体产生综合训练效应。一般来说，机体对负荷强度的刺激反应较强烈，就能较快地提高机体各器官的适应能力，产生的训练适应性也就较深刻。但相对负荷量而言，机体所产生的适应不太稳固，消退也较快。在警察体能训练中，负荷强度往往决定着警察体能水平所能达到的高度。负荷量与负荷强度是矛盾的统一体，既相互联系又相互制约。任何负荷量都是以一定的强度为条件而存在，同时负荷强度也以一定的量为其存在的必要基础，一方面的变化必然会导致另一方面的相应变化。训练中负荷量与负荷强度并存，有一定的训练量必然有一定的训练强度，反之亦然。训练负荷量与负荷强度存在一定的组合关系：做最大强度的身体练习时负荷量要小；做次极限强度训练时负荷量为中等；做中等强度训练时可用次极限负荷量；做小强度训练时可用最大负荷量。负荷量的增加为强度的提高奠定了基础，强度的提高又为量的增加创造了条件。两者相辅相成，使训练负荷逐渐增加，逐步增强机体对训练的适应程度。现代体能训练越来越重视负荷强度，它对机体的适应影响起着比负荷量更为重要的作用。据研究，在训练负荷诸因素中，训练强度为首，训练次数次之，训练时间和训练量为末。大强度的训练可达到时间短、收效快的效果。然而，训练强度犹如一匹烈马，控制得当，体能水平会很快提高，反之则会给受训者造成伤害或过度疲劳。为此，合理选择训练的强度，寻求负荷量与强度的各种组合，从而产生适应训练过程各阶段的综合训练效应已日益受到重视。

人体机能能力和能量储备由训练负荷后暂时下降和减少的状态恢复到负荷前水平的过程，称为恢复。训练负荷刺激作用于警察机体，必然会引起一系列的变化，机体承受的训练负荷只有与警察的个人运动能力相适应，并得到合理的恢复，才能产生训练适应。正确认识负荷—疲劳—恢复的变化规律，有助于科学地安排体能训练。最佳的训练效果产生于适宜的负荷刺激，只有负荷刺激达到一定阈值（本人最大负荷能力的30%～70%）才会出现训练适应过程。负荷量和负荷强度与个人能力的最佳负荷值越接近，越容易出现训练适应过程。反之，负荷量与强度组合不当，或达不到适宜的深度或超出了个人的承受能力，

则会削弱训练适应的效应。警察的体能训练适应性下降，会导致体能水平停滞不前，甚至出现过度训练现象。目前国外的训练理论已经强调在负荷的开始就存在恢复的问题，在安排训练负荷时，必须同时兼顾恢复的安排及营养监控、心理辅助。对过度负荷下机体会产生劣变现象应引起足够的重视。

五、因材施教，循序渐进原则

根据受训者的年龄、性别、体质、体能状况、技能水平以及警种、级别等实际情况，在训练的安排中要精讲多练，因材施教。要多启发他们思考，培养其独立分析问题和解决问题的能力。要经常分析每个受训者的具体情况，采取相应措施，做到因人施教。各种体能的训练内容、手段、操作方法、负荷大小、排列顺序，都要遵循由少到多、由浅入深、由易到难、由简到繁，由低级到高级，由理论到实践，循序渐进，不断提高的原则。只有遵循因材施教、因人施教、循序渐进的原则，才能保证训练的质量和效果。

六、全面性训练原则

警察体能素质的综合性很强，它既要满足警察体育运动或体育锻炼的一般需要，又要满足公安实战的特殊需要。因此，全面发展警察体能素质就显得尤为重要。全面系统的训练，就是要有计划、有步骤地采取多种训练方法和手段，以多种多样的身体练习，使警察的体能结构的各个组成部分得到全面和最大限度的训练，为警察训练打下全面良好的基础。人体的各种机能、素质是相互联系、相互支配、相互影响、相互制约的。任何局部机能的提高，必然会促进机体其他部位机能的改善。当某一素质得到提高时，其他素质也会有不同程度的影响。就某种训练手段、方法或项目而言，则具有主要发展身体的某一部位或优先发展某一素质的特点。但是，任何单一的训练方法和手段都存在局限性，如果训练内容和方法单一，机能和素质就不能获得良好的整体效应。训练中若忽视全面性，势必导致体能素质发展的片面性，从而造成某些部位器官系统机能和身心素质的薄弱，影响、制约警察体质的增强和技战术水平的提高，还容易发生伤害事故。因此，体能训练必须选择全面、多样的内容，合理运用各种训练方法，使警察身体各部位及各器官系统的机能、各种素质和适应能力得到全面、均衡的训练和发展。

七、系统性训练原则

系统性训练原则，是指持续地、不间断地组织体能训练过程的训练原则。此原则的确立与体能训练过程的连续性和阶段性的基本特征密切相关。一方面，在一般情况下，必须循序渐进地而不是突变式地增加训练负荷，才能取得理想的训练效果。另一方面，警察体能训练只有经过长时间、持续的训练，才有可能达到训练的巅峰。人体在训练负荷下的生物适应过程，不仅是长期的，而且是阶段的。机体对一次适宜的训练负荷的反应，可分为工作、疲劳、恢复、适应和训练效应消失等几个阶段。在较长时间的跨度内，如几个月乃至一年的训练过程中，警察的机能能力变化同样经历着不同的阶段，这就是体能状态的形成、保持和消失三个阶段。因此，系统地持续训练是取得理想的体能训练效应的必要条件。警察的机体对训练负荷的生物适应，必须通过机体自身的各个系统、各个器官和各部肌肉的变化逐步实现，它不仅涉及生理、心理等各个方面的因素，而且还受先天和后天因素的影响，这都不是短期内能奏效的，需要较长时间艰苦地专门训练后才能获得。同时应当注意的是，警察在训练负荷作用下所获取的体能能力具有不稳定的特点，当体能训练的系统性和连续性遭到破坏而出现间断或停顿的时候，已获取的训练效应也会消退，甚至完全丧失，特别是经过强化训练手段所获取的训练效应消退得更快。为了避免体能的消退，克服训练效应的不稳定性，必须在训练效应产生并保持一定时间的基础上重复给予刺激，使体能训练的效应得到强化和积累。因此，要想获得理想的体能训练效果，就一定要保持训练过程的连续性，使警察系统地、不间断地和持续地参加体能训练。

八、体能训练与技能、战术训练相结合原则

体能训练是一种以发展机能潜力和与机能潜力有关的体能要素为目的的大负荷训练。警察体能训练是指警察在艰苦环境中，长时间、高强度、大负荷持续工作能力的训练。警察体能训练突出对人体各器官和机能系统的超负荷适应能力训练，旨在产生机能和心理的适应，以达到挖掘机能潜力、提高整体体能能力和培养顽强意志品质的目的。也可以说，警察体能训练是人体器官和机能系统在结构上的适应性再塑造，是心理品质的再塑造。根据公安工作和警察实战的要求，警察体能训练应当努力达到最高限，以促进技战术水平的提高，这也是提高警察训练水平最有效的方法之一。体能训练是警察训练的基础，而技能、战术训练又对体能训练有促进作用，只有摆正发展体能与提高技能、战术的关系，才能获得所追求的目标和训练效果。

九、训养一致原则

训养一致原则，是指注重提高正课训练效率，加强平时养成教育，坚持训练与养成相结合，提高训练效益。训养一致是提高警察素质、培养作风、提高战斗力的有效途径。为贯彻这一原则，首先要严格贯彻落实条令、条例和规章制度，熟悉其基本内容，理解精神实质，增强执行的自觉性。其次要在训练中注重养成，把严格的管理渗透到训练全过程，在提高受训者的体能水平的同时，培养顽强的战斗意志、优良的战斗作风和严格的组织纪律性。最后要在平时养成中巩固训练成果，使训练和管理有机结合。

第二节　警察体能训练要素

警察体能训练应遵循人体解剖学、人体生理学、生化学、遗传学、物理学等与训练相关的科学原理；应遵循客观规律，即人体身心发育规律、认识规律、机能变化规律、训练适应规律、技能形成规律等，同时还要遵循各项目训练的特殊规律和身体练习的一般规律、原则、方法。这些科学原理和客观规律都在一定程度上反映了训练这一事物发展过程中事物之间内在、本质、必然的联系。遵循科学原理和客观规律，从而全面地发展警察的体能素质，提高和改善警察身体形态、身体机能、身体素质及运动素质。警察体能训练必须具备五个必备的要素，即训练量、训练强度、训练密度、训练时间和训练形式。

一、训练量

训练量，是指训练过程中身体的总做功量。它可以由身体活动的持续时间、距离和重

复次数来评定。受训者必须循序渐进地完成足够的训练量，而且这方面是没有捷径可走的。不断增加训练量对于任何警察体能训练项目都非常关键，随着机体对于不断提高的负荷量进行的调节，恢复速度也会更快。如果每次训练课的训练量已经达到合适的程度，那么可以考虑增加每个大小周期中训练课的次数，而不要再增加一次训练课的训练量。

二、训练强度

训练强度，是指训练时的负荷和速度，即一定时间内的负荷量。训练强度是确保训练效果和安全的重要指标，包括心率、代谢当量、功率、供能方式等。单位时间内的负荷量越大，强度就越大。训练负荷的安排是以强度作为训练负荷的灵魂。以速度和力量为主的训练项目应当强调训练强度，以耐力为主的训练项目应当强调训练量与训练强度的有机结合。值得注意的是，在训练中采用较低的刺激会导致相对低的提高，但却可以保证机体的充分适应及训练成绩的稳步提高。大强度的刺激的结果是成绩的迅速提高，但机体的适应不够稳定，因而成绩的提高不够稳定。因此，采用大强度刺激并不一定是最有效的训练方法，而应采用训练量与训练强度交替增加的方法。有研究指出，在力量训练时，低于受训者最大力量30%的强度是没有训练效果的；对于耐力为主的训练项目来说，能够使心肺系统的训练产生效果的最低心率阈值应达到每分钟130次；对于克服阻力或发展速度的训练，训练强度可用计算强度百分比的方法来评定（见表2-1）。训练强度也可根据训练的方法、供能、代谢、生化指标情况来评定（见表2-2～表2-6）。一般来说，以有氧做功为主的训练项目，强度较小；以无氧做功为主的训练项目，强度则较大。另外，训练强度还可以根据训练活动时的心率来评定（见表2-7～表2-9）。训练时，心率越高，强度越大；心率越低，则强度越小。

表2-1 训练强度与受训者最好成绩的百分比及关系表

强度等级	强度与最好成绩百分比/%
低强度	30～50
较低强度	50～70
中等强度	70～80
次最大强度	80～90
最大强度	90～100
超最大强度	100～105

表2-2 训练强度与训练持续时间、供能方式的关系表

强度等级	持续时间	供能系统	无氧做功/%	有氧做功/%
训练极限强度	1～15 秒	ATP-PC	95～100	0～5
最大强度	15～60 秒	ATP-PC LACTIC ACID	80～90	10～20
次最大强度	1～6 分	LACTIC ACID OXYGEN	30～70	30～70
中等强度	6～30 分	OXYGEN	10～40	60～90
低强度	30 分以上	OXYGEN	5	95

表2-3 体能部分训练项目的供能所占比例表 单位:%

项目	时间	ATP-CP 系统和非乳酸能系统	乳酸能系统和有氧系统	有氧氧化系统
100 米	10～18 秒	95	2	3
200 米	20～36 秒	95	3	2
400 米	45 秒～1.45 分	80	5	15
800 米	1.5～4 分	30	5	65
1500 米	3.45～7 分	25	25	50
3000 米	8～18 分	20	40	40
5000 米	14～25 分	10	20	70
10 000 米	28～50 分	5	15	80
马拉松	130～190 分		5	95
田赛项目	5 秒以下	98	2	

表2-4　不同距离跑时能量需求和可供能量及速率表

项目	能量需求速度 ～P/（摩尔/分）	数量 ～P/摩尔	可供能量及速率最大 速率　～P/（摩尔/分）	数量 ～P/摩尔
100 米	2.6	0.43	4.4	0.67（ATP＋CP）
400 米	2.3	1.72		
800 米	2.0	3.34	2.35	1.50（糖酵解）
1500 米	1.7	6.0	0.85～1.14	84（糖氧化）
马拉松	0.9～1.0	150.0	0.4～0.6	4000（脂肪氧化）

（依据 human 等，1986 年）

表2-5　各种训练方法对发展能量系统的比例表　　单位：%

训练方法	ATP-CP 和糖酵解	糖酵解和有氧代谢	有氧代谢
加速疾跑	90	5	5
持续慢跑	2	5	93
持续快跑	2	8	90
穴形疾跑	85	10	5
间隙疾跑	20	10	70
间歇训练	0～80	0～80	0～80
慢跑			100
重复跑	10	50	40
速度游戏（法特莱克法）	20	40	40
疾跑训练	90	6	4

表2-6　评价训练强度可采用的生化指标表

评定系统	指标
心血管系统	心率、血压、心电图（ΣT/R）
免疫系统	谷氨酰胺、IgG、IgM、IgA、CD4/CD8、NK 细胞
内分泌系统	血睾酮、皮质醇、T/C、GH
氧转化系统	Hb、Hct、RBC、血清铁、血清铁蛋白、转铁蛋白
骨骼肌及组织损失	CK、LDH、ALT、肌红蛋白、尿组氨酸
物质与能量代谢系统	体重、体脂%、血尿素、血乳酸、血糖、氨基酸
损氧化系统	MDA、SOD、SH、GPX
神经系统	两点辨阈、反应时、闪光融合频度、5－HT、主观体力感觉等级

表2-7　各年龄组警察预计最大心率值表　　单位：次/分

性别	20～29 岁	30～39 岁	40～49 岁	50～59 岁
男	206	199	192	185
女	207	199	191	183

依据《实用运动处方》

表2-8　训练强度与心率表

强度等级	心率/（次/分）
低强度	120～150
中等强度	150～170
大强度	170～185
最大强度	高于185

表2-9　训练强度和心率之间关系参考值表

训练后心率/（次/分）	训练强度/%	训练后心率/（次/分）	训练强度/%
110	50	140	70
120	60	160	80

由于不同受训者的能力有所差异，所以应根据以下公式来计算心率值：

最大心率 ＝ 220－受训者年龄（适合青年组）

最大心率 ＝ 180－受训者年龄（适合中年组）

最大心率 ＝ 170－受训者年龄（适合老年组）

心率阈值 ＝ 安静时心率＋（最大心率－安静时心率）×60％

训练时最大心率 ＝（最大心率－安静时心率）×70％＋安静时心率（适合各年龄组）

最适宜心率 ＝（本人最高脉搏频率－运动前安静脉搏频率）/ 2＋运动前安静时脉搏频率（由德国学者提出，目前被广泛应用）

训练时心率 ＝（最高心率－安静时心率）×x％＋安静时心率（卡沃南法）

x％：青年人为80％；中年人为60％；老年人为50％

三、训练密度

训练密度，是指单位时间内受训者承受刺激的频率。在警察体能训练中，训练密度与训练强度及持续时间密切相关，是衡量训练量大小的因素之一。一般以体能训练的实际训练时间与总训练时间之比来表示。训练密度在训练中主要反映训练时间与训练次数的关系。大强度的刺激要求相对较长的休息时间，低强度的刺激要求较短的恢复时间。一般来说，在进行新的刺激前，心率应当先回降到每分120～140次。在进行力量训练时，休息期间应根据负荷的百分比及完成动作的节奏安排在2～5分之间。

四、训练时间

在警察体能训练中，训练时间主要是指训练的总时间、完成动作的时间、练习之间的衔接时间、训练的间歇时间以及训练中完全休息的时间等。训练时间的不同组合构成不同的生理负荷量，一般情况下，训练时间在不同的阶段运用与训练强度成反比关系，训练强度越大，获得或保持训练效果所需要的时间就越短；训练强度越小，则需要的训练时间越长。适当的训练时间与训练强度、摄氧量、RPE分级、最大心率的百分比等之间的关系情况见表2-10。不同时间全力训练时无氧和有氧代谢的供能比例见表2-11。警察体能训练从一开始就应该有足够的持续时间，只有有足够的时间，才能促进机体内环境发生变化和适应，同时对肌肉、关节及骨质的损伤和高能量消耗、恢复进行科学监控（见表2-12～表2-14）。所以，训练时间与训练强度是互相关联、互为因果的关系。必要训练时间只表示可以达到开始刺激生理功能的有效时间，并不代表最适宜训练时间。

表2-10　训练强度、自我劳累和训练时间的对应关系表

训练强度	最大心率	最大摄氧量	自觉劳累	RPE 分级	适宜时间
小	<50%	<45%	轻松	10～11	60 分
中	50%～60%	45%～50%	稍累	12～13	30 分
大	70%～90%	60%～85%	累	14～15	15 分

表2-11　不同时间全力训练时无氧和有氧代谢的供能比例表

最大强度时间	无氧代谢供能/%	有氧代谢供能/%
10 秒	87	13
1 分	60	40
2 分	40	60
5 分	20	80
10 分	9	91
30 分	3	97
60 分	1	99

表2-12　不同训练时间疲劳的生化特点表

训练时间	疲劳的生化特点
0～5 秒	神经肌肉接点处
5～10 秒	ATP-CP 减少、快肌中乳酸堆积
10～30 秒	ATP-CP 消耗最大、肌肉乳酸堆积
30 秒～15 分	ATP-CP 消耗、血乳酸上升最高、肌肉酸性↑
15～60 分	ATP-CP 消耗、肌糖原消耗最大
1～6 小时	肌糖原—>0、肝糖原↓体温↑脱水、电解质紊乱
5～6 小时以上	能量物质大量消耗、代谢失调、体温↑脱水、电解质紊乱、身体结构改变

表2-13　力竭性训练后可供选择的恢复时间表

恢复物质		最短恢复时间	最长恢复时间
ATP-CP		2 分	5 分
肌糖原	间歇训练后	5 小时	24 小时
	持续训练后	10 小时	46 小时
肝糖原		不清楚	12～24 小时
乳酸清除	运动性恢复	30 分	1 小时
	休息性恢复	1 小时	2 小时
氧贮备		10～15 秒	1 分

表2-14　不同性质大负荷训练后各种能力超量恢复预计所需要时间　单位：小时

负荷的主要性质	无氧磷酸原供能能力	无氧糖酵解供能能力	有氧氧化供能能力
无氧磷酸原供能负荷	48	24	8～12
无氧糖酵解供能负荷	24	48～72	8～12
有氧氧化供能负荷	8	24～48	72

五、训练形式

训练形式，是指训练的范例、模式或选择适合个体的训练方式。其取决于受训者的健康状况、体能现状、年龄及训练目标。通常可分为开始阶段、适应阶段和维持阶段。由于每一种运动或项目都有各自的优缺点，因此，可供受训者选择的训练方式是多种多样的，因人而异，但都必须从训练量、训练强度、训练密度、训练时间、训练节奏、训练项目或内容、训练方法等各个环节的衔接和搭配的基本要点出发，全面衡量，科学训练，并制订出适合实际需要的体能训练计划和训练方式。

第三节　警察体能训练方法

训练方法，是指为达到某一训练目的，利用某一训练手段进行训练的方式。警察体能训练方法，是指在警察体能训练活动中，提高体能水平，完成训练任务的途径和办法。它是在教员的“训”和警员的“练”的双边活动中共同完成训练任务的方法。考虑到理论上的相对完整和实践应用的简便，本书探讨的警察体能训练方法是对广泛应用于众多运动项目的各种现代基本训练方法在警察体能训练过程中应用的概括和总结，是对各种具体训练方法的集中表述。

一、完整训练法

完整训练法，是指从体能技术动作或战术运用开始到结束，不分部分和环节，完整地进行练习的训练方法。

二、分解训练法

分解训练法，是指将完整的技术动作或战术结构合理地分成若干个环节或部分，然后按环节或部分分别进行训练的方法。分解训练法根据练习时被分解的技术动作或战术结构的环节及其不同顺序，主要分为四种基本类型，即单纯分解训练法、递进分解训练法、顺进分解训练法和逆进分解训练法（见表 2-15）。

表2-15　分解训练法基本类型及特点表

名称	合成步骤		
单纯分解训练法		第四步	
	第一步	第二步	第三步
递进分解训练法		第三步	第五步
	第一步	第二步	第四步
顺进分解训练法	第一步	第二步	第三步
逆进分解训练法	第三步	第二步	第一步

三、重复训练法

重复训练法，是指不改变动作结构和外部负荷表面数据，在相对固定的条件下，按照既定间歇要求，在机体完全恢复的情况下反复进行练习的方法。重复训练法能使能量物质的代谢活动得到加强，并产生超量补偿与积累，既有利于发展有氧耐力，又有利于发展无氧耐力。重复训练法每次练习的负荷与强度可大可小，根据具体任务、目的而定。由于每次练习前均需恢复到原来开始练习前的水平，即心率在100～110次/分的水平上，故每次练习可以保证强度在中等偏大或极限强度（90%～100%）的范围内，从而使机体的耐力水平得到有效的提高。如果长时间地重复练习，强度稍大于持续训练法，有利于有氧耐力的提高，而强度在90%以上的练习，以保证使机体依赖所储备的三磷酸腺苷（ATP）和磷酸肌酸（CP）供能完成练习，则有利于无氧耐力的发展。

依据单次（组）练习时间的长短，重复训练法在应用中包括短时间重复训练法、中等时间重复训练法和长时间重复训练法（见表2-16）。

表2-16　重复训练法基本类型及特点表

要素	短时间重复方法	中等时间重复法	长时间重复法
负荷时间	30秒内	30秒～3分	3～6分
负荷强度	极限	次极限	较大
间歇时间	充分	充分	充分
间歇方式	慢跑、肌肉按摩	慢走、慢跑、按摩	坐、慢走、按摩
供能形式	磷酸盐代谢系统为主	糖酵解为主混合代谢	无氧有氧混合代谢

四、持续训练法

持续训练法，是指在相对较长时间内（不少于30分），以较为恒定的强度持续地进行练习的方法。持续训练法具有持续刺激机体的作用，有利于改善大脑皮层神经过程的均衡性，提高心血管系统和呼吸系统的功能，能较经济地利用体内储备的能量，有利于发展有氧和一般耐力。持续训练法由于持续时间较长，又没有明显的间歇，所以总的练习负荷量较大。但是，练习时的强度较小，而且比较恒定，变化不大，一般在60%的强度上下波动。练习对机体产生累积性的刺激比较缓和。持续练习时，内部负荷心率一般控制在130～160次/分的范围内为宜，体能优秀者可达160～170次/分。构成持续训练法的基本要素是重复练习的方式、时间与强度，在方式固定的情况下，练习的时间与强度可作相应调整，如练习强度大，时间可缩短；练习强度小，则适当延长练习时间。

正确运用此方法，可提高大脑皮质神经过程的均衡性和稳定性，提高循环系统和呼吸系统的机能，明显地提高最大摄入氧气量，并可使慢肌纤维出现选择性肥大，肌红蛋白明显增加。

持续训练法根据持续练习时间的长短，可分为短时间持续训练法、中等时间持续训练法和长时间持续训练法（见表2-17）。

表2-17　持续训练法基本类型及特点表

要素	短时间持续法	中等时间持续法	长时间持续法
心率强度	170次/分	160次/分	130～160次/分
负荷时间	5～10分	10～25分	25分以上
间歇时间	没有	没有	没有
有氧强度	最大	最大	次大
供能形式	无氧与有氧代谢混合	有氧代谢为主	有氧代谢

五、变换训练法

变换训练法是在变化各种因素的条件下反复进行练习的方法。依据刺激—适应—再刺激—再适应的原理，变换训练法可提高对训练量的适应能力。由于耐力练习比较枯燥，采用变换训练法可以在一定程度上提高训练者的练习兴趣和积极性，从而提高练习的效果。变换训练法所变换的因素一般有练习的形式、练习的时间、练习的次数、练习的条件、间歇的时间、方式与负荷等。以上因素只要改变其中一个因素，就会由于这一因素的变化对训练者造成负荷刺激的变化。因而，变换训练法的核心是变换训练负荷。变换训练负荷的形式一般有三种：第一种是不断增加负荷，第二种是不断减少负荷，第三种是负荷时增时减。在实际练习中究竟采用哪种形式，应视具体情况而定。如果加大对机体的刺激，就要增加负荷；如果提高机体对负荷刺激的适应能力，就应注意负荷的变化，时增时减。变换训练法依据变换因素的不同，可分为负荷变换训练法、内容变换训练法、形式变换训练法三种基本类型（见表 2-18）。

表2-18　变换训练法基本类型及特点表

要素	负荷变换法	内容变换法	形式变换法
负荷强度	变化最大	可变或不变	可变可不变
动作结构	相对固定	变换	固定或变换
供能形式	可在多种代谢形式之间变换	以某种代谢形式供能为主	以某种代谢形式供能为主

例如，“法特莱克训练法”。“法特莱克”是瑞典语，其含义是“速度游戏”。在 20 世纪 40 年代，瑞典运动员用这种训练方法取得了优异成绩。之后，不少国家都采用或借鉴这种方法。“法特莱克训练法”是变换训练法的一种特殊形式，也可以理解是一种由持续训练法和变换训练法综合而成的组合练习法。其特点是在各种变换的外界自然环境条件下进行持续、变速的跑的练习，时间长达 1～2 小时，自我调节强度，有节奏地变化。例如，在草地、树林、小丘、小径等自然条件下，把快慢间歇跑、重复跑、加速跑和走等方法不规则地混合起来练习，跑的距离可为 5～15 公里。法特莱克训练法对练习的过程没有明确的限制，训练者可自由选择地形、确定速度和路线，但要求训练者具有一定的自我监督能力和较高的训练自觉性。因此，这种方法能使耐力练习变得较为生动，使训练者在练习中能主动投入、积极进取，有利于发展一般耐力。

六、间歇训练法

间歇训练法，是指在 1 次（或 1 组）练习之后，按照严格规定的间歇负荷和积极性间歇方式，在机体未完全恢复的情况下从事下一次（或下一组）练习的方法。20 世纪 50 年代，法国心脏学家雷因德尔（Leinder）和教练员格希勒（Gehler）系统研究了间歇训练的方法，并首先运用于长跑训练。他们认为，成年人心率在 120～180 次/分范围内，心排血量能保持在最佳水平。而心率过高（高于 180 次/分）由于心舒张期充盈不足使心排血量有所下降。据此，他们提出训练负荷后心率应达到 170～180 次/分，间歇休息后心率恢复到 120～125 次/分时便可进行下一次练习。由于处在心率 120～180 次/分的范围内，心排血量都处于最佳水平，采用这一方法，在间歇时肌肉得到休息，而心脏机能仍处在很高水平，整个训练对心脏机能的增强会有显著的效果。目前，我国对此作了补充，如优秀运动员心率可达 200 次/分，而儿童、少年的心率只控制在 110～190 次/分之间。现在，人们进一步认识到，激烈运动后，心搏量恢复呈波浪形，在运动后 10 秒和 30 秒之间心搏量比运动时有不同程度的升高，此时。心搏量的增多现象成为间歇法的主要理论依据。日本丰冈的研究显示，在将要跑 200 米之前心率为 130～140 次/分，刚刚跑完后心率变为 180～

190 次/分，然后再急速下降。而摄氧量，在 75 秒慢跑不完全休息期则比 200 米快跑期高，每搏摄氧量间歇期也高于慢跑期。这说明间歇期和慢跑期都可以给呼吸循环系统较大的负荷，间歇期甚至高于快跑期，可见间歇法的不完全休息可谓“黄金休息”。有效地运用间歇训练法，不但可以完成更大的训练量，明显提高最大摄氧量和肌肉中琥珀酸脱氢酶的含量和活性，而且能够使间歇期内运动器官得到休息的同时，心血管系统和呼吸系统仍然保持良好状态，从而较大地提高训练者的心肺机能。

间歇训练法与重复训练法较相似，主要区别在于间歇上的不同要求。重复训练法的间歇是采用完全恢复的间歇负荷和无严格规定的间歇方式（多以消极性的静息为主）进行的。而间歇训练法则是以未完全恢复的间歇负荷和积极性的间歇方式进行的。训练者总是在未完全恢复的状态下进行下一次练习，有明显的疲劳积累，对机体的刺激强度较大。间歇训练法间歇后心率一般在 120～140 次/分以上，明显高于重复训练法，但练习强度因间歇负荷水平较高而无法达到重复训练法的水平。练习时的心率一般在 160～180 次/分，负荷强度为 70%～80%，有利于提高机体的心肺功能和无氧代谢能力。间歇训练法的持续时间与练习强度之间形成一种对应关系，即强度大，则时间少；强度小，则时间稍长。据此，间歇训练法可分为低强度间歇练习法和高强度间歇练习法。低强度间歇练习法也称为非强化间歇练习法，其负荷在周期性项目中，一般为训练者本人最大强度的 60%～80%，在非周期性项目中为 50%～60%，负荷持续时间为 45～90 秒。此方法有助于发展有氧无氧混合代谢能力和专项能力。高强度间歇练习法也称为强化间歇训练法，其负荷强度在周期性项目中一般为训练者本人最大强度的 80%～90%，在非周期性项目中为 70%～80%，每次练习的时间因强度较大而相对较短，为 15～60 秒。此方法对发展速度耐力和专项耐力均有较大的作用。在周期性项目中运用时，有时也可用小段落和短间歇的方式进行安排，有助于提高无氧非乳酸代谢能力。那种企图用增加持续时间的办法来弥补强度不足的做法不易收到良好的训练效果。

间歇训练法在应用时有三种基本形式，即高强度性间歇训练法、强化性间歇训练法和发展性间歇训练法（见表 2-19）。

表2-19　间歇训练法的基本类型及特点表

要素	高强度间歇法	强化性间歇法	发展性间歇法
心率强度	约 180 次/分	170～180 次/分之间	160 次/分
负荷时间	1 分之内	1～4 分	4 分以上
间歇性质	很不充分	不充分	不充分
间歇方式	慢走、放松慢跑	慢跑、放松慢跑	坐、慢跑、慢走
恢复心率	130 次/分	130 次/分	120 次/分
供能方式	糖酵解为主的混合无氧供能	糖酵解为主的无氧与有氧混合供能	有氧代谢为主的无氧与有氧混合供能

七、循环训练法

循环训练法，是指根据训练的具体任务，将练习手段设置为若干个练习站（点），训练者按照既定的顺序和路线，依次完成每站（点）的练习任务，重复若干次（组）练习的训练方法。循环训练法由每个站（点）的练习内容和运动负荷、练习站（点）的安排顺序和间歇、每遍循环之间的间歇、练习站（点）数与循环练习的组数等因素构成。在安排训练时，要根据训练者的不同情况，对这些因素进行合理规划。

循环训练法在应用时分为循环重复训练法、循环间歇训练法和循环持续训练法（见表2-20）。

表2-20　循环训练法的基本类型及特点表

要素	循环重复法	循环间歇法	循环持续法
循环过程	间歇且充分	间歇不充分	基本无间歇
负荷强度	最大	次大	较小
负荷性质	速度、爆发力	速度、力量耐力	耐力
供能形式	磷酸盐代谢系统供能为主	糖酵解代谢系统供能为主	有氧代谢系统供能为主

八、游戏法与比赛法

游戏法与比赛法，是指运用游戏与比赛的方式进行练习的方法。此方法是利用人类竞争的天性，运用游戏和比赛的方式、规则进行训练。这种方法广泛应用于身体和技战术训练，能够调节训练气氛，激发训练者的练习兴趣和积极性，并在练习中充分发挥主动精神，使机体能够承受较大强度的负荷，有利于提高有氧耐力和无氧耐力。游戏法与比赛法是两种紧密联系的练习方法，比赛法是从游戏法发展而来的，但练习强度大于游戏法。此种训练方法不可过多采用，只有在提高项目负荷强度时方可采用。同时，在采用时要在训练者体力较好的情况下进行，通过应用可以检验训练者在训练中的机能水平的高低，能发现训练中存在的问题和不足。

在训练实践中，有四种形式的比赛训练法，即教学性比赛训练法、检查性比赛训练法、模拟性比赛训练法、规范性比赛训练法。这四种方法由于应用的目的不同，有各自的适用范围和应用特点（见表2-21）。

表2-21　比赛训练法的基本类型及特点表

基本类型	教学性比赛法	检查性比赛法	模拟性比赛法	规范性比赛法
比赛规则	正式或自定规则	正式或自定规则	正式规则	正式规则
比赛环境	相对封闭	封闭或开放	封闭或开发	开放
比赛过程	可人为中断	不可中断	不可中断	不可中断
比赛对手	队友或对手	对手	队友或对手	对手
比赛裁判	临时指定	正式指定	临时或正式指定	正式指定

九、高原训练法与低氧训练法

高原训练法纳入运动的训练过程，始于20世纪40年代，在1968年墨西哥城奥运会前后出现了高原训练的高潮。由于墨西哥城海拔2224米，在这一届奥运会上，许多世居高原的运动员大显身手，凡属耐力性项目的优胜者大都来自高原地区。在随后的一系列国际比赛中，进一步显示了高原训练的优越性。于是，高原训练法引起了各国体育科研工作者和教练员的极大兴趣，从而开展了对高原训练法的大规模探索和研究。目前，许多项目包括足球、排球、中长跑、竞走、游泳、自行车、赛艇和国内一些地区的特警体能训练等都依据本专业的特点对高原训练法进行了积极的、科学化的探索和利用。

高原训练法主要是利用高原低压、缺氧环境激发运动员机体产生强烈的应激反应以调动机体的潜能，从而导致一系列有利于提高运动能力的抗缺氧生理适应。在高海拔地区，由于氧分压降低，使氧气由肺泡向血液弥散的动力降低，因此，人的摄氧能力降低，最大摄氧量下降。在高海拔地区，每升高 300 米，最大摄氧量下降 3%。如果高度过高，人体的“应激”必然太大，对完成高强度的训练是不可取的。国际运动医学学会的决议中指出，超过 2286 米高度的训练要给予密切注意，并禁止在 3086 米以上的地区举行比赛。目前，认为高原训练的适宜高度为 1800～2200 米（见表 2-22、表 2-23）。

表2-22　海拔高度各参数对照表

高度/米	气压/毫米汞柱	氧分值/（千克/立方米）	空气密度/%	含氧量/%	血氧饱和度/%	沸点
0	760	159	1.18	100	95	100
1000	675.8	140	1.096	89	94	97
1600	629.3	131	1.031	84	93	95
2000	600	125	0.99	81	92	94
2200	585.8	122	0.971	79	91	93
2400	571.5	118	0.951	78	91	92
3000	530	110	0.829	73	90	90

表2-23　国内外部分高原训练地及海拔高度表

国别	训练地点	海拔高度/米
德国	德国	2000
德国	德国	2300
法国	法国	1850
俄罗斯	俄罗斯	1600～2500
中国	山东泰山	1524
中国	贵州六盘山	1840
中国	云南昆明	1893
中国	新疆天池	1950
中国	青海西宁	2260
中国	青海多巴	2366

高原训练大体可以分为五个阶段：第一，高原训练的准备阶段。这个阶段主要是在上高原前打好有氧训练的基础，以使运动员的摄氧量和氧的利用率都处于最佳状态，以便上高原后尽快投入正常训练。另外，上高原前应有 2～3 次调整性训练，以使运动员在上高原时有良好的身体状况。第二，高原训练的适应阶段。这个阶段对于优秀运动员需要 3～4 天。训练内容主要是安排强度较低的有氧训练和技术训练，并逐步加大训练强度和训练密度。第三，高原基本训练阶段。这个阶段以 3～4 周为宜，以专项训练为主，每周安排数次有氧训练来调整。第四，下高原前的准备阶段。一般安排 2～3 天的调整恢复训练，以便为下到平原后的训练和比赛做准备。第五，下高原后的适应训练和竞技状态的培养。一般下高原后训练 3～4 周，调整 1 周再参加比赛，成绩会有较大幅度的提高。

高原训练法自一开始就面临着许多争议，其本身确实存在不少弊端，如上、下高原都有一个适应期，不利于训练的系统性；高原训练的运动负荷相对平原较低，有可能破坏在平原获得的神经肌肉联系的动力定型；在高原的环境下运动疲劳不易恢复；高原训练的经费开支较大，等等。于是，体育科研工作者便开始致力于模拟高原训练的研究。20 世纪 80 年代末，俄、美等国科学工作者首先将应用医学领域的间歇性低氧训练应用于运动训练，逐渐摸索出一套行之有效的仿高原训练法。低氧训练是借助专用的低氧仪，使受试者吸入正常氧分压的低氧混合气体，人为地造成缺氧条件，以使机体产生强烈的应激反应，从而调动机体潜能，导致一系列有利于提高运动能力的抗缺氧性生理适应，全面提高呼吸循环机能、血液运输氧的能力，以及骨骼肌的代谢能力的一种训练方法。这种训练是对受试者进行多次低氧刺激后完成的，也就是说，当利用低氧混合气体刺激受试者一定时间后，让其转入正常呼吸，间隔一定时间再进行低氧刺激，按一定时间组合重复进行，低氧刺激呈现脉冲性或间歇性，因此称其为低氧训练。

低氧训练有诸多优越性。例如，这种训练法是安排在运动员的休息期进行的，只作为常规训练的辅助手段与常规训练穿插进行，不影响原来的训练计划，能够保证训练的系统性；受试者可根据自身的情况，在氧容积 10%～20%的范围内任意选择所需的氧分压参数，相当于在海拔 400～5800 米之间可以任意往返，这可使运动员根据训练水平有计划地加大缺氧刺激，从而使其机能潜力得到最大限度的发展；在缺氧刺激训练后，可以在正常的环境下得到很好的恢复，有利于训练强度的计划安排等。虽然这种方法受仪器设备等条件的限制，但随着我国经济实力的突飞猛进，相信在未来的警察体能训练中会逐步普及。

高原训练与低氧训练的共通与融合。高原训练，是指有目的、有计划地将运动员组织到具有适宜海拔高度的地区，进行定期的专项运动训练的方法。其理论依据是：人体在高原低压、缺氧环境下训练，利用高原缺氧和运动的双重刺激，使运动员产生强烈的应激反应，以调动体内的机能潜力，从而产生一系列有利于提高运动能力的抗缺氧生理反应。高原训练本身也存在不利于恢复、难以掌握适宜的训练强度等至今仍需进一步研究和解决的问题和难题。自 20 世纪 90 年代以来，为了更好地发挥高原训练的优势，同时避免其不足，科研人员对高原训练进行了创新，提出了高原训练的新思路和新概念——“高住低练”（Living high-training low，HiLo），即让运动员在较高海拔的自然高原条件下居住，而在较低海拔的自然条件下训练的方法。随后，人们将这一高原训练的新思路引用到利用人工低氧环境进行辅助训练的研究和应用中，并提出了“低住高练”（training high-living low）“高住高练低练”（HiHiLo）等新的低氧训练方法。低氧训练（hypoxic training），是指在运动训练周期中持续或间断利用高原自然低氧或人工低氧环境，配合运动训练来增加运动机体的缺氧程度，从而产生一系列有利于提高机体抗缺氧的生理反应及适应能力，调动体内的机能潜力，进而达到提高运动能力的训练方法。在我国，低氧训练则被界定为利用人工低氧环境进行训练或刺激的辅助性训练方法，包括“高住低练”“高住高练低练”“低住高练”以及“间歇性低氧训练”等几种形式。

低氧训练在理论上可以部分弥补传统高原训练的不足，在研究和应用中较容易设立相应对照组，从而更具有科学性，适合科学研究。科研工作者对此做了大量的相关研究，取得了很多鼓舞性的结果。但在运动实践中，此类方法由于低氧持续刺激时间较短，对机体心肺功能刺激和机能状态的改善方面不如高原训练明显，尤其是在提高血液运氧及肌肉利用氧能力等方面，与传统高原训练相比还有一定差距。另外，在整个低氧训练实施过程中，低氧训练与专项训练尚难以有机融合。因此，在大部分教练员和运动员中还无法广泛推行此训练方法，他们还是以传统高原训练的模式来辅助训练。

针对此类现象，近年来一些研究者开始思考高原训练和低氧训练的关系及差异。在共性方面，高原训练和低氧训练都是利用低氧刺激使运动员机体产生特殊生理生化效应，提高机体的抗缺氧能力，进而使运动员的有氧代谢能力得到提高。但是，两者也有很大的差异。从本质上说，低氧训练是利用单纯低氧环境来刺激机体的抗缺氧能力，试图在平原来模拟高原低氧，提高机体运动能力的效果。然而，高原训练的机理非常复杂，到目前为止，还有大量的领域是未知的，虽然目前科研工作者认为低氧是导致高原训练效果的主要因素，但是，对于高原的阳光、强紫外线、低压、温度、湿度等环境因素对运动能力的影响的研究还较少。因此，高原训练不是简单的低氧训练所能代替的，还有很多未知的因素等待人们去探索。

从实际效果上看，低氧训练能稳定提高各个训练机体的有氧代谢能力。高原训练在改善氧转运、氧利用、血管生成、葡萄糖转运、血管舒张等方面的效果要优于低氧训练，但高原训练在提高机体的有氧代谢能力方面稳定性较差，即适应高原训练的个体，有氧代谢能力提高非常明显，而不适应的个体则提高较少甚至会降低运动能力。对能适应高原训练的运动员，在条件允许的情况下，最好还是采用传统的高原训练方法，并注意总结经验和探索规律。对不适应高原训练的运动员，低氧训练则是一个非常有益的辅助训练手段。

十、电刺激训练法

电刺激训练法，是指以脉冲电流代替由大脑发出的中枢神经冲动使肌肉产生收缩，从而提高肌肉力量的训练方法。其主要优点是：在不增加肌肉体积的情况下提高肌肉的力量，同时也可用于加强薄弱环节的肌群力量。显然，这对于诸如特种警察等需要严格控制体重，又需要训练者具有较大相对力量类的项目，具有极大的实用价值。

电刺激训练法有直接刺激法和间接刺激法之分。如果训练时利用脉冲电流仪，通过两个趋肤电极传输到肌肉，使肌肉产生收缩，就为间接刺激法；若两个电极直接固定于肌肉末端，就为直接刺激法。在训练时，大多采用中频电流进行训练，这样可以达到刺激肌肉收缩最佳的目的。关于训练的频度和强度，一般采用每组刺激 6～10 秒、间歇 30～50 秒的方法，反复 10 次为一个训练单元，每周可安排 2～3 次。

现代科学的训练方法总是在人们的不断探索和研究中产生的。从事警察体能训练的教练员和科研人员应在不断总结传统训练方法的基础上，不断汲取新的科学知识和方法，把科技成果运用到警察体能训练实践之中，为训练的科学化而不懈努力。高原训练法、低氧训练法、电刺激训练法等训练方法适合警察体能训练的项目特征，随着我国经济实力的飞速发展和警察体能训练科学化水平的不断提高，有关专家、学者必定会在这方面进行不懈的探索和尝试。

第四节　警察体能训练中的疲劳与恢复

一、警察体能训练中疲劳的特征

疲劳，是指由于身体活动使机体工作能力及身体机能暂时性降低的现象。一般来说，这是一时性的，经过适当休息可以逐渐恢复。它的出现告诉人们机体的负荷已达到了相当大的程度，如果在主观与客观上都有明显的疲劳感觉和指标时，仍给予机体负荷，就可能导致过度疲劳，这就是疲劳与过度疲劳的区别。因此，疲劳是一种当机体承受负荷足够大时的一种保护性反应，是一种生理现象。警察体能训练中不可避免地会产生训练性疲劳。训练性疲劳，是指机体的生理过程不能维持其机能在某个特定的水平上或不能维持预定的运动强度。表现在能量物质的减少及相关联结（神经刺激传导过程、肌肉用力顺序等）紊乱，从而不能体现出最佳的身体机能水平。归纳起来，训练性疲劳主要有以下几点特征：

（1）由训练引起，包括脑力疲劳、体力疲劳、心理疲劳；局部疲劳、整体疲劳；快速疲劳、耐力疲劳；骨骼肌疲劳、心血管疲劳、呼吸系统疲劳。

（2）全身或某些局部器官、细胞产生暂时性的机能或功能性下降。

（3）这种机能降低是可逆的，训练结束后经过休息，疲劳自然消除。

（4）伴有主观上的疲劳感和客观上的可测指标。

二、疲劳产生的原因机制

关于疲劳产生的原因机制因不同的训练项目、不同的运动强度、不同的训练形式而不同。目前，关于疲劳的原因有多种学说，尚无统一的定义。

（一）能量物质耗竭学说

有的称为“衰竭”学说，认为疲劳的产生是由于机体内能源物质的耗尽。

（二）疲劳物质蓄积学说

疲劳物质蓄积学说，又称为“堵塞”或“窒息”学说。该学说认为疲劳的产生是由于某些代谢物（主要是乳酸）在肌肉组织中堆积造成的。

（三）内环境稳定性失调学说

内环境的理化性质，如温度、酸碱度、离子浓度、渗透压等，总是相对稳定的，并且依靠细胞与器官的自身调节、内分泌、植物神经系统和中枢神经系统的高级部位的调节实现动态平衡，即维持自稳态，但运动中产生过多的酸性代谢物质会使血液的 pH 值下降。

（四）保护性抑制学说

此学说认为，无论体力的疲劳还是脑力的疲劳都是大脑皮质保护作用的结果。当人体活动时，大量冲动传至大脑皮质的相应细胞，神经细胞长期兴奋导致“消耗”增多，为了避免进一步消耗，到一定程度时便会产生保护性抑制。

（五）突变学说

此学说认为，肌肉收缩控制链的三个主要成分（能量供应、肌肉力量、兴奋收缩耦联）中一个或几个环节的中断与破坏就会产生运动能力的下降，其间之关系可用突变理论解释，具体是把能量供应不足、力量丧失和兴奋收缩耦联机理的破坏等关系连接起来，把疲劳看成是综合性表现。

近年来，对运动性疲劳产生的生化机理的研究又有重大进展，认为离子代谢紊乱、自由基增多、氨的生成、激素的变化、高能磷酸盐的代谢、脂肪酸增多等，都促进了疲劳的发生和发展。

三、警察体能训练中产生疲劳的主要部位及机制

（一）肌肉疲劳

肌肉疲劳主要是由于神经肌肉接点、肌细胞膜、基质网机能和肌细胞内代谢因素影响生理机能造成的。其表现为：肌肉收缩时间和松弛时间延长，肌肉随意收缩能力降低，肌力下降，肌肉出现僵硬，肿胀疼痛，肌肉酸痛，周身乏力，尤其以局部负荷过重过量最为明显。

（二）心血管及呼吸系统疲劳

体能训练致心血管系统疲劳时，首先受影响的是心输出量，收缩压下降，舒张压上升，脉压减少，心电图发生改变，如 S -T 段下降、T 波倒置，心率异常，心率恢复速度慢。呼吸系统疲劳时，气体交换能力下降，如呼吸表浅、胸闷、肺功能下降。

（三）神经疲劳

神经疲劳表现为大脑皮质机能低下，兴奋—抑制过程平衡失调，神经细胞能失调，如反应迟钝、判断失误、记忆力减退、注意力不集中，或情绪激动、难以入眠或失眠等。

（四）心理疲劳

心理疲劳的表现往往与神经疲劳难以区别，但实际上确实存在着心理疲劳，有些现象从行为心理学方面来理解可能更容易些。其主要表现为感觉、知觉、记忆、思维、个性等方面发生改变。从大脑皮质到肌纤维，各组织或器官的每个环节都可以发生疲劳，不过在不同性质的活动和各种因素的刺激下，有的以中枢神经系统为主，有的以外周组织或器官为主，有的可能两者同时存在。

四、警察体能训练中恢复的意义与作用

警察体能训练的目的就是改善人体机能，提高体能素质。但是，体能训练过程又不可避免地产生疲劳现象而阻碍人体机能的改善和训练成绩的提高。因此，要继续进行训练，继续提高训练水平，首先要进行恢复。训练后和训练中的适时恢复是训练的关键。可以说，“没有恢复，就没有训练”。恢复是体能训练过程中一个必不可少的重要部分。“恢复”实质上也是一种体能的表现，体能的好坏还要看其恢复的好坏、快慢，两者结合才能真正代表体能。促进恢复，从根本上说是加强科学训练。

人体机能在训练结束后的一段时间内仍然处于训练前的较高水平，必须经过一段时间才能逐渐恢复到原来的水平，这一过程被称为恢复过程。

恢复阶段一般分为训练中的恢复阶段、训练结束后在一定时间内的超量恢复阶段（也称为超量代偿阶段）以及训练后的恢复阶段。之所以分为三个阶段是因为各种机能的恢复不是在训练结束后才开始恢复的。

实际上，在训练过程中，能量物质分解的同时合成也开始进行，只是不同的阶段其分解与合成的速度不同，在训练过程中各组织细胞的分解速度超过了合成速度，能量物质来不及完全复原，代谢产物不能完全排除，这是恢复的第一阶段。

当训练结束后，强烈的消耗中止，合成过程超过分解过程，人体内的某些物质的恢复水平超过了训练前的水平，这是恢复的第二阶段，即一定时间内的超量恢复。

再经过一段时间，人体的机能水平恢复到或接近训练前的水平，然后人体的机能才能逐渐完全恢复。因此，恢复和训练同样重要，只有在恢复后再训练，才能取得机体训练的效果，提高机体的训练水平。如果恢复不完全，继续进行激烈的身体活动，则导致疲劳连续积累，从而引起一系列功能紊乱或病理状态，产生过度疲劳。

目前，对训练疲劳与恢复的认识随着医学、电子、生物、化学、训练学等科学技术的不断发展而逐步深入，在对原有的恢复方法改进的基础上，越来越多新的训练后的恢复手段应运而生。

五、警察体能训练中消除疲劳的途径

警察体能训练中消除疲劳的途径包括以下六个方面：

（1）营养手段。

（2）整理活动。

（3）活动性休息。

（4）医学、生物学的恢复手段。

（5）训练学、教育学手段。

（6）心理恢复手段。

六、警察体能训练中消除疲劳的方法

（一）合理补充营养

针对训练中引起疲劳的原因，合理地补充营养物质，可以改善训练者的产能反应，维持身体内环境稳定，有助于消除疲劳，恢复体力。除了补充糖、维生素、蛋白质、水分及电解质外，常用的抗疲劳物质还有碱性盐类、酸性盐类、强壮食品等。为了避免大量出汗引起的脱水和疲劳，训练者应适时饮水，学会在出现口渴感之前就饮水。当开始口渴时，机体缺水达体重的1%，当缺水达体重的2%时，训练者的运动能力会下降10%～15%，损伤发生率也会随之提高。

（二）整理活动

整理活动是消除疲劳、促进体力恢复的一种良好方法。整理活动包括慢跑、呼吸体操及各肌群的伸展练习。运动后做伸展练习可消除肌肉痉挛，改善肌肉血液循环，对预防训练损伤的发生也有良好的作用。

（三）活动性休息

整理活动之后亦提倡进行活动性休息，如散步、慢跑、变换活动部位的其他形式的轻微运动等，有助于全身血液循环，加速乳酸的排除。

（四）睡眠

睡眠是消除疲劳、恢复体力的好方式。睡眠时大脑皮质的兴奋过程降低，体内分解代谢处于最低水平，而合成代谢过程则相对较高，有利于体内能量的积蓄。训练者在平时训练期间，每天应有8～9个小时的睡眠时间。在大训练量和竞赛期间，睡眠时间应适当延长。

（五）消除肌肉迟发性酸痛的持续静力牵张练习

据国内外学者的研究报道，对肌肉进行牵拉前后肌电图测定，可以发现牵拉开始时肌肉放电显著，说明肌肉疲劳后处于痉挛状态。当牵拉至适宜限度时，则出现电静息状态，痉挛得到缓解。因此，采用牵拉练习可以放松肌肉，缓解酸痛。

（六）浴疗法

（1）温水浴。训练后进行温水浴是最简单易行的消除疲劳的方法。温水浴可以促进全身的血液循环，调节血液，加强新陈代谢，有利于机体内营养物质的运输和疲劳物质的排除。

（2）桑拿浴。桑拿浴是在特制的小木室内用电炉加热产生蒸汽，造成一个高温干燥的环境。除有镇静、肌肉关节组织充血和放松作用外，它还可促使大量排汗，体重下降。

（3）蒸汽浴。这是将蒸汽通入特制小屋或关闭的房间内，造成一个高温、高湿的环境。其作用与桑拿浴类似。

（4）涡流浴。如洗衣机一样搅动，强度可以调节，造成明显的水温与水流冲动刺激，又可称为水按摩。

（5）脉冲式水力按摩浴。在特制洗澡盆内与肢体躯干部位相对应处设置多个喷头，水的压力可达 3 个大气压，能选择强度及部位，对需要放松的肌肉自动喷射。

（七）吸氧、空气负离子疗法、体外反搏

（1）吸氧。利用高压氧舱，在 2～2.5 个标准大气压下，吸入高压氧的效果已得到初步证实。高压氧可使血氧含量增加，血液二氧化碳浓度下降，pH 上升，提高组织氧的储备量，对训练引起的极度疲劳，肌肉酸痛、僵硬，酸碱平衡紊乱或失调等有明显疗效。

（2）空气负离子疗法。海滨、瀑布、旷野之所以空气新鲜，令人心旷神怡，是因为其空气中负氧离子多。进入呼吸道的空气离子，通过神经反射，可调节大脑皮层功能，振奋精神，改善睡眠质量，刺激造血功能，血液循环加快，有助于消除疲劳。

（3）体外反搏。体外反搏是一种无创伤性辅助循环的方法。临床医学使用证明，体外反搏对运动性疲劳与损伤有独特的疗效，即通过医学技术手段增加人体肢体血液回流速度和器官局部血液灌注量，改善血液循环，增强肌肉营养，促进机能恢复，同时，提高人体在运动中产生代谢物（如乳酸等）的清除率。

（八）理疗

利用光疗、电疗、磁疗、蜡疗等作用于人体局部或整体，促进血液循环，加速疲劳消除和机能恢复，同时具有治疗损伤的作用。

（九）针灸疗法

对疲劳的肌肉可进行阿是穴针灸，全身疲劳可针灸强壮穴足三里。全身疲劳还可用耳穴压丸，能获得良好效果。

（十）拔罐疗法

拔罐疗法常用于局面严重疲劳并伴有损伤者，通过拔罐时局面负压的作用，使组织的淤血散于体表，有助于组织代谢产物的吸收和排泄，使疲劳消除。

（十一）按摩

按摩是消除疲劳的重要手段。其中，人工按摩较为普遍和有效。现在发展了各种代替人力的按摩方法，如器械按摩、气压按摩、水力按摩等。

（十二）心理恢复放松训练

主要利用自我暗示、放松训练、生物反馈、气功等手段进行自我恢复，还可利用训练者的爱好，丰富其文化活动来缓解精神紧张。

（十三）音乐疗法

音乐对消除疲劳有神奇的作用。音乐可以缓解中枢神经系统的疲劳，具有调节呼吸、循环系统和肌肉组织状态的功能，音乐还有镇静、镇痛、改善注意力的作用。

七、警察体能训练中训练损伤的恢复

训练损伤是体能训练过程中不可避免的。如何使在训练过程中受到损伤的组织尽快得

到恢复是至关重要的。训练量、训练强度、训练方法不当容易使训练者的运动器官受到损伤，较为常见的是肌肉组织、肌腱组织及韧带的拉伤、挫伤、扭伤以及骨骼的损伤。因此，在适当调整训练计划的前提下，施以适当的恢复手段，可以帮助训练者较好地恢复受损伤的组织与器官功能，尽快投入到训练中去，从而保证训练的系统性和完整性。由于警察体能训练自身的特点，如果不能及时实施适当的恢复手段，会使受伤的组织得不到很好恢复，导致连续损伤，进而影响下一步的训练质量。例如，损伤部位持续受损，在某些技术练习上可能会使训练者产生心理障碍，影响正确的技术概念的形成，进而影响训练水平的提高。后果严重的将可能使训练者过早结束训练生涯。训练损伤的常规恢复手段主要有理疗、按摩、针灸、拔罐和调整训练计划。

（一）理疗

理疗是运用光疗、电疗、磁疗、蜡疗等方法作用于受伤部位，促进受伤部位的血液循环，加速其机能的恢复。理疗比热浴的针对性强，对于局面损伤部位的治疗要好于热浴。

（二）按摩

按摩是对受伤部位（肌肉、关节、韧带）及周边部位和人体自身体表的特定筋络穴位，运用推摩、揉、捏、搓、按压、叩打、抖动、运拉等方法，实施有一定限度的刺激，以筋络穴位的传递效应，产生生理和生化的变化，改善人体毛细血管的通透性，提高血中含氧量，加速物质的吸收，消除人体的紧张状态，舒筋活骨，从而达到增进免疫功能、调节神经功能、促进伤病及疲劳的恢复、提高人体机能能力的作用。

（三）针灸

针灸是用火针、电针、医学常用针在相应的穴位对受伤的肌肉、韧带等组织进行治疗，一般用于肌肉损伤的治疗。

（四）拔罐

拔罐常用于局面严重疲劳并伴有损伤者，常用于肩部、腰部、背部肌肉的拉伤、劳损等。拔罐可以使组织的淤血散于体表，有助于组织代谢产物的吸收和排泄。

（五）调整训练计划

调整训练计划是非常重要的恢复手段，一方面，它可以保证训练适当进行；另一方面，促进受伤组织机能的恢复。应抓住时机，控制训练量、训练强度，合理使用训练手段，把重点放在预防再次损伤和过度疲劳上。对于损伤产生后的恢复，应在保证恢复的前提下，进行适当的机能恢复训练，切不可急功近利。

八、警察体能训练中过度训练的预防

过度训练是由于训练负荷与机体机能不相适应，以致疲劳连续积累而引起的一系列功能紊乱或病理状态。过度训练是近年来为警察体能训练所关注的问题。过度训练导致过度疲劳也是警察体能训练中常见的问题。针对这一问题，许多专家、学者做了大量的研究工作。

（一）产生原因

连续大运动量训练或竞赛，训练量、训练强度、训练内容安排无明显节奏，缺少必要的调整和生活规律遭到破坏是产生过度疲劳的主要原因。另外，忽视循序渐进和系统性训练的原则，训练量增加过快或训练中断，患病时或患病后、创伤或手术后过早参加训练，以及训练时没有注意区别对待，对参加集训的训练者，尤其是训练水平不高或年龄偏大以及没有运动习惯者立即进行大运动量训练，易引起过度疲劳。

过度训练产生的过度疲劳是疲劳的病理状态的表现，常常出现大脑皮层兴奋和抑制过程的均衡性遭到破坏，神经体液的调节机制的紊乱，还伴有组织器官的形态学改变。其症状主要有：疲惫无力、不想训练、训练成绩下降、原因不明的体重持续下降、易患感冒或其他疾病、失眠、多梦、烦躁、注意力不集中、反应迟钝、记忆力减退、头痛、心悸、气短、胸闷、心律不齐、心前区不适、血压升高、血红蛋白下降、白细胞增加、心电图异常、训练后心率恢复慢、呼吸频率增加、肺活量下降、食欲下降、恶心、呕吐、腹胀、肝区疼痛、腹泻或便秘、多汗等症状。

（二）主要治疗方法

（1）补充能量。在急性疲劳时首先要供给糖；其次要供给维生素。夏季或出汗较多时应注意补充盐。多吃易于消化的食物，以及碱性食物，如新鲜蔬菜、水果。慢性疲劳时应供给蛋白质、糖及磷酸盐。

（2）消除神经系统抑制。身体训练之后应采取积极休息的方法，而不是消极休养，可采用减少训练强度或改变训练活动内容的方式，这样可以促进神经系统抑制部位的休息。

（3）减轻肌肉、肌腱机械应激，消除局部疲劳。

（三）过度训练的预防

针对过度训练最好的治疗方法就是预防，预防的具体方法如下：

1. 训练周期安排要合理

所谓训练周期，是指按照计划进行适当的身体负荷训练和充足的恢复所组成的循环。训练者在不同的时期应进行不同的身体训练。在每一个训练周期中，应该对训练者的训练成绩和疲劳程度之间的关系进行定期监测，因为训练成绩的下降可能是过度训练的先兆。另外，根据有关研究，对训练者进行一些生理和心理指标的监测有助于预测过度训练的发生，预防训练成绩的进一步下降、疾病以及损伤等，以备及早地进行补救。如果过度训练已经发生，则需要进行有效的治疗。最好的方法就是休息，停止训练约 2 周。休息期过后，可以进行轻微的训练。训练者应该进行各种不同的身体训练，限制容易导致过度训练的训练形式、方法和训练强度。训练者容易将目前的成绩和感觉与过度训练前相比较，从而造成心理上的障碍，影响恢复。必要时，可对训练者进行专业的心理干预，以帮助其恢复。

2. 防止抑郁

抑郁是发生过度训练的训练者面临的最大的心理问题。对于原发性抑郁和过度训练引起的抑郁的鉴别是比较困难的，了解训练者的训练史、家族史以及与教员和其他训练者的谈话有助于鉴别。无论是原发性抑郁还是继发性抑郁，都需要进行抗抑郁治疗和心理治疗。由于目前还没有关于服用抗抑郁药物对恢复时间产生影响的确定性研究，因此，对继发性抑郁在用药时要尤其慎重。

3. 营养

预防过度训练的另一个措施是调节训练者的饮食。恢复期的饮食中要注意糖、蛋白质、维生素、氯化钠、铁、水的充分补充，多吃新鲜蔬菜、水果等碱性食品。训练者常常会出现某些营养素的缺乏，最常见的是铁、锌、镁、钙的缺失。如果饮食平衡，没有证据证明过多的补充可以加速恢复。另外，竞技项目运动员也常补充氨基酸，但是否有益还存在争议。

4. 睡眠

充足的睡眠对恢复至关重要，还可以将外部应激降低到最低程度。同时，还要积极从事康复性医疗体育活动（在花园中慢跑、气功、音乐疗法等）。旅游会增加疲劳，但有时候改变一下环境，找一些新的爱好也有助于恢复。

5. 按摩、冷疗和热疗

一些物理疗法有助于恢复。但是，如果过度训练的训练者感觉筋疲力尽和冷漠迟钝（负交感型过度训练），最好在几周内限制使用。剧烈的按摩也会使肌肉疲劳，可能延缓恢复。

6. 其他疗法

除了常规疗法以外，还包括泉水疗法、空气疗法、电疗、磁疗、激光疗法、负氧离子疗法等。在条件允许的情况下，可以采用一些高科技的疗法。

总之，在警察体能训练中要注意训练量、强度、手段、方法、项目与恢复的关系，牢牢记住恢复也是训练的重要组成部分，避免过度疲劳。由于训练项目、强度、量的不同，身体各成分恢复的速度也不同（磷酸原最快，其次是糖原、蛋白质），因此，应该合理安排训练周期，保证获得较好的超量恢复效果。

九、警察体能训练中的康复性训练

（一）康复性训练的目的

（1）保护训练者，避免受到进一步的损伤。

（2）防止和限制训练者肿胀或伤害的发生。

（3）保证训练者正常愈合过程的顺利完成。

（4）保护训练者受伤部位的机能。

（5）减少训练者身体机能和身体素质的消退。

（6）增加训练者关节活动范围或柔韧性。

（7）提高训练者的肌肉力量、局部肌肉耐力和爆发力。

（8）提高训练者的有氧代谢能力和功率。

（9）增强训练者的本体感受能力、平衡和协调能力。

（二）慢性训练损伤的康复性训练

（1）尽量保持全身和未受损伤部位的训练。

（2）加强纠正错误动作的练习。

（3）加强关节稳定性的肌肉练习。

（4）消除粘连、改进血液循环的训练（如牵拉训练等）。

（5）发展肌肉协调性的训练。

（6）矫正畸形部位的训练。

（7）加强伤后训练的医务监督，避免再次受伤。

（三）急性训练损伤的康复性训练

1．韧带损伤

轻度伤后1～2天可在粘膏支持保护下开始训练，部分断裂固定3周，完全断裂固定3～6周；固定期间除做适量全身活动外，还要做一些肌肉等长收缩训练，以免肌肉萎缩。

2．肌肉损伤

部分肌肉断裂，将伤肢放在损伤肌肉拉长的位置上固定，目的是使受伤肌纤维不致因疤痕修复挛缩而变短。固定1周后可做伤肌的拉长练习，但以不增加疼痛为度。10～15天后可逐步进行正式训练。

（四）康复性训练效果的判断及评定

以膝关节内侧副韧带中度扭伤为例：

（1）患侧关节运动范围与健侧相同。

（2）患侧关节周围的肌肉力量与健侧相等。

（3）患侧腿围为健侧的90%以上。

（4）行、走、跑无跛行，弧线跑或“8”字跑10次以上无不良反应。

伤后恢复至上述情况下，可参加正式训练和竞赛。

（五）康复性训练中的误区

（1）训练损伤仅用药物治疗即可。

（2）冷疗仅适用于损伤后24～48小时内。

（3）包扎的目的是保护和支撑受伤组织，而不是加压。

（4）尽量不要用拐杖，除非不能忍受。

（5）固定可以代替康复。

（6）随着时间的延长，训练损伤可以自然康复。

（7）根据损伤后的日期确定返回训练的时间。

第五节　警察体能训练中运动猝死的预防

近年来，我国许多地方发生过在警察体能训练及测试中出现运动猝死的事件。例如，2004年8月30日，江苏某地民警杨某（男，41岁），在1000米体能训练过程中，跑至400米左右时，突然踉跄一下，栽倒在地。在紧急送往医院救治途中，杨某停止了呼吸。后经医院鉴定为心脏猝死。杨某因忙于工作，饮食不及时，犯过胃病，还因胃出血住过医院，然而，其本人并不知道自己心脏有病。2004年10月23日，重庆市公安局民警石某（男，27岁），在“大练兵”活动中的1500米体能测试中，跑至800米时，突然一头栽倒在地，脸色苍白，神志不清。石某被送到医院时已经没有了心跳和血压，做心电图无反应，医生宣告抢救无效。石某平时身体一直很好，无心脏病史，不抽烟也不喝酒。相关资料报道了我国香港特别行政区、台湾地区警察体能训练与猝死的有关情况。据中国新闻网及香港文汇报（2007年9月14日）报道，在警队是跑步好手的香港警署警长黄某（男，44岁），在著名的“徐步高枪击案”中腿部中枪，伤愈约1个月后跑步时突然昏迷不醒，经抢救无效后死亡。黄某的家人一直坚称是枪伤使黄某的身体变差并诉讼至法庭，但经解剖证实，黄某的心血管已有75%闭塞，死因是急性心肌梗死和冠状动脉粥样硬化。据我国台湾地区《中国时报》(2008年2月24日)报道，近5年来，台北警察局先后有4名警察在3000米常规体能训练测验中发生运动猝死的事件，在当地警界引起较大震动。

运动猝死具有客观性、偶然性、突发性、隐蔽性和后果极其严重性的特征，是运动医学领域面临最严峻的问题之一，对警察体能训练的开展有着严重的负面影响。分析运动猝死发生的原因、特点及其影响因素，采取有效的预防措施避免其发生，对积极开展警察体能训练和警察健身活动意义重大。

一、运动猝死的概念

猝死（sudden death/sudden and unexpected death），是指平时貌似健康的人，因潜在的自然疾病突然发作或恶化而发生的急骤死亡。1970年世界卫生组织以及1979年国际心脏病学会、美国心脏学会将猝死定义为急性症状发生后即刻或者在24小时内发生的意外死亡。运动猝死（exercise sudden death），是指运动中或运动后即刻出现症状，6小时内发生的非创伤性突然死亡。症状发作后30秒内的死亡称为即刻死（instantaneous death）。运动猝死包括自发过程、意外发生、进展迅速三个基本要点。临床医学一般将运动猝死界定为运动中或运动后24小时内的意外死亡。目前，国内外大多数学者倾向于将猝死的时间限定在发病1小时内。

二、运动猝死的常见原因

（一）心脏疾病

心源性猝死最为常见，如冠心病、心肌炎、心包炎、风湿性心脏病、肥厚性心肌病、心脏瓣膜病、先天性心脏病、肺源性心脏病、二尖瓣脱垂、Q-T间期延长、病态窦房结综合征、房室或束支传导阻滞、预激综合征、马凡氏综合征、主动脉瘤破裂、冠状动脉先天异常、冠状动脉套叠、高血压心脏病、心内膜心肌纤维化、心律失常、有家族猝死病史等。青年运动猝死病因多为肥厚性心肌病、心肌炎及冠状动脉先天异常，40岁以上者多为冠心病。有些运动猝死原因不明，尸检未见异常，可能由心律失常或冠状动脉痉挛所致。即刻死大多数发生在运动中或运动后即刻，多由心律失常所致。

（二）脑血管疾病

脑性猝死由脑动脉硬化、高血压及脑血管畸形或动脉瘤等导致的脑出血和蛛网膜下腔出血引起，脑炎、脑血栓、栓塞也可引发运动猝死。

（三）物理与环境因素

温度过高或过低都可导致既往健康者运动猝死。在冬天寒冷的气候环境里，如果运动方式过于激烈，容易引发心脑血管疾病，导致猝死。热环境下进行剧烈运动、训练或竞赛，可导致严重中暑，甚至死亡。在高原地区进行运动或训练时，由于高原缺氧，可引起心肌梗死、肺水肿或颅内出血而导致死亡。

（四）其他生理因素

急性出血坏死性胰腺炎、急性胆囊炎、急性出血性胃炎、呼吸道感染、腹膜炎、胃肠道出血、胸腺淋巴体和肾上腺机能不全、甲状腺功能亢进或减退危象、肺心病、肺炎、肺栓塞、哮喘、张力性气胸、呼吸窘迫综合征、身体严重脱水、电解质紊乱、药品过量与药物反应等为运动猝死病因。情绪过度紧张或过度兴奋、过度训练、超负荷的体育运动及缺乏锻炼、体力不足也可引起运动猝死。值得注意的是，猝死症候群多见于年轻人（17～40岁），死前各项检查均正常，原因可能与钠离子通道代谢异常有关。

（五）组织管理因素

运动猝死风险来自训练者、组织管理者和教师三个方面。其主要风险因素是训练者自身，一般风险因素是组织管理者，其他风险因素是教师。组织管理者常出现的问题是：医务监督不力，体检工作不能落到实处，不能及时了解训练者的身体健康状况；缺乏安全教育；聘用的教师不负责任或专业水平低；缺乏科学、严格的训练管理制度及训练风险识别、评估、应对的方案。教师常出现的问题是：在对训练者健康状况不了解的情况下，让训练者超负荷运动；不能及时发现训练中出现异常情况或表现的训练者；在教学训练中不能区别对待；教师的指导、训练方法存在失误或错误；对训练者有过激言语和行为；不能熟练掌握急救知识与技能，失去最佳救护生命的时机（4～6分）。

三、运动猝死的发生特点

（1）男性多于女性。国外研究表明，女子心肌缺血性心脏病发病率较低。在训练中，当身体出现极度疲劳或某些不适症状时，女子比男子更容易停止运动。有人对226名猝死者进行了统计，其中男性188例，占83.16%。

（2）与运动项目有关。距离较长的耐力性项目发生率最高（如马拉松、5000米、3000米、1500米跑，甚至在800～1000米跑中也常发生）；其次是球类；再次是举重类、体操类、游泳类及其他运动项目。

（3）在较长时间、大强度的耐力性项目中，终点后死亡>终点前死亡>跑步开始或途中的死亡。运动生理学家弗里德曼等认为，运动过度和体力不足容易引起心肌梗死并导致猝死的发生。

尤其是在接近终点时易发生猝死，这可能与机体处于衰竭状态有关。著名学者李之俊等的研究也显示运动猝死与运动强度和运动持续时间有一定联系。

（4）训练有素者与非训练有素者的比较：训练有素者（训练水平较高者或运动员）致死原因复杂，多死于潜在的心脏病；非训练有素者（缺乏锻炼、体力不足者）多死于心肌梗死。Siscovick等的研究表明，活动量少的人，在剧烈运动中心脏骤停的危险与其他时间相比要大56倍，而经常参加剧烈运动的人在运动中的危险情况只比平常大5倍。

（5）竞赛及测试时多于训练时。竞赛及测试时竞争较为激烈，许多人往往具有较强烈的兴奋性和表现欲望，常出现身体和心理的“忘我”，兴奋性增强，使机体的疲劳感和疼痛感受到抑制。研究表明，情绪激动时，血液中儿茶酚胺增多，增加心室颤动的易损性和激发冠状动脉痉挛。正是这种情感体验掩盖了超负荷下的身体疲劳，从而使已疲劳的肌体没有疲劳感，以致在不知不觉中出现超量运动、过分紧张、激动超出身体承受限度，引发猝死。

(6) 运动猝死在夏季发生的最多。夏季的运动猝死与中暑有关，因耐力性项目不仅使人体水分蒸发快，血液黏稠度提高，易出现血小板聚集和血栓形成，对心血管系统造成沉重负担，而且对其体温调节机制也是个严峻的考验，以致在猝死发生后难以对其发生原因作出鉴别。

(7) 伤后、病后、身体不佳、过度劳累、睡眠不足和感冒发烧参加运动训练时容易发生运动猝死。另外，情绪波动、压力过大、过于紧张时，也易发生运动猝死。

(8) 主观认识上的偏差。许多人片面认为，只要参加运动就对健康有益，体能训练可有效地提高身体素质，运动猝死概率较低，与己无关。殊不知，运动是一把双刃剑，其作为一个刺激因素可诱发运动猝死。在不完全了解自身健康状况的情况下，缺乏必备的运动与训练基本知识及科学指导，不顾身体发出的各种信号，一意孤行、盲目地进行锻炼或训练，过度强调意志的作用，是导致运动猝死的重要原因。

四、警察体能训练中运动猝死的预防

（一）重视运动猝死先期症状的判断与应对

据有关资料显示，运动猝死前有50%的人会出现发热、胸痛、胸闷、胸部压迫感、头痛、气急、肠胃不适、腹泻、极度疲乏等前期症状，但也有可能没有任何先兆。因而在运动中或运动后，如出现晕厥、胸闷、胸痛、憋气、心脏有压迫感等现象时，应引起足够的重视。体能教师和训练者都应具备识别运动猝死危险信号的基本知识，及早识别体能训练中运动猝死的高危人员和风险程度。做到早发现、早预防、早治疗，避免体能训练中运动猝死的发生。平时身体状态良好或从未发生心绞痛者如有异常症状，也应高度重视，不可掉以轻心。

(1) 轻度症状期：在训练活动时有胸部憋闷感或压迫感，有时伴随眼前发黑，这种感觉大约持续3～5分或更长时间，但休息后憋闷感或压迫感等自动消失。此期间应避免剧烈运动，进行正规、严格的定期体检。

(2) 中度症状期：在训练中出现周身乏力、头晕、胸闷、心慌、气急、恶心呕吐、心动过速和疲劳等情况，临床医学检查心电图变化、心肌酶、超声心动图、心脏磁振扫描或核医学检查阳性的无症状性心肌缺血，无临床心绞痛等症状，但并不能排除心脏及其他隐疾或不能准确界定生理性与病理性的变化。此期间应注意及时休息，控制训练量和强度，避免过劳及情绪过激，加强专门性医学检查和训练医务监督。

(3) 重度症状期（危险症状）：临床医学检查心电图变化、心肌酶、超声心动图、心脏磁振扫描或核医学检查呈阳性；在正常训练活动中感到短暂的胸痛或觉得有咽部紧缩感，有人会伴有出汗，3～5分的胸闷，最常见的征兆是浑身疲乏、头昏、头痛、背痛、眩晕、心悸、胸闷、口苦、唇紫绀、异常的呼吸困难等。此期应立即停止活动，采取治疗措施。在竞赛、测试等剧烈活动时，突然出现非外因的皮肤苍白或紫钳、大汗淋漓、血压下降、心律失常、虚脱、惊厥抽搐、突然意识丧失、气道阻塞性鼾声、颈动脉搏动消失、心率呼吸停止、瞳孔放大、尿失禁等症状，此为高危重症状，应立即组织抢救。

（二）预防为主，采取三级预防措施

1. 一级预防

一级预防，又称为原发或原始预防。在体能训练前，首先应进行安全教育和体质检

查，建立个人健康档案，做好医务监督工作（重点是25～55岁年龄段的人），使体能训练有针对性与实效性。同时，识别可能发生运动猝死的高危人员，争取早期诊断预防。

（1）学校和教师要加强体能训练的安全教育，以专题讲座或讲课的形式让训练者了解和掌握体能训练安全知识，特别是掌握体能训练安全防范知识，如伤害事故的识别、运动猝死的识别等，增强体能训练安全意识，提高体能训练风险自我防范意识和危险情况下的自救能力。另外，还要普及急救知识与方法，并定期进行演练。

（2）经体检有异常发现，特别是心脏疾患者，应在专门指导下进行合理锻炼，一般应禁止从事剧烈运动；对于没有运动经历和运动习惯的训练者或身高与躯体、肢体围度明显不成比例者，应进行正规、严格的体质检查，特别是心脑血管系统的检查，注意询问病史、运动史和家族史；曾在运动中或运动后有过晕厥、意识丧失的训练者，应注意是否与心脏病有关，有无潜在的心脏病，要请专科医生作出确切诊断，在问题尚未查清之前，应禁止从事剧烈运动。

（3）教师必须了解自己任课对象的健康状况，建立健康档案，同时制定切实可行的训练处方。首先，教师应对所有教学对象在参加体能训练前建立"互动告知"程序制度，即训练者应主动告知自己的身体状况，而教师也应该把运动训练对身体的影响和不良体质所产生的恶性后果主动告知教学训练对象。其次，要针对教学训练对象的身体状况，因人而异，区别对待，制定适合的运动处方，避免学员对运动猝死产生心理恐惧。最后，教师要有意识地监督教学训练对象遵循警察体能训练基本原则，推荐循序渐进安全强度的运动与训练，强调适宜的准备活动和放松整理运动，根据训练对象的生理特点合理安排运动量和运动强度，增加运动量的措施与合理的休息相配合，防止过度训练和过度紧张，在选择的训练项目上不能太剧烈，竞争不宜过强，时间不宜过长。要根据环境进行科学的训练，最大限度地减少训练风险。

（4）掌握防止运动猝死的必备运动保健知识。在体能训练跑步时不宜过慢或过快，要保持呼吸通畅，避免"极点"的出现；健康的人没有做准备活动就突然进行剧烈运动，60%的人会出现心肌缺血现象；跑步结束时不要马上休息，要继续慢走，防止"重力性休克"引起的回心血量不足，或突然倒地后回心血量突增而引起心脏扩张，进而影响心肌的供血供氧；避免在过热和过冷的环境中进行训练，特别是在夏季进行长距离、长时间的体能训练时，要及时补充水及电解质，防止电解质平衡紊乱及中暑的发生；运动时不能大量喝水，避免加大心脏的负担，运动后，不要马上洗热水浴，否则，全身血管就会扩张，需氧量激增，就有可能发生猝死；忌暴饮暴食及饱食后运动，以防虚脱及急性胰腺炎等发生；感冒、急性扁桃体炎、麻疹、发热患者应避免运动与训练，并及时诊治，否则会导致病毒侵袭，引发心脏疾病，从而造成心血管意外而发生猝死的现象；训练者在伤后、病后、发烧、急性感染期及恢复期，应避免参加体能训练。禁止带伤、带病参加竞赛与测试，以免出现意外。体能训练要持之以恒，医务监督与自我监督相结合，正常训练与积极休息相结合，不宜间隔时间过长，防止"三天打鱼，两天晒网"。同时，要积极预防冠心病的发生。

2. 二级预防

二级预防是在患有冠心病或心脑功能及其他有异常情况的训练者个体和群体中进行的筛查与预防措施，因为猝死者绝大多数有冠心病史。关键是减少危险因素和及时发现前期症状，区别生理性与病理性的变化，平时加强注意，养成良好的生活习惯，积极预防，是完全有可能避免不幸发生的。

（1）物理检查：检查心脏大小、心脏杂音、心律失常、高血压等。

（2）心电图、超声心动图、心肌酶、心脏磁振扫描等检查可发现高血脂、糖尿病、心律失常、ST-T 改变及心脏结构异常等，并配合必要的化验。

（3）运动负荷试验、放射性核素检查：可了解心脏灌注或心功能情况。必要时，可进行基因检测。

（4）重视冠心病危险因素（吸烟、血脂异常、高血压、糖尿病、肥胖、紧张、水果和蔬菜摄入不足、缺乏运动、过度饮酒、冠心病家族史），慎重安排体能训练，明确体能训练的禁忌与适应证，科学制定运动处方，避免强度大、竞赛激烈、情绪波动大的身体活动。

（5）马凡氏综合征（Marfan）患者（眼部病变、骨骼畸形、有家族史）不宜从事竞赛和测试。

3. 三级预防

三级预防，是指治疗急性心搏骤停以防止发展为运动猝死而采取的措施，主要是提供现场医务监督和建立急救体制（包括重症的抢救治疗），使其及时逆转，挽救生命。在进行长距离体能训练及剧烈竞赛、测试时要有医务人员在场，并准备必要的急救设备。

（三）不断提高体能教师的专业素质和专业水平

近年来，随着“生物—心理—社会”新运动医学模式的建立和体育科学在运动处方及体能研究领域的迅速发展，使得从事警察体能教学训练的教师必须更新理念，补充新知识，学习新技能，提高综合素质，以应对更多的挑战。积极预防运动猝死，体能教师的专业素质和专业水平是关键因素。第一，现有科学知识和技术对运动猝死的认知是有限的，还有相当一部分的运动猝死无法预知与预防，需要进一步加强研究工作。例如，平时身体状态良好或从未发生过心绞痛者，难有先兆，也可能会出现运动猝死。第二，已知的运动猝死与运动性疾病和极点产生及第二次呼吸等，相互联系、互相区别，具有同表异质特征，体能教师及时的专业判断与应对至关重要。第三，如何准确界定运动中生理性、心理性和病理性变化的边界，实施科学的训练。第四，运动猝死病程短，发病突然，防不胜防。一旦出现，在现场及时抢救和开展心肺复苏术（CPR）是降低猝死率最为有效的措施。研究表明，心搏骤停 4 分内进行心肺复苏术，成活率为 50%；4～6 分进行 CPR，成活率为 10%，超过 4 分会出现脑细胞死亡并留有严重的神经后遗症；心搏骤停超过 6 分进行心肺复苏术，成活率为 4%；心搏骤停超过 10 分进行 CPR，成活率很小，获救概率低，充分体现了时间就是生命的名言。体能教师必须掌握开放气道、叩击心前区、胸外心脏按压、人工呼吸、电击除颤等急救技术，并取得相关资质证书，以便更好地履行自己的职责。

（四）将警察体能训练列入风险管理范畴，加强组织管理

风险，是指可能出现的威胁或危险，由风险因素、风险事故和风险损失等要素构成。风险管理又称为危机管理，是指各社会单位在对其生产、生活中的风险进行识别、估测、评价的基础上，优化组合各种风险管理技术，使其中可引致最大损失及最可能发生的事件优先处理，对风险实施有效的控制，妥善处理风险所致的结果。警察体能训练中的风险管

理的核心是准确判断是否存在未被发现或认识清楚的严重及潜在的风险，以最小的成本达到最大的安全保障的过程。因为任何运动猝死的风险被忽略，就有可能导致个别人生命的终结。风险管理内涵包括三个方面：一是风险的确认，非常清楚地了解到危险所在，一旦发生风险能处理得宜，以免手忙脚乱；二是风险的评估，在风险的确认之后，需要对风险的影响程度加以衡量，以区分危险程度的高低，即特别重要的危险因素（如运动猝死）、重要的危险因素、不重要的危险因素等，进行风险跟踪，启动风险定期通告通报程序，实时监控风险状态，从而进行正确的风险评估；三是风险管理方法的选择，包括事故前的管理、事故中的管理、事故后的管理三个阶段，不论在哪个阶段，皆可采取规避危险、采用安全防护措施、转移危险、安全监控、动态改进风险措施等策略。

警察体能训练中风险管理的重点应包括以下几个方面：

(1) 进一步更新观念。警察体能训练中对于风险管理的运用，目前大都停留在意外事件发生之后的处理，然而拥有一整套完整的风险管理计划可以有效控制并降低风险所造成的损失。因此，在警察体能训练过程中，单位组织者、管理者、教师及相关人员均应具备危机处理与风险管理的概念，对于常伴随着运动伤害、运动意外及运动猝死的风险，制定完整的危机处理程序与风险管理计划确有其必要性。就学员而言，以维护其本身健康安全；就组织者、管理者及教师而言，有合理、专业的处理程序与依据。危机处理与风险管理计划或许无法完全规避风险，却能有效控制危机与风险，将可能发生的风险最小化，从而达到风险管理的目的。

(2) 提供安全的训练环境和有效的医务监督。安全的训练环境和有效的医务监督是防范运动伤害及运动猝死的最高守则，因此，建立一套安全训练环境及医务监督的检测模式是责无旁贷的重点。

(3) 建立医疗救助体系。平时应加强紧急事故及对伤者急救的处理能力，并与附近医院协同建立最快速的医疗救助通道，同时定期演练。

(4) 运用现代风险管理的基本理念，警察体能训练及活动应利用保险制度转移风险，并不断完善保险政策，以达到降低损失的目的。

(5) 建立协议书的制度。在任何高危性训练及活动中，组织者和参与者应诚实互相告知可能产生的结果与影响并共同遵守基本规范、规则，设立情况通报通告系统，熟悉相关法律法规，明确各自的权利与义务，对有特异体质或特定疾病者予以注意，区别对待，防止失责。

第三章　公安院校攀登训练

第一节　平房攀登

一、特点

平房的结构一般比较简单、低矮，突出部位小（少），牢固性差，便于搭人梯，可以利用窗户攀登和利用搭杆、梯子等器材攀登。

二、攀登方法

（一）利用窗户攀登

动作要领：两手扶窗户，立臂撑起后，一脚踏窗台，手脚配合，迅速站立。手抓房沿，拉臂引体向上，两脚蹬窗口两侧，挂臂支撑，跨一脚攀登上房。窗台较高时，也可助跑。

注意事项：手抓脚蹬要牢固，身体不得后仰。

（二）搭杆攀登

动作要领：将杆搭在房檐上成适宜角度。攀登者面向外，双手上下抓杆，两脚将杆夹紧，两臂用力向上引体，手脚配合，交替上移，接近顶端，转体爬上。

注意事项：搭杆一定要牢固，角度要适当。

（三）搭人梯攀登

动作要领：搭两层人梯时，第一名距墙约40～50厘米站好，两手扶墙，两脚左右分开约与肩同宽，身体下蹲。第二名两脚踩在第一名肩上站稳，然后，第一名快速起立，正直上顶，第二名借助顶力抓住房沿，立臂支撑，收腹抬腿上房。

注意事项：第一名不能左右、前后晃动；第二名不能后仰，两腿不能弯曲。

第二节　楼房攀登

一、特点

警察在城镇执勤、布控、搜寻过程中，经常会遇到一些楼房。而楼房具有高大、外形各异、墙面光滑、不易攀登等特点。但一般的楼房突出部位较多，如：阳台、窗台、墙垛等，并设有雨漏管、避雷针地线等外部设施，警察可以充分利用楼房突出部位和外部设施，灵活运用各种方法进行攀登，以保证任务的圆满完成。

二、攀登方法

（一）利用雨漏管攀登

动作要领：

方法 1：两手心相对，紧扣雨漏管，抬头挺胸，以两臂的拉力和两脚的蹬力使身体跃起，同时收腹抬腿，两脚的内侧蹬夹雨漏管（也可以蹬墙面）。按以上方法依次向上攀登。

方法 2：两手上下紧扣雨漏管，一脚提起，用脚内侧或前脚掌蹬夹雨漏管（墙壁），以左手左脚，右手右脚的顺序交替向上攀登（也可使身体跃起，进行跳跃式的上攀）。

下的方法按上的相反顺序进行。

注意事项：身体不得后仰或距离墙面过近，手抓脚蹬要牢固，倒手、倒脚、收腹、抬腿要紧密结合，臀部上提。

（二）利用避雷针地线攀登

动作要领：两手上下紧握避雷针地线，两臂弯曲，大臂夹紧，收腹屈腿，两脚分开约与肩同宽，两脚掌蹬墙面（或避雷针地线的固定销），手脚配合交替用力向上攀登。

下的方法按上的相反顺序进行。

注意事项：臀部不得下坠，身体不能左右晃动，手抓脚蹬要牢固。

（三）利用窗户攀登

动作要领：两手扶窗台，手抓脚蹬，将身体跃起。双脚踏窗台，手扣窗楣，拉臂使身体上移，同时，两脚分开蹬窗户两侧。立臂支撑，一脚踏窗楣，将身体支起，一手扣二楼窗台，两脚踏在一楼窗楣上。而后，按此方法依次向上攀登。

注意事项：身体不得后仰，手脚要协调配合。

（四）利用阳台攀登

动作要领：

方法 1：双手抓阳台固定物，拉臂引体向上，一手移抓栏杆，一脚跨上阳台的边沿，支撑起立，上至阳台顶栏杆，然后按此方法依次上攀。

方法 2：双手抓阳台的边沿，拉臂引体向上，外侧手移抓栏杆，右（左）转体，外侧脚蹬墙，内侧脚跨上阳台边沿，拉臂倒手，支撑起立，上至阳台栏杆上，内侧手扶墙，外侧手抓上面阳台边沿，按此方法依次上攀。

向下攀登的方法按向上攀登的相反顺序进行。

注意事项：身体不得后仰，手扣、脚蹬、转体、收腹上跃配合要协调一致。

（五）利用墙垛攀登

利用墙垛攀登楼房的难度较大，也不易掌握，通常采用绳套攀登和徒手攀登两种方法。

（1）利用绳套攀登：用绳套攀登时，将绳套套在两脚上，收腹屈腿，用脚的蹬力使身体跃起，同时，两小臂紧抱墙垛，两脚的内侧蹬夹墙垛两侧，以脚的蹬力使手臂上移，而后收腹屈腿，按此方法依次上攀。

（2）徒手攀登：徒手攀登时，主要靠两手臂的合力和两腿两脚内侧的夹力，先倒手，后收腹屈腿，使身体上移。

注意事项：攀登时，两臂的合力、两腿两脚的夹力要使身体与墙垛结合牢固，身体不得下坠或后仰。

（六）利用花墙攀登

动作要领：两手上下抓住花墙，两脚蹬至花墙孔内，以两臂的拉力和两脚的蹬力，按照右手右脚、左手左脚的顺序交替攀登。

下的方法按上的相反顺序进行。

注意事项：手抓脚蹬要牢固，身体不得下坠。

（七）二人攀登窗台

动作要领：

方法1：二人徒手攀窗时，第一名立臂支撑，上至窗台，靠一侧站立，第二名拉第一名手腕攀上窗台，第一名下蹲成马步，第二名两脚分别踩在第一名左右肩上，借助第一名的顶力，手扣二楼窗台，脚踩一层窗楣，跃上二楼窗台。第一名抓第二名脚腕，拉臂收腹，两脚蹬窗口两侧墙壁上至一楼窗楣，身体立起，手扣二楼窗台，按此方法依次上攀。

方法2：二人利用短绳攀窗时，到达一楼窗台后，第二名腰系短绳，双脚踩在第一名左右肩上，借助第一名的顶力上至二楼窗台，双手握住窗框，采取半蹲姿势，双脚分开约与肩同宽，第一名抓住其腰间放下的短绳上至二层窗台，按此方法依次上攀。

注意事项：二人要密切配合，身体不得后仰。底座人员要正直起立，上方一名两腿挺直。

（八）二人利用阳台攀登

动作要领：第一名半蹲手扶墙，第二名脚踩第一名两肩。第一名正直起立，第二名半转身双手抓阳台固定物，拉臂引体向上，一手移抓栏杆，一脚跨上阳台边沿，另一腿悬垂。第一名抓第二名的悬垂腿，二人协同，依次上攀。

注意事项：二人要密切配合，攀登时身体不得后仰。

（九）利用雨漏管和窗户交替攀登

动作要领：一手抓雨漏管，一脚蹬雨漏管和墙壁，另一手扣窗腰线，用手扣、脚蹬、收腹的力量，使另一脚踏窗台。然后，手脚配合交替向上攀登。

下的方法按上的相反顺序进行。

注意事项：手扣、脚蹬、身体上移三者要密切配合。

（十）抓绳攀登

动作要领：两手上下紧握绳索，两臂弯曲，大臂夹紧，小臂微收，两脚分开约与肩同宽，脚蹬墙或突出物，两腿微屈，将绳索置于两腿之间，手脚配合，交替向上攀登。

注意事项：两脚不得外蹬，身体不得左右摆动，臀部不得下坠，手抓、脚蹬要牢。

（十一）利用钩杆攀登

动作要领：将钩杆挂于上层窗台中央，两手握杆，拉臂收腹，引体向上。两脚蹬在窗台上，一手扶窗楣，另一手将钩杆挂在上层窗台中央。

照此方法上攀时，两脚可蹬窗户的两侧。

注意事项：挂钩时，一定要牢固、定位，拉杆要垂直用力。

（十二）利用锚钩绳攀登

动作要领：将主绳连接在锚钩上，一手抓绳，另一手持锚钩，用力上抛，挂于上层的固定物上，然后按抓绳上的动作要领上攀。

注意事项：抛挂钩要准确、牢固。

（十三）利用竹竿攀登

利用竹竿攀登，通常是二人配合，利用走廊和阳台攀登上楼的一种简易方法。

动作要领：第一名将竹竿上端插入上层走廊（阳台）栏杆内，第二名将竹竿的下端拉紧并固定好，第一名抓竹竿上攀进入上层走廊（阳台），第二名将竹竿抽出，并将其下端插在下层走廊（阳台）栏杆内，第一名将上端拉紧并固定好，第二名抓竿上攀。两人协同，按此法依次交替上攀。

注意事项：竹竿固定要牢靠，二人配合要密切。

（十四）利用升降器攀绳

动作要领：楼上人员将双绳固定并抛下，楼下人员将绳固定并拉紧，两绳的间距要适当，操作者各握一个升降器，并和绳索结合，以右手右脚、左手左脚同时向上运动的方法，交替向上攀登。

注意事项：升降器与绳索要正确结合，移动的距离要适当。

在利用器材攀登时，不但要求学员掌握攀登的动作要领，而且还要熟练掌握各种器材的使用方法。利用器材攀登是技术与器材相结合的综合动作，除了要掌握绳索、钩杆、锚钩等常见器材的使用方法外，还要掌握吸盘、升降器、升降车等一些特殊器材的使用方法，以便克服执行警务中遇到的各种阻碍，提高学员的缉捕、搜寻能力。

第三节　下滑方法

下滑方法是利用绳索和一些攀登器材，在高层建筑物、楼梯或不便于走下的坡道上所采取的迅速、准确到达地面的一种方法。它便于单独行动和集体行动。下滑方法也可以作为观察和攻击的手段，可以分为以下五种：

一、悬绳下滑

（一）利用铁锁下滑（单环结跳下）

动作要领：将主绳一端在楼上固定，另一端抛至楼下。将绳索与铁锁在胸前打一单环结，两手在单环结上下紧握绳索，两脚蹬墙，身体外展，同时两手微松绳，使身体下滑。当身体接近落点时收腰屈腿，到达落点时两手握紧绳索，按此方法依次下滑。

注意事项：操作者要戴手套，扎保险带，挂锁时，应大头朝前，固定螺套朝上。

（二）利用“8”字环下滑（“8”字环跳下）

动作要领：动作与单环结下滑基本相同，区别在于将绳索与“8”字环在胸前打一“8”字环结。

注意事项：“8”字环应大环朝前。

二、斜绳下滑

动作要领：将主绳的一端在楼上固定，另一端在楼下适当位置拉紧呈45°角固定。一手握保险钩（或将胸前或背后的保险钩挂在绳索上），顺斜绳下滑。当接近地面时，收腹展腿，按先脚跟后脚掌的顺序着地。

注意事项：下滑时，身体不得旋转扭动。

三、滑绳押带犯罪嫌疑人

“滑绳押带犯罪嫌疑人”的方法通常是警察在不便于从楼梯押带犯罪嫌疑人时采用的一种方法。

动作要领：在楼上把主绳的一端固定好，另一端在楼下的适当位置固定，将犯罪嫌疑人捆好并扎好保险带（或胸保护套），把副绳和保险带（或胸保护套）用铁锁连接起来，挂于主绳，在楼上用副绳控制下滑速度。押解者位于犯罪嫌疑人之后，一手抓犯罪嫌疑人胸保护套，按斜绳滑下的动作，将犯罪嫌疑人送下。

四、背绳走下

“背绳走下”的方式具有对室内进行观察、射击、投掷爆炸物等作用。

动作要领：将主绳的一端在楼上固定，另一端抛至楼下。扎保险带、戴手套，将主绳从“8”字环大环内由上至下穿过，挂于小头，扣在背后的单环结上，两手前后紧握绳，面向楼外，两脚分开与肩同宽，身体挺直，面向地面，与墙面垂直，然后，前手松绳，后手掌握方向，沿墙面迈步走下。当接近地面时，前手松绳，同时脚蹬墙，胸部上挺，使身体恢复直立姿势的同时落于地面。

注意事项：身体要与墙面垂直，面冲下，两腿不能弯曲过大，迈步与松绳要协调一致。

五、飞身滑下

“飞身滑下”是下滑者在“背绳走下”被发现时用的一种快速撤离的方法。

动作要领：按“背绳走下”的准备动作扣好绳结，身体侧面（肩部）向下，垂直于墙面，两手伸直，上下紧握绳。而后，左、右手松绳的同时两脚用力蹬墙，使身体远离墙面腿保持挺直的姿势，以自由落体式下滑，到达预定位置后两手紧握绳，接近墙面时，两脚蹬墙，同时松绳。将要到达地面时将绳由松到紧握住，同时略弯腰，腿部下沉，两脚先着地并稍做缓冲，而后，呈直立姿势。

注意事项：蹬墙、松绳要同时进行，腾空时身体要挺直，不能分腿、弯腰。

第四节　应用攀登

应用攀登是在实战中广泛使用的一种战术行动手段，带有很强的攻击性。它要求学员能熟练运用各种器材，掌握各种攀登技巧，相互之间要密切配合，行动协调一致。在行动中，攀登通常以多人为一个战斗小组实施，利用这种方法可以达到全组人员一同攀上或攀下，克服底座人员不能上的缺点，提高战斗力，也便于小组的集体行动和指挥。此方法适用于4～6米高的平房和平台攀登。

一、举腿上

动作要领：第一名身带10米短绳，双脚分开约40厘米，两脚跟抬起，两手扶墙，面向墙壁站立。其余的四名下蹲，每二人托抓第一名的一只脚，用力上举。当第一名攀住房沿（平台上沿）时，其余人员松手，第一名用力拉臂抬腿上房顶。第二名同第一名的动作相同。两名人员上至房顶后，放下短绳，每人抓一头，靠外侧的脚与房顶外沿取齐并顶住，面对面站立，第三名双手抓住绳子中央，手心向内，两臂弯曲，然后房顶上的人用力拉绳。第三名双脚分开约与肩同宽，两脚蹬墙借助拉绳之力向上运动，上房顶后，帮助一、二名拉绳，四、五名动作与第三名一样。

下的方法按上的相反顺序进行。

注意事项：被举人员要两腿挺直，目视前方，上举人员正直向上用力，小组密切配合。

二、人梯上

动作要领：两名底座面向墙站立，两腿分开约与肩同宽，内侧的两脚靠拢，两手扶墙并用力支撑。第三名蹬住第四名的手，利用蹬力和第四名的托力站立在两底座人员肩上，转身面朝外，背靠墙两腿弯曲，第四名蹬住第五名的手，利用蹬托合力上跨，第三名拉住第四名的手上拉，第四名一只脚蹬住底座的肩，另一只脚跨至第三名双手上，利用托举之力抓住房沿，攀上房顶。第五名一只脚蹬在底座人员交叉腿之间，其余的动作同第四名。一、二、三名与举腿上拉绳动作相同。

下的方法按上的相反顺序进行。

注意事项：底座人员两腿用力，其余人员重心要稳，用力要正直，小组密切配合。

三、小组利用梯子攀窗

用梯子攀窗的方法主要是因为有些窗户不便直接攀登，特别是在楼面光滑，楼层较高，窗户没有外沿或顶部外沿太长的情况下使用的方法。用此方法在任何地方都能上得去下得来，便于集体行动。

缺点是操作复杂，动作慢，不便于快速行动。

（一）所需器材

（1）长梯子：材料应选用空腹铝合金，长 3.5 米左右，宽 30～40 厘米。用编织物包好顶端，以防行动中发出声响。

（2）梯子支架：直长 90 厘米，斜长 45 厘米。

（3）短绳 3 根，每根长 6 米。

（二）准备工作

（1）先将梯子支架固定在长梯最后两个横梁上，支架凹槽卡住梯子横梁，用短绳固定好。

（2）将两根短绳分别拴在长梯中部和顶部的横梁上。

（三）动作要领

将梯子架在第一层窗台上，支架朝里，并伸到窗户的里边。第一人站在支架上的顶点并拉紧中间的短绳，使梯子贴在楼房的外墙上。第二人顺梯而上，到达顶端打开上层窗户，进入房间后拉紧顶端的短绳，其余人员依次顺梯而上。人员全部到达后，两人合力将梯子上拉并再次架好，依次上至所需层次。

下的方法按上的相反顺序进行。

四、小组撑杆攀登

动作要领：攀登者距墙 3～5 米，左手在前（距杆头约 15 厘米处），右手在后，紧握撑杆。右小臂与撑杆平行，将杆夹于右肋，两腿微屈，抬头挺胸，身体稍向后仰。选准路线，借助撑竿的推力，脚成外八字形蹬住墙壁，快速移步，攀登上楼。协助人员要始终和攀登者保持正直方向。推送力量要适当，推送速度要逐渐加快。

注意事项：两手握杆要紧，腰要挺直，正直上攀，身体不要左右摆动。推杆人员和攀登者要密切配合。

五、垂直下

用“垂直下”这种方法，警察便于在楼房战斗中观察、掩护或指挥其他人员进入房间实施战斗，也可以对窗内的犯罪嫌疑人进行攻击，以达到突袭的目的。

动作要领：系好保险带，拴好固定绳。主绳系在背部，副绳系在臀部，“下走”学员站在楼房外侧边沿，两脚叉开约与肩同宽，两臂平展，“协作”学员慢松保险绳，“下走”学员身体保持正直前倒，当身体与墙面垂直时开始走动。到达预定位置后，“协作”学员将绳子拉住并固定。

“下走”学员可左右移动进行观察，也可以实施单腿跪姿向房内投弹或进行射击。

动作完成后，“下走”学员可让“协作”学员直接放绳到地面，也可直接进入房间。

注意事项：

（1）向下走动时，两脚迈步不宜太大，身体不要左右摆动。

（2）运动和停止要用手势指挥，“协作”学员要看清手势，配合要密切，保险绳不能快放或猛放。

六、跳入房间

“跳入房间”是警察常用的方法。在战斗中，警察由上向下跳入房间进行攻击，给犯罪嫌疑人以措手不及的打击，达到突然袭击的目的。

动作要领：系好安全带，检查器材是否完好。在胸前系一个单环结（或用“8”字环结），左（右）手在上，右（左）手在下握绳，站于楼顶外沿。起跳时，两脚用力蹬墙，双手松绳，身体外展下滑，当到达预定位置后，双手握紧绳子，同时收腹，两腿向前伸平，两脚并拢，向玻璃撞击，使整个身体闯入房间。进入房间后双手松开绳子，双脚着地，快速举枪射击。

注意事项：

（1）绳索不宜太长，应与所进入的房间地面一致，便于进入房间后绳子迅速与身体脱离。

（2）向下跳时应选择好停留点，可根据不同的结构、高度来确定停留次数，做到胆大心细，加强自我保护。

七、侧方移位

用“侧方移位”这种方法能有效地利用已被犯罪嫌疑人控制的房间的一侧或多侧来实施进攻，形成多点多方位的攻击。

动作要领：系好安全带并与绳子结合牢固，由“协作”学员将“攻击”学员放到攻击房间的一侧位置，另一名“协作”学员在“攻击”学员身上系一根短绳（两窗户之间长度）并拉紧，上方“协作”学员将固定绳固定在攻击房间的上方。攻击时，拉短绳的“协作”学员松绳，使“攻击”学员横向移动，从侧面到达攻击房间的窗台上，双腿叉开，两脚蹬住窗台实施攻击。

注意事项：

（1）“攻击”学员重心要稳固，身体不得左右摆动。

（2）到达攻击位置后，双脚迅速蹬窗台，防止移过窗户。小组要密切配合，固定要牢，松绳要安稳。

八、撑臂、撑体上

“撑臂、撑体上”这种方法是利用距离适当而且方向相对的墙面或墙垛等进行攀登。它的特点是攀登难度大，不易掌握，要有一定的力量，但操作起来迅速，容易掌握先机。

（一）撑臂上

动作要领：学员站在相对墙面的中央，两手呈立掌向两侧平伸，以掌心用力撑住两侧墙面，同时收腹屈腿，全脚掌用力蹬住两侧墙面。然后，以两脚的蹬力使身体上移，同时倒手上移。两手撑住身体，再收腹屈腿，交替向上运动。

注意事项：手撑、脚蹬要牢，重心不能下坠，手脚配合要协调。

（二）撑体上

动作要领：面向一侧墙面身体前倾，一只脚向上后蹬，以全脚掌蹬住身后墙面，借助双手的撑力和一只脚的蹬力迅速后蹬另一只脚，使身体挺直，面朝下。然后，上移右手的同时上移左脚，按右手左脚、左手右脚的顺序交替向上运动。

注意事项：腰要挺直，撑体要牢，手脚配合要协调。

第五节　山地攀登

山地地形复杂，坡度起伏大，悬崖陡壁多，不便于协调指挥、组织训练和实施攀登，但可以利用山石裂缝、突出部位、岩石树木等，徒手和利用攀登器材进行攀登。

一、利用铁锁保护

（一）崖上利用铁锁保护

动作要领：先固定好铁锁，“协作”学员先打一胸保护套并固定在崖上，再将保护绳通过铁锁折回，两手紧握，随“攀登”学员的移动速度收放绳索。如“攀登”学员滑落，“协作”学员应立即拉紧保护绳，以保障其安全。

（二）崖下利用铁锁保护

动作要领：由“攀登”学员在崖上固定好铁锁，再将系在身上的保护绳装入铁锁内，“协作”学员在崖下握住保护绳另一端，随“攀登”学员的移动速度收放绳索。如“攀登”学员滑落，“协作”学员应立即拉紧保护绳，以保障其安全。

（三）坐、立姿保护

动作要领：“协作”学员打好胸保护套并在崖上固定好，采取立姿或坐姿保护，随“攀登”学员的移动速度收放绳索，如“攀登”学员滑落时，“协作”学员应立即拉紧保护绳，以保障其安全。

（四）自带保护锁保护

动作要领：在崖顶上固定好主绳一端，将另一端抛至崖下。“攀登”学员打胸保护套，在胸前挂一铁锁，连接保护锁，并将主绳卡入保护锁。当“攀登”学员向上移动，保护锁就沿着主绳向上移动。如“攀登”学员滑落，保护锁就会自动闭锁，将其固定在主绳上。

（五）在崖上利用保护锁保护

动作要领：在崖上固定好铁锁，连接好保护锁。将主绳一端用铁锁连接在崖下“攀登”学员的胸前保护套上，另一端从保护锁上孔穿过。“协作”学员一手捏住保护锁，另一手抓穿过保护锁的主绳，随着“攀登”学员的移动速度收绳索。如“攀登”学员滑落，保护锁就会自动将绳卡住。

（六）三点固定上（下）

“三点固定上”是徒手攀登悬崖陡壁的基本方法，多在集体攀登时第一名上崖固定绳索时使用。

动作要领：用两手一脚或两脚一手固定在崖上，以另一只手或脚试探着向上或左右移动，寻找固定点。要善于根据不同固定点的承受力灵活运用抠、拉、撑、蹬的力量。手脚要交替运动，密切配合。

抠：用手指抠住岩石棱角、台阶或石缝。

拉：抓住前上方牢固物体，小臂贴于崖壁，用力上拉，引体向上。

撑：利用台阶、石缝或其他物体，以手臂的力量把身体支撑起来。

蹬：用前脚掌内侧或前脚趾的蹬力把身体支撑起来。

“三点固定下”与“三点固定上”的动作基本相同，但应先用脚试探固定点的牢固程度，再向下移动。

注意事项：攀登前要选好路线。不要盲目攀登，攀登时要始终保持三点固定，不要同时移动两点，移动的距离要适当，手脚不要交叉，身体尽量紧贴崖壁。要随时选择固定攀登点，不要乱抓小树和茅草，注意保持体力，四肢麻木时要适当休息，一般不要向下观望，以减少恐惧心理。佩带装具时要适当，便于操作，不宜过紧或过松。

（七）抓绳上（下）

“抓绳上（下）”是一种比较迅速的攀登方法。多用于分队集体攀登。

动作要领：两手上下紧握主绳，两臂自然弯曲，大臂夹紧，上体稍向前倾，小腹微收，两脚分开约与肩同宽，脚掌蹬于崖壁上，两腿弯曲，主绳置于两腿之间，手脚配合，交替上攀。

抓绳下按上的相反顺序进行。

注意事项：手脚移动间隔不要过大，身体不要左右摆动，两脚不要向外蹬，臀部不能下坠。

（八）挖踏脚孔上

“挖踏脚孔上”的方法适用于攀登土崖、冲沟等地。

动作要领：按三点固定上的方法，边攀登边向上挖踏脚孔，孔的左右间隔 40～50 厘米，上下距离 60～80 厘米，孔深为脚长的 1/2。必要时也可采取打桩上的方法。

注意事项：孔与孔之间的间隔距离不要过大，孔的深度应根据土质情况灵活掌握，脚踏孔一定要牢固。

（九）用升降器上（下）

用“升降器上（下）”的方法是抓绳上（下）的辅助方法，可用双绳，也可用单绳。

动作要领：

（1）用双绳时：将两根主绳在崖上、崖下固定好，两绳的间隔与肩同宽。在两根主绳上各套一个升降器，向上攀登时，双脚蹬在系于升降器的环套内（也可双脚蹬在崖壁上），双手各握一个升降器，手脚配合，向上移动。

（2）用单绳时：将升降器套在主绳上，一手握升降器，另一只手始终在升降器下方抓住主绳，脚蹬崖壁，手脚配合，向上移动。

下降时，双手握住升降器，脚蹬崖壁，手脚配合，先以一手指向下扣住卡铁，滑至适当距离放开卡铁，卡住主绳后，另一手用同样的方法下移，两手交替向下滑降。

注意事项：升降器停止时，手不要扣卡铁，以防下滑。移动距离要适当。

（十）单环结下降

“单环结下降”这种方法是利用攀登器材在较高的崖壁上下降的一种方法。

动作要领：在崖上固定好主绳，系上保险带，挂好铁锁。把主绳打一单环结挂在铁锁内，两手上下紧握绳索。下降时，两脚分开约与肩同宽，站于崖边，用力外蹬，使身体腾空，两手微松绳索，使身体下降。当落到适当距离，两手紧握绳索，两脚蹬于崖壁，停止下降。然后按此方法继续下降。

注意事项：要选好下降的路线，使主绳避开岩石的棱角，防止损坏。两脚用力均匀，以保持身体的平衡。下降距离要适当，还要不断观察路线，防止下滑中被物体阻挡住，如果被挡住的话，下方握绳手将绳上折交于上方手握住，用松开的手排除障碍。

（十一）横越

“横越”是逾越山涧、冲沟的基本方法。首先由一名技术好的学员通过山涧冲沟，把主绳带到对面绷紧并固定。

1. 牵引横越

动作要领：横越者打好胸保护套和臀保护套，用铁锁连接在一起，将铁锁挂在主绳上。横越时，如对岸较低，应以副绳连接横越者的铁锁，协助横越。

注意事项：固定主绳要牢固，横越者和保护者必须密切配合。

2. 徒手横越

动作要领：两手握绳（左手在前），右手前移，左膝窝钩绳；左手前移，右膝窝钩绳，交替前进。

注意事项：两手握绳要紧，两膝窝钩绳要牢。

（十二）夜间攀登应注意的问题

夜间攀登是警察在夜间执行缉捕、搜寻任务中常用的一种技能，它具有战斗的突然性和隐蔽性，是完成夜间任务的重要保证。

夜间攀登难度大，视线不良，增大了危险性，也给指挥联络、选择路线和攀登点带来一定的困难。因此，必须严密组织，充分准备，切实保障大家的安全。

攀登前，要充分做好动员工作，使学员首先在思想上有所准备。为了便于指挥联络，在攀登前应规定好信（记）号。特别注意选择好便于攀登的路线和攀登点，并在攀登的路线上选择明显的物体作为方位物。攀登前要拴好绳索，对主绳、保险绳和使用的攀登器材等进行反复检查，特别是对学员所系的保险带，要切实做到安全无误。必要时在白天对选择好的攀登路线进行一次试攀登。

攀登时，要正确使用规定好的信（记）号，保持肃静，严禁大声喧哗。学员应按昼间攀登的动作要领进行攀登，以手摸、脚试固定点，待牢固后再移动，速度要快，动作要轻，保护人员要密切配合攀登者，但不要施加外力。

攀登结束后，要认真清点人数，仔细检查攀登器材的数量和完好程度。

（十三）攀登训练的组织实施

攀登是一项危险、复杂、体力消耗很大的训练项目，并具有一定的难度。加强组织领导是搞好攀登训练的关键。因此，训练中必须有计划地周密安排，深入动员，严密组织，确保安全，保证训练的质量和效果。

1. 思想动员

各级领导和教练员在训练的过程中，要深入现场，有针对性地做好思想工作，要结合实际给学员讲清攀登训练的目的和意义，消除各种思想顾虑。克服“练为看”的倾向，贯彻“练为战”的思想，不断提高训练的热情，加强组织纪律性，培养学员吃苦耐劳、英勇顽强的战斗作风。

2. 选择场地

选择好训练场地，是确保训练安全，提高训练质量的重要条件。

（1）楼房攀登场地的设置：以 3～4 层楼为宜，攀登位置应便于指挥、观察和保护。尽量避开车辆、行人较多和高压线通过的地方。为了提高适应能力，应选择有代表性的楼房（办公楼、居民楼），分别组织训练。如有条件的话可以建筑模拟攀登楼房选好后，应确定几条攀登的路线，并对攀登的路线进行检查和清理。

（2）山地攀登场地设置：坡度以 70°～80°为宜，崖高一般在 30 米左右，岩石坚硬，无风化，浮石较少，便于固定绳索、保护、观察与指挥，有一些利于攀登的岩石棱角、小台阶和纵横裂缝。尽量躲开河流、风口、采石场和行人较多的地方。场地设置好后，应对攀登路线由上而下地进行清理，排除崖壁上的浮石、青苔、泥土、杂草等。

（3）攀登训练的方法步骤：训练时一般按照先理论，后动作；先基础，后应用；先徒手，后武装；由易到难，由简到繁的顺序进行。

① 理论讲解：可以在室内、室外进行。

② 动作示范：在讲清动作要领的基础上，由教练员或示范人员进行示范动作，也可采取边讲边做的方法进行。

③ 个人体会：在讲解示范的基础上进行个人体会，掌握动作要领。

④ 检查纠正：通常采用普遍问题集中纠正、单个问题个别纠正的方法进行。

⑤ 综合练习：此项要在掌握基础动作之后才可以进行。

⑥ 小结讲评：讲评本课效果，提出问题和要求，布置下一节课训练的内容。

(4) 落实各项的保险措施：攀登训练具有一定的危险性，因此，在训练中不能有丝毫的麻痹大意，必须严格遵守各项安全规定，确保训练安全。特别要注意对学员经常进行安全教育，增强做好安全工作的自觉性，严防事故发生；建立安全组织，设置必要的安全设施，制定行之有效的安全措施；严格组织纪律，未经许可或无人组织不能擅自攀登；爱护攀登器材，一并妥善保管，使用前和训练中要认真检查，凡不符合安全要求的器材严禁使用。

第四章　公安院校越障碍训练

第一节　越障碍训练概述

警察越障碍训练，是根据警察职业和警察运动素质的需要而开展起来的一项以体能为主导类的综合运动项目。它是以身体练习为基本手段，达到增强警察的体质和强健体魄，促进警察心理素质和运动素质全面发展的目的，培养警察战斗素养和提升战斗力的特殊教育过程。同时又是以丰富警察体育文化生活，强化警察队伍建设为目的的一种有意识、有组织的特殊训练活动。

一、障碍运动的起源与发展

越障碍是一种以奔跑、跳跃、支撑、攀越、平衡、钻爬等人体基本活动技能通过阻挡人体的各种障碍物体的运动。简称为“障碍运动”。据史料记载，障碍运动产生于人类的上古时代，原始人类迫于生存的需要，为寻找食物而攀山涉水，为追捕猎物而奔跑越沟，为抵御自然侵袭而跋涉迁徙等。久而久之便形成了一种原始人谋生的劳动技能。可以说，人类萌发越障碍的目的并非社会属性所决定的，而是由人的自然属性（本能）所决定的。体现的是人类强烈的求生欲望。到了原始社会后期，随着物质与生存条件的不断改变与进步，人类生存需要的功利性相应减弱，越障碍的动作被逐渐地从单纯的劳动手段中抽象出来，演化成非直接由于生产劳动和生活的一种身体运动，并逐渐地进化成一项具有社会价值的体育活动。其发展过程为：一是从障碍游戏演化成障碍赛跑。传说，最早的障碍跑是一种孩子玩耍“猎人捉狐狸”的游戏，后来被成人模仿这种游戏玩耍，这便是障碍赛跑的雏形。直到1900年举行的第二届奥林匹克运动会上障碍赛跑被列为田径正式比赛项目，1954年又被列入国际田径比赛项目，并规定障碍跑须在田径场跑道上进行，障碍跑全程为3000米，跑道上设有5个障碍架和一个水池，比赛中运动员须越过91.4厘米高的栏架35次和3.66平方米的水池7次，并有比赛规则的限定。这时期的障碍运动不再只是由人的自然属性所决定，而是由人的社会属性所决定的。二是军事体育障碍繁衍了警察体育障碍。由原始社会后期进入奴隶社会后，随着部落和国家之间的战争爆发，如部落之间的土地争夺、血亲复仇的暴力冲突、掠夺财产的奴隶战争等，大大地刺激了军事体育的快速发展。体育与军事的结合也愈演愈烈。军事体育障碍主要基于对抗中的攻防战术、隐蔽等，如士兵携带武器装备奔跑、跳跃壕沟、攀登城墙、隐蔽、钻爬通过阻挡前进道路的物体等，无一不是士兵必须掌握的基本技能，即军事技能，具有强烈的军事因素。俄国的军事家苏沃洛夫曾说：“要打胜仗，军队在作战进攻时必须能迅速地克服战斗中所遇到的各种障碍，如强行渡河、横穿艰苦地段，有足够的体力爬上陡峭的山峰，能够连续地冲击跃进，在激烈紧张的情况下应运而生，才能赢得战斗的胜利。”无论是古老战争，还是现代战争，都非常重视越障碍的训练，并将其列入军事训练科目延续和发展。军事体育障碍训练的目的在于增强士兵的体能，提高战斗技能，以保证士兵在战时处于环境险恶、情况骤变、极端艰苦的条件下仍能赢得战斗的胜利。军事障碍是国际军事体育五项竞赛项目之一。比赛时，运动员要通过500米20个障碍物，比赛成绩被视为衡量一个国家军事实力或军事素养的重要标志。

警察是随着国家的产生而产生的。但由于警察具有武装力量的性质，与军事有一种难以分割的联系，因而受军事体育训练的直接影响，警察体育具有渊源的历程，并在军事体育活动中孕育、生长、发展。随着社会不断地进步与发展，警察体育逐渐地从军事体育中分离出来，渐趋地形成警察体育的特色。这也是由于警察职业的特点和警察执法工作的性质所决定的。为了发展和提高警察的体能和技能，世界各国警察部门都非常重视越障碍训练，很多国家都把越障碍训练列入了警察体能训练科目，如跳跃栅栏、翻越高墙、钻爬通道等，各具特色。警察越障碍训练的目的在于增强警察的体能，提高执法技能，以保证警察在行使职务过程中，处于复杂环境条件下，能勇敢机智地通过各种阻挡物体，继续追捕、围堵、擒获犯罪嫌疑人，完成执法任务。由此可见，警察障碍训练是围绕着警察自身的体能和技能来发展的，是衡量一个国家警察实力和警察战斗素养的重要标志之一。

二、障碍运动的定义

所谓障碍，是指物体阻挡，或用作隐蔽、防卫的东西。障碍运动是指人在走、跑、跳的运动中，以手支撑、脚支撑或腾空、悬垂等基本动作，采用跳跃、攀爬、平衡等运动技能通过各种阻挡的障碍物而进行的身体运动。障碍运动属于警察体能类的综合技能训练科目之一，是警察必须掌握的应用运动技能，可直接或间接地作用于警察职业和警务活动。目前，我国警察职业培训教育和公安院校体育教育开设障碍科目的目的，主要是以发展警察和公安大学生的速度、耐力、协调、灵敏、反应的综合身体素质和提高跑、跳、攀、支撑、悬垂、钻爬的综合运动能力；培养勇于拼搏、不畏艰险、团队协作和具有顽强意志品质的精神；磨炼警察的意识和实战意识，为在从事警务工作、履行警察职务、完成追捕缉拿犯罪嫌疑人的任务中，迅速通过各种障碍物体打下良好的身心素质基础。可以说，警察障碍训练是警察身体素质与运动能力的综合机体能力的表现，是发展提高警察体能、技能的主要内容和有效手段，对战时逾越险阻地形和障碍物，完成执法任务和应对突发事件等，具有重要的意义。

三、越障碍训练的特点

（一）警察障碍训练是直接为提高警察战斗力服务的

警察障碍训练要求严格、针对性强，训练的主体是警察（预备警察）。这也是警察体能训练区别于其他运动训练的显著特点。因为面临维护社会治安的危险性和复杂性，警察在行使职务过程中处在陌生、复杂的环境条件下，能否灵巧地变换身体位置和方向，快速追堵犯罪嫌疑人，能否快捷自如地控制自身活动，迅速地接近和制服犯罪嫌疑人，都取决于快速敏捷的速度、持续作战的耐力、随机应变的能力等。例如，警察在行使职务的过程中，遇到犯罪嫌疑人逃跑或利用各种障碍物体控制制高点拒捕时，警察能否机智、灵活地通过险阻地形和阻挡障碍物，迅速地控制和擒获犯罪嫌疑人，将直接影响到警务工作的效率。因此，警察身心素质的强与弱，实战技能的高与低，是衡量警察战斗力的主要标志和决定取胜的重要因素。这些都能从障碍训练中积蓄储备。

（二）警察障碍训练是一项体能主导类的技能训练

警察障碍训练具有艰苦、疲劳、激烈、紧张和竞争对抗性强的特点，同时对警察的身体素质和运动能力的要求也比较高，且有一定的危险性。因此，需要遵循循序渐进的训练原则，渐进地进行练习，以预防和避免伤害事故的发生。一般可将其分为两个练习阶段：一是适应性练习阶段，主要以单个或组合基本动作练习为主，并非要求跑完全程；二是提高性练习阶段，要求单个基本动作娴熟，能以最快的速度跑完全程。前者是基础训练，后者是应用训练，两者互为促进。实践证明，以奔跑、跳跃、攀登、支撑、平衡和钻爬等通过险阻地形和障碍物体的各种基本动作、技巧，是厚实警察综合体能和应用能力的基础。它既能发展警察的综合运动素质，掌握各种应用技能，又能推进“全警练兵”活动的开展，促进警察队伍整体战斗力的提升。

四、警察障碍训练的作用

越障碍训练不仅是发展警察体能、技能、战术的重要手段，也是磨炼警察思想、作风、纪律、团队协作精神，以及培养警察顽强意志品质和警察战斗素养的教育过程。由于越障碍训练中所遇到的险阻地形和人为的障碍物要比一般体能训练环境复杂得多。如地形上不可能是全平坦的，设有各种各样的障碍物体。因此，要通过这些障碍物，就必须采取行之有效的逾越各种阻挡物体的技术动作。这种以体能为基础，技能为主导的运动总是伴随着强烈的情绪体验和明显的意志努力，无疑对警察身心素质和运动能力的全面发展起着潜移默化的作用。

（一）提高警察的适应能力

警察在围堵、抓捕犯罪嫌疑人的过程中，对手总会采用各种方法、手段进行抵御反抗，或者利用隐蔽障碍物等逃之夭夭。警察若要完成追捕任务，不使犯罪嫌疑人得以逃脱就须跑得快、追得上，能够逾越各种障碍物围堵控制住犯罪嫌疑人的逃脱退路。这就需要警察具有充沛的体能和过硬的技能，具备逾越各种复杂地段和攀上攀下各种障碍物的能力，以及连续作战的能力和随机应变的能力等。这种适应能力（包括身体素质、运动能力、动作技能）的提高，只有靠平时刻苦的训练才能获得。加强越障碍训练不仅可以提高警察体能主导类的技能水平，还可以发展警察的反应速度、运动速度和速战速决的能力等，并直接或间接地体现出警察执法的需要和警察战斗素养的需要。

（二）促进警察智能的发展

警察障碍训练是在体力与智力共同参与下进行的一种运动。因为，这种运动不仅可以发展警察的体能、技能，而且还能促进警察智力潜能的发展。所谓智能，是指人辨析、判断、解决问题的能力。它是人们在运动中观察、注意、集中、想象思维能力的综合表现。如在越障碍中对地形地物辨析与判断的敏锐，选择通过障碍物的动作与方式的快捷等，对警察认识障碍训练过程的一般规律和运用思维分析控制的训练过程，以及应付复杂环境条件下突发事件、捕捉战机和完成任务，无疑有着积极的促进作用。

（三）贴近警察实战演练

越障碍训练是一种模拟警察追捕犯罪嫌疑人情景的专门训练。从运动技能形成的特点看，逾越障碍的基本技术掌握得越多、越熟练，运用时就越快、越灵活。通过越障碍训练不仅可以使警察树立自信心，经受各种困难的考验，经历恐惧心理的磨炼，提高对复杂环境的适应能力，还可以使各种越障碍动作更富有创造性，更贴近于实战。

实践证明，警察障碍训练是拓展应用思维空间的基础。这项以体能为主导类的技能训练科目，不仅有助于磨炼警察勇敢顽强、吃苦耐劳、坚持不懈、克服困难的思想作风、训练作风、战斗作风，还有助于培养团结协作和顽强拼搏的精神，以及强化警察机智灵活、沉着果断、英勇善战、勇往直前的作战素养。同时又可以增强警察体能训练的趣味性和活跃体能训练形式。可以说，越障碍在警察体能训练和实战应用中有着广泛的用途，既能为培养适应现代警察职业和公安队伍建设要求的人民警察和合格的公安大学生（预备警官）奠定坚实的身心素质基础，又能有效地提升警察的战斗力，使警察终身受益。

第二节　障碍项目的特点与动作分类

越障碍训练是一种按照规定的跑进路线、规定的越障碍动作和规定的练习时间等，机智、灵活、迅速地通过各种障碍物体的运动。在初练时，对所要逾越的障碍场地、跑进路线、障碍物的设置、越障碍的动作，以及越障碍的基本要求和考核标准等要有所认知。只有调整好越障运动的心态，作好充分的运动准备，调控好不同的越障动作，才能实现顺利通过越障训练的目标。

一、障碍物的设置与规格

一个障碍路线的长度一般在400～500米，约有20个障碍物体，障碍物之间的间隔距离5～20米不等。障碍设置的原则是把能够锻炼相同肌肉的障碍物分隔开设置，全程障碍物在线路上合理搭配，以增加训练的变化。通常通过障碍的训练形式有徒手或携带装备等。训练模式是以基本动作训练→适应性训练→提高性训练的渐进式的训练程序和教育过程。值得注意的是，没有经过基本技巧的训练或没有进行过适应性训练的练习者，不应过早地参加提高性的训练，以预防和避免运动损伤事故的发生。一般对于初学者应先对各个障碍逐一进行反复练习，直至全部完成或通过为止。之后，可采用技评与计时的方式，进行以适宜的时间跑完全程的练习。只有达到技术动作娴熟，通过全程障碍比较流畅，才能允许练习者用最快的速度进行越障碍的全程练习，并参加越障碍的考核。因此，练习者在越障碍训练之前有必要了解一些障碍运动项目的特点和动作分类。

（一）障碍物设置

障碍物的设置主要是根据以体能为主导类技能训练的特点和要求，为练习者设立一些相对的险阻地形和阻挡前进的障碍物。这些险阻地形或障碍物体都是针对某种特殊训练的需要，预先设计的一些标准的或非标准的障碍和路线而开发的一种模拟的训练环境。在设置障碍路线时须开动脑筋，发挥创造力，充分而巧妙地利用地形地物；建造的障碍物必须牢固，消除安全隐患；所有障碍的落地区域及跑道须铺垫平整、松软，以减少损伤事故的发生。

障碍位置的安排原则是把一些练习相同肌肉的障碍物分开设置。如一个200米的障碍全程可设7组、14个障碍物，设置顺序为：起跑→蹬跨木桩→跨越壕沟→跳跃矮墙→通过高板跳台→通过独木桥→攀越高墙→匍匐通过低桩网→（折返）→跨越低桩网→攀越高墙

→绕行桥柱→蹬越跳台高板→钻越洞口→跳下攀上壕沟→跨越木桩→冲刺跑至终点。

（二）障碍物规格

障碍物的规格泛指能够满足障碍训练所规定的障碍物体的基本要求或基本条件。由于障碍训练场地的设计与障碍器材等方面的差异，一般应根据障碍训练的实际需要来设定障碍物的规格。下面简略介绍 9 个障碍物的规格，仅供参考。

（1）直梯：直梯的高度为 3 米，宽度为 50 厘米。由 10～12 根横杆构成，横杆（上下）的间距为 30 厘米，梯杆直径为 5 厘米。

（2）跨桩：由 5 个直径为 30 厘米、高出地面 10 厘米的木桩组成。靠右边的三个桩柱的中点相距 2.3 米，距跑道中线 30 厘米，第一桩柱中点距离端线为 5 米；靠左边的两个桩柱的中点相距 2.3 米，距跑道中线 60 厘米，第一桩柱中点距离端线为 6.15 米。

（3）壕沟：壕沟的长度、宽度、深度均为 2 米。沟壁垂直于地面，沟沿平整。

（4）矮墙：宽度为 2 米，高度为 1.1 米，厚度为 20 厘米；洞孔宽为 50 厘米，高为 40 厘米，下缘距地面 60 厘米，一般设于矮墙左侧。

（5）高板跳台：高板高度为 1.8 米，长度为 2 米，宽度为 50 厘米，厚度为 5～8 厘米；高台高度为 1.5 米，长度和宽度均为 1 米；低台高度、长度、宽度均为 1 米。高板、高台与低台之间的相隔间距均为 1 米。

（6）独木桥：独木桥也称“平衡木”，桥长为 9 米，桥高为 1.3 米（或 30 厘米），桥平面宽为 10 厘米，桥下立柱间隔距离为 2.5 米。一般立柱应漆成红、白相间的颜色或绿色。

（7）高墙：墙的高度、宽度均为 2 米，厚度为 20 厘米。

（8）低桩网：由 12 根立柱对应分成两行，行距为 2 米，间距为 1 米，立柱高出地面 50 厘米，每对立柱间用弹性材料拉直成横线构成桩网，网下地面为松软的沙层或草地。

（9）转弯柱：柱子高度为 1.5 米，直径约为 5 厘米。

二、越障碍的动作类型

越障碍训练大致可分为跳跃、躲避、垂直攀越、水平通过、匍匐爬行、跨越、平衡等七大类。在训练中，因越障碍的动作不同，对训练的要求和训练的效能也有所不同。

（一）跳跃类障碍

跳跃类的越障动作主要有一跃而过的明沟、跳上跳下的壕沟、高出地面的平台或是连续的几道低杠。此项练习主要是为了提高练习者的动作敏捷和应变能力。

（二）躲避类障碍

躲避类的越障动作通常是由于地面、间隔距离不规则的木桩组成的曲径的木桩或木栏。由于相邻木桩之间比较狭窄，练习者需要仔细地选择路线，才能通过或躲避开这些障碍物。此项练习主要是为了提高练习者的躲避和变向跑进的能力。

（三）垂直攀越类障碍

垂直攀越类的越障动作主要有攀爬垂直绳索、绳网，攀登垂直柱、直梯、树干、岩石，攀越高墙、栅栏等。此项练习主要是为了提高练习者的攀爬技巧和灵敏性。

（四）水平通过类障碍

水平通过类的越障动作主要有平行攀爬绳索、吊越横梯、横管等。此项练习主要是为了提高练习者的臂力和力量的耐久力。

（五）匍匐爬行类障碍

匍匐爬行类的越障动作主要有钻爬大口径管道、低横杠，匍匐通过低桩网等。此项练习主要是为了提高练习者的隐蔽和快速前行的能力。

（六）跨越类障碍

跨越类的越障动作主要有跳跃栅栏、矮墙、隔离桩，跃过河沟、小溪等。可以采用手、脚支撑跳跃，也可采用单脚踏蹬跳跃，还可采用腾空跳跃的方式进行练习。此项练习主要是为了提高练习者的果断、灵活性和跳跃的能力。

（七）平衡类障碍

平衡类的越障动作主要有快速通过横梁、圆木、厚木板等。这些平面物体可以跨越水面或架在沟渠上，也可以高出地面架设，以模拟自然环境对心理的影响。此项练习主要是为了提高练习者的心理素质和平衡控制能力。

上述七类障碍训练有易有难。因此，在障碍训练的过程中务必要遵循循序渐进的教学原则，针对不同的练习对象，变换不同的障碍设置或设计出不同的越障碍组合动作，以帮助练习者提高练习的勇气，增强练习的信心。

三、障碍训练的基本要求

障碍物的设置有简有繁、高低不一，越障碍的动作技术有易有难、复杂多变，运动强度有大有小。因此，在进行100米、200米或其他距离的障碍全程练习中，首先需要熟练地掌握越障碍的动作技术，合理地分配全程跑进的速度，及时地调整好越障碍前的步点，为顺利通过各类障碍物体创造良好的条件。其次要加强安全保护措施，使练习者逐渐地增强自信心，通过越障碍练习变化，提高他们的勇气，为顺利完成障碍全程练习奠定坚实的基础。

第一，越障碍的练习。越障碍的练习程序，应根据技术动作的教学规律由简到繁、由易到难，由保护到独立完成和运动量由小到大的循序渐进训练原则来进行。越障碍的动作程序，应采用先单个动作练习，后分段（组合）练习，再全程练习；或者按照基础性练习→适应性练习→强化性练习→提高性练习的顺序进行。遵循运动规律渐进地促进越障碍运动能力的提高。

第二，技术动作练习。在技术动作练习中，应注意及时修正错误的技术环节，防止错误的动力定型。错误的越障碍技术动作一旦形成，一方面容易发生伤害事故；另一方面也会给通过障碍全程的练习增加难点。所以，及时发现和修正错误的技术动作环节，需要贯穿于障碍练习的始终。

第三，越障碍全程练习。在越障碍全程练习时，应加强身体素质的全面练习。通常在动作技术练习阶段，身体素质与动作技术的练习比例为1:2左右，主要以发展力量、速度、速度耐力和弹跳练习为主；在分段练习阶段，身体素质与动作技术的练习比例为2:3左右，主要以发展速度耐力为主，可适当加大练习强度；在全程练习阶段，身体素质应以速度、速度耐力练习为主，并增加全程练习的次数。

第四，强化训练。分段练习时，可将整个障碍练习的距离分成若干段进行练习；也可以将已掌握了的越障动作组合在一起进行练习，对尚未练习过的障碍物则可采用绕过跑进方法练习。全程练习时，可以采用全程技评、全程计时，以及超过全程距离的练习等方法进行。练习者要把握好体力的分配，动作协调、连贯，跑动轻松、有节奏地越过每一个障碍物体；全程练习必须牢记“一项越障动作的结束便是下一项越障动作的开始”，直至越过最后一项障碍到达终点为止；全程练习中要加强保护与帮助，以预防或避免伤害事故的发生。

第五，加强课外活动练习。将障碍训练延续到课外活动进行练习，可以弥补练习时间的不足，巩固技术动作，同时还可以激发练习者的积极性、自觉性和培养自我锻炼的能力。但在课外练习时，最好是结伴进行练习，通过协助者的协作、保护可以帮助练习者改进技术动作的质量，提高技术动作的熟练性，预防伤害事故的发生，同时还能达到互帮互学、相互促进、共同提高的练习效果。

第三节　越障碍的动作技术

所谓动作技术，是指物体改变原来位置或脱离静止状态而不断变化的现象。也称运动技术。它是按照人体运动的基本原理，充分发挥人体的潜在能力，合理而有效地完成动作的方法，也是一种完成动作的基本程序或理想模式。障碍运动与其他体育运动项目一样，每个越过障碍物体的过程都是由一系列技术动作组成的，例如，翻越高墙由跑、跳、攀等动作组成。通常一套完整的越障碍动作技术是由技术基础、技术环节和技术细节构成，具有明显的先后次序。由于对不同的障碍物体有不同的完成方式，因此，对身体的要求和作用也各不相同。在评定越障碍的动作技术是否合理、有效也应是相对的。随着练习者体能的提高和训练方法的改进等因素的变化，越障碍的动作技术也会不断地有所发展和创新。

一、直梯攀登

（一）攀上跳下

动作要领：跑至直梯前 60～80 厘米处，一脚蹬地起跳，使身体向前上方跃起，另一腿屈膝前摆以前脚掌踏蹬第二节或第三节梯杠上；同时一手抓握胸前梯杠，另一手向上抓握上一节梯杠，目视直梯上方；随即利用脚蹬、臂引和手拉的力量依次向上攀登；攀登至顶端时，一手由下，另一手由上抱住顶端横杠，随即一腿屈膝上抬跨过顶端横杠，上体迅速翻过顶杠，跨杠腿同侧的手臂下移，推杠跳下；身体落地时，上体稍前倾，两臂下垂，两脚同时落地并屈膝缓冲，两手扶撑地面；随之继续向前跑进。

（二）攀上攀下

动作要领：攀上动作同上。攀下动作按攀上动作相反顺序进行，或者下攀几节梯杠后转身跳下。随之继续向前跑进。

直梯攀登的练习作用主要是发展练习者的运动应变能力和速度、力量等运动素质及动作的协调性。

二、跨越木桩

动作要领：跑至起跨桩前缘，一腿后蹬地面，另一腿向（斜）前跨出一大步，以前脚掌踏在第一根桩面上，随即蹬地腿迅速向（斜）前跨出一大步，以前脚掌踏在第二根桩面上。接着后脚继续交互向（斜）前蹬跨木桩，直至蹬离第五个桩面，随之继续向前跑进；跨进时，上体及两臂与腿部动作要协调配合。

跨越木桩的练习作用主要是发展练习者的跳跃能力和速度、灵敏等素质。

三、跨越壕沟

动作要领：跑至壕沟前约 30 厘米处，一腿蹬地起跳，身体向前上方跃起，另一腿积极前摆跨过壕沟着地；跨越时，身体稍前倾，两臂前后积极摆动；随之继续向前跑进。

跨越壕沟的练习作用主要是发展练习者的跳跃能力和力量、速度等素质。

四、跳跃矮墙

（一）一手一脚支撑跳跃

动作要领：跑至矮墙前约 80 厘米处，一腿蹬地起跳，使身体向前上方跃起，同时以起跳腿同侧的手臂撑于矮墙上缘，另一腿迅速向前上方摆动，以前脚掌踏撑矮墙上缘，经一手一脚支撑姿势，重心落在支撑臂、腿上；接着起跳腿迅速屈膝上提收于胯下，从臂、腿之间越过矮墙着地，同时支撑手推离矮墙，支撑腿前摆着地；随之继续向前跑进。

（二）一手支撑跳跃

动作要领：跑至矮墙前约 1.2 米处，一腿蹬地起跳，身体向前上方跃起，另一腿向侧上方摆起，以异侧手臂撑于矮墙上缘；当身体跃至矮墙上方时，略收腹含胸，起跳腿迅速屈膝提拉收于胯下越过矮墙着地，同时支撑手推离矮墙，身体前倾，摆动腿前摆着地；随之继续向前跑进。

（三）踏蹬跳跃

动作要领：跑至矮墙前约 1 米处，一腿蹬地起跳，使身体向前上方跃起，另一腿迅速以前脚掌踏蹬矮墙上缘，上体前倾，身体重心稍降低；随即蹬地腿迅速屈膝上提越过矮墙着地，支撑腿紧随着前摆着地；随之继续向前跑进。

跳跃矮墙的练习作用主要是发展练习者的跳跃运动能力和速度、力量、灵敏等素质及动作的协调性。

五、通过高板跳台

（一）攀登高板

1. 挂臂攀上

动作要领：跑至高板前约 50 厘米处，一腿蹬地起跳，使身体向上跃起，同侧手臂前伸单手扣住高板上缘远端，另一手臂撑住或用小臂挂住高板上缘近端；随即另一腿迅速屈膝上摆，以脚跟或小腿勾挂住高板上缘，借助起跳腿的摆动和两臂的合力翻上高板；接着以一臂和异侧的脚将身体撑起，起跳腿迅速上提蹬踏在高板上。

2. 立攀撑上

动作要领：跑至高板前 30～40 厘米处，两腿用力蹬地起跳，使身体向上跃起，同时两手撑于高板上缘，借助身体向上的冲力和两臂撑力将身体撑上高板；随即一腿屈膝上提，脚踏高板上缘，成双手一脚支撑。

（二）跳下高台和低台

动作要领：当双手和一脚支撑立起后，上体稍前倾，随即一腿向前下跨步，以脚掌踏于高台的中部；另一腿接着向前下跨步，以脚掌踏于低台的中部；当身体移过支撑点时，踏高台的腿积极向地面跨进并缓冲着地，同时上体稍前倾；随之踏低台的腿迅速向前迈步跑进。

攀高板跳台面的练习作用主要是发展练习者的运动应变能力和力量、速度、灵敏等素质及动作的协调性。

六、通过独木桥

动作要领：跑至木桥斜板前约 30 厘米处，一腿蹬地起跳，使身体向前上方跃起，另一腿以前脚掌踏在斜板中部，随即蹬地脚迅速踏上桥面上；跑步或走步通过木桥平面时，上体略前倾，身体重心稍降低，两腿微屈，脚掌稍外张，两臂自然张开，保持身体平衡，目视前方；跑或走至桥端时，一腿积极向地面迈出，另一腿从桥端或两侧跨下桥缓冲着地；随之继续向前跑进。

独木桥的练习作用主要是发展练习者的躲避或变向运动能力和身体平衡控制能力及勇敢果断的意志力。

七、攀越高（板）墙

动作要领：跑至高墙前约 80 厘米处，一腿用力蹬地起跳，使身体向前上方跃起，另一腿迅速屈膝上抬，以前脚掌踏蹬高墙的中部，同时两臂积极向上前摆，以两手抓住高墙上缘；借助身体向上的冲力，起跳腿迅速屈膝上摆，以膝部或小腿内侧勾挂于高墙上缘，使身体迅速向上翻转；随即上体顺势下落，起跳腿异侧的手换握，另一手臂下移并以手推墙，使身体转向跑进方向，双脚着地缓冲；随之继续向前跑进。

攀越高（板）墙的练习作用主要是发展练习者的全身运动能力和力量、速度、灵敏等素质及动作的协调性。

八、匍匐通过低桩网

动作要领：跑至低桩网前 1.2～1.5 米处，一腿蹬地，一腿向前跨出一大步，上体向前下俯冲，两臂前伸，手掌着地，借助两脚的蹬力钻入低桩网内；匍匐前进时，两手两脚同时着地（用前脚掌内侧蹬地），以右手扒、左脚蹬和左手扒右脚蹬的合力交替向前爬行；当通过低桩网后，两笔迅速撑起上体，接着两腿依次或同时收起成蹲立；随之继续向前跑进。

匍匐通过低桩网的练习作用主要是发展练习者的隐蔽或快速移动的运动能力和速度素质及动作的协调性。

九、绕行立柱

（一）蛇行跑绕行

动作要领：跑至第一根立柱前，略降低身体重心和放慢速度，以跑步、垫步或小碎步调整步法，依次绕过全部立柱；随之继续向前跑进。

（二）单脚斜跨绕行

动作要领：（以左斜跨为例）跑至距第一根立柱约一步时，急停并降低身体重心，随即在后的左脚向第一根立柱的左斜前方跨出一大步，身体略右转；右脚跟上一步后再继续向第二根立柱右斜前方跨出一大步绕过第一根立柱；接着两脚依次交替斜跨绕行全部立柱；随之继续向前跑进。必要时可以采用垫步或小碎步调整步法，以调控身体平衡。

绕行立柱的练习作用主要是发展练习者的躲避和变向行进的运动能力及速度、灵敏等素质。

第四节　越障碍的自我保护方法

在任何剧烈的体育活动中，总有可能发生一些始料不及或突发性的运动损伤，警察障碍训练也不例外。这是因为障碍运动内容丰富、动作形式变化多样，练习者在运动中，既要克服物体障碍，又要克服心理障碍，若草率运动极易造成运动损伤和意外事故的发生。加强运动中合理的保护措施、手段，有利于确保运动的效果和安全性或把运动损伤率降到最低。运动中的保护是使人体不受损害和形成正确动作技术的一种方法。保护方法大致分为两种：一是他人保护，二是自我保护。通常对未参加过障碍训练的初学者一开始就应给予简明扼要的提示和指导，对通过障碍物有困难的练习者则应给予必要的保护与帮助，即在运动中为避免运动伤害事故发生而采取的他人保护措施。自我保护则是一种维护练习者自身安全和预防运动损伤的自我保护措施，是练习者独立地运用保护手段来摆脱危险的一种方法。培养良好的保护意识，有助于增强练习者学习动作的信心，消除怕危险的顾虑；有助于练习者尽快地掌握越障碍的动作技巧，提高越障碍的练习效果。

一、自我保护的方法

良好的自我保护意识，是练习者在运动实践活动中建立起来的，是觉察和预防越障碍运动创伤的一种本能反应。根据多年来障碍教学训练的实践与总结，在通过障碍物体时练习者采用的自我保护方法可归纳为以下几种：

第一，顺势缓冲的方法（屈臂、下蹲、翻滚、撑地等）。如攀越高墙，落地时由于冲力过大造成双腿站立不稳或失去重心控制，应顺势做屈腿下蹲或侧身滚动。

第二，改变动作性质的方法。如单脚踏、蹬、跳跃矮墙，当用单脚踏、蹬矮墙上缘时，由于前冲力过大或腾空高度不够、身体重心偏后，可迅速变换成双脚依次踏、蹬矮墙上缘，接着跳下落地。

第三，紧握（抓）物体的方法。如攀登排水管道等垂直物体，当手脚依次向上攀登时，脚蹬（管道）滑脱、手抓（管道）滑脱，应用双手或双脚紧抓、紧攀（管道）垂直物体，同时身体迅速靠近垂直物体，以防止滑脱、跌下。

第四，主动停止练习或终止练习的方法。例如，攀越高墙，手、脚、臂、腿部未能勾挂住高墙上缘时，应主动跳下或中断练习；若出现器械发生故障或动作失去连贯节奏等意外情况时，应主动停止练习。

由于跨越障碍始终处于一个动态的过程，因此，练习者在运用自我保护方法时，应头脑冷静，全身肌肉不要僵硬，采取措施要迅速、及时、果断、有效。特别要警惕头部直接触及地面、直臂反撑地面和直腿落地等运动伤害的发生。

二、越障碍训练的方法

跨越障碍训练是提高公安民警围堵、追踪和缉拿犯罪嫌疑人的实战技能之一。通过障碍运动练习，掌握越障训练技巧，对提高公安民警在警务职务中可能遇到的各种自然地形和复杂险阻环境条件下快速越过障碍物体的能力，有效地保护自身安全和捕获犯罪嫌疑人等，具有实战应用的价值。通常在应用练习中，通过障碍应注意以下两点：

（一）认真观察判断地形地物

地形是地面起伏的形状。如平原、山地、丘陵、盆地、高原等，是一种自然形成的地貌。地物则是由人工建构的物体。如沟渠、高墙、栅栏、房屋和桥等建筑物体。越障碍运动中的观察判断是指在遇到陌生的自然物体或人为的建筑物体阻挡时，能够随时随地观察周围事物，即地形地物，以断定越障的动作。这是因为公安民警在追捕或围堵犯罪嫌疑人的过程中，总是处于动态的变化过程。在运动中通过仔细地观察预感可能发生的变化，迅速地作出决断，及时调整好通过障碍物体和追捕目标或围堵目标的心理准备和行动准备。观察事物的现象，洞察事物的变化，一方面可以调整自己的思维；另一方面可以调节自己的行动，并做出相应的快速决断。

（二）灵活运用越障碍的动作

灵活运用越过障碍的动作是指在障碍训练或实战中，无论是遇到自然障碍物体，还是遇到人工建构障碍物体，都能够针对地形地物和障碍物体的不同特点，合理地选择和灵活地运用各种越过障碍的动作。其特点是，人体在变化着的运动中，善于随机应变，动作敏捷，讲求实效，具有一定的灵活性。例如，公安民警在追捕和围堵犯罪嫌疑人的过程中，若遇到高墙缘上竖有破碎玻璃时应在跑动中机智地将上衣脱下包缠在手臂上，可采用一手一脚撑墙的动作迅速翻越高墙，继续追捕犯罪嫌疑人，而不能采用勾挂翻越高墙或俯卧翻越高墙的动作，以避免不必要的流血负伤。更不能为寻找包缠的替代物而停下来，这样做往往会贻误追捕的战机，丢失追捕的目标。

越障碍训练有其独特的运动规律，仅靠蛮练、蛮干是行不通的。通常越障碍训练方法的选择与灵活运用是否恰当，对提高训练的质量和应用的效果有着重要的意义。如障碍教学中示范要有直观性，讲解富有启发性，让练习者通过看、听、想、练的有机结合，启发其在动作表象的基础上，进行积极的思维活动；在练习中可采用提问的方式，让练习者联系实战，知其然，并知其所以然，进行有针对性的练习；也可以采用变换练习法，即在变化动作的条件下进行辅助动作的练习，如变换动作技术的某些要素、动作的形式、动作的组合、练习的环境和器械的高度等，以提高练习者的应变能力，为练习中或实战中能够灵活运用越障动作打下良好的身心素质基础和动作技能基础。

警察障碍训练既有锻炼身体的价值，又有实战应用的价值。实践证明，障碍运动项目内容充实，练习形式多样，是警察体育训练的基础。越障碍的动作要求快速、敏捷、隐蔽，是培养警察意识和英勇善战作风的有效手段。因此，在警察障碍训练过程中，一要讲求训练的科学性；二要讲求训练的基础性；三要讲求训练的应用性；四要讲求训练的安全性。只有将这四个方面有机地结合到一起，才能够在实战中即刻做出快速反应，采取灵活的措施，履行警察的职责，有效地保护自身的安全，充分地体现出以警察体能为主导类的技能训练的特色。

第五章　公安院校体能训练中的心理训练与心理恢复

第一节　心理训练

一、心理训练

心理训练是有目的、有计划的教育过程，是运用心理学原理和方法的心理学过程，是针对大脑功能所进行的专门化训练的过程。心理训练能提高心理适应能力、提高心理活动强度、恢复心理活动能量，并有助于心理障碍的消除和良好个性的形成发展；同时，这种训练能对心理状态施加影响，强化心理技能，培养体能训练所要求的心理能力，为身体素质的提高提供良好的心理状态。

二、心理训练在体能训练中的地位

体能训练包含的内容很多。实践证明，体能训练中要求学员在消耗巨大身体能量的同时，也要付出巨大的心理能量。因为体能训练在对人的机体施加生理负荷的同时，也施加了心理负荷。心理能力是充分发挥身体能力和技术、战术能力的保证，尤其在当前社会竞争中，社会成员之间身体能力和技术能力的差距日益缩小的情况下，学员如果没有良好的心理准备状态，就不能顺利地完成体能训练任务，更难以达到良好的训练效果。心理训练已成为提高训练水平和完善学员心理能力的重要一环。

心理训练的主要作用在于促进学员心理过程的不断完善，形成体能训练所需要的良好个性心理特征，获得较高水平的心理能量储备，使学员的心理状态适应大强度体能训练的要求，为提高学员体能训练的水平奠定良好的心理基础。在体能训练中，心理训练的作用具体表现为以下几个方面：

（1）教会学员自我控制心理状态的技术，提高心理状态的稳定性。心理训练是通过人的精神与身体的“对话”，加强大脑与肌肉的双向联系；通过大脑对内脏器官活动和思维过程的调节支配，从而提高对情绪的调节控制能力。在高强度、多变化的环境刺激下，给予学员强烈、多变的情感体验，心理状态不仅具有相对稳定性，更具有易变性，通过不同心理训练，使学员掌握各种心理状态的自我控制和调节的策略和方法，提高心理稳定性，保证体能训练的顺利进行。

（2）有助于学员个性心理特征的发展和完善，促进学员人格的发展。体能训练的任务不但要“育身”，也要“育心”。在这过程中的心理训练不但可以影响学员某些心理过程、心理品质的发展，同时也会促进学员人格的全面发展。人的个性大都有正面与负面两种特征，通过心理训练，充分利用积极的个性，发挥自己的特长，对个性倾向性和个性心理特征两个方面产生全面、深刻的影响，不断克服个性上的弱点而逐步完善自我，并最终使学员的个性得到发展与完善。

（3）提高学员对体能训练的承受力和抵抗各种内外干扰的能力。单调重复的体能训练周期较长，训练强度大，学员时常要承受训练中所引起的疼痛、疲劳和练习的单调乏味，容易造成学员消极紧张情绪的产生，而许多种心理训练方式都能帮助人克服消极紧张情绪，如放松训练、表象训练、认知调整训练、系统脱敏训练等。同时，心理训练也能培养学员具有正确的动机，坚定的信念，顽强的意志等进行体能训练所必需的心理品质，从而保证体能训练能正常、系统地进行。

（4）改善体能训练中的认知过程，提高认知能力。体能训练过程实际是一次次强化条件反射的过程，动作的学习与掌握跟学员的认知能力密切相关。因此，可以通过心理训练来发展与项目特点有关的肌肉、关节运动的感知、空间定向、时间判断、平衡、运动表象等方面的能力，发挥“体脑并用，事半功倍”的作用，促进训练效果的提高。许多体育训练实验也证实：把表象训练与技术训练结合起来，效果比单独进行技术训练要好。

（5）有助于学员心理能量得到自然释放，消除疲劳，加速心理恢复过程。体能训练不仅是对学员生理施加了较大负荷，也消耗了学员较多的心理能量。著名的心理分析学大师弗洛伊德认为人的生命力主要体现为“性的本能”，心理能量主要是性本能的能量。在弗洛伊德之后，荣格则反对把这个心理能量看作仅仅是性的能量，而提出应把它看作是一种更基本的生命力的体现“力比多”（libido），也可以直接说成是“心理能量”。而且随着分析心理学的发展，进一步认为心理能量是一种较为普遍的生物性能量，不仅仅是性本能的能量，还应该包含各类本能欲望、意志、感情、注意、动机、活力等一切生命力。除去运动的特征外，个体的情绪因素、态度、期望目标、成就动机等无不和心理能量相关，心理能量的强弱会直接关系到这些因素的强弱，关系到心理疲劳的发生与否，进而关系到心理活动的状态。

避免或是解除心理疲劳，理当从心理能量入手。通过有效的心理训练，可以使学员的心理能量得到自然释放，修补心理损耗，最终达到消除心理能量的阻碍和压抑，加速疲劳的恢复。如在体能训练的结束部分或身体、技术训练之后加入适当的心理放松训练能较快地消除肌肉和身体的疲劳，恢复体力。大量的实验已经证明，放松训练能降低中枢神经系统的兴奋性，降低由于情绪紧张而产生的过多能量消耗，使身心得到适当休息并加速体力的恢复。

（6）克服各种心理障碍，培养积极的态度定势，使学员在训练中保持良好的心理状态。在大强度、大运动量的体能训练中，对学员的生理机能和心理承受力有着较高的要求，时常会因为动作难度大和运动疲劳，而产生心理活动的轻度创伤，表现出情绪焦虑、恐惧或者抑郁，有的表现沮丧、退缩、自暴自弃，或者表现易怒和冲动。长期积累出现的是一些心理障碍，则尽量要通过心理训练来克服。通过心理训练，避免精神过度紧张，化解困境，维持心态平衡，如加强认知训练，利用心理暗示等方法，能有效地帮助克服心理障碍，建立巩固和稳定积极的态度定势，保持良好的心理状态。

第二节 常用心理训练方法

一、自我暗示法

自我暗示法，是指学员通过积极的自我暗示后．充满必胜的信心去迎接挑战，调动自身一切能力去克服困难，从而最终达到成功的方法。自我暗示法的实质是自觉地诱发积极的、良好的心理状态，并使其保持稳定，从而改变消极、不良的心理状态，产生良好的心理激励与平衡作用。

自我暗示的生理学机制是通过放松肌肉，减少从肌肉传导到中枢神经的冲动，减少对中枢神经系统的刺激，促使其处于意识控制下的安静状态，进而能调节植物性神经系统的机能及心理状态。

自我暗示具有放松和积极动员双重作用。可用语言、情境、睡眠等方式对自己进行暗示。语言暗示，就是用内部语言，即内心独白对自己进行暗示。例如，在大强度、大运动量的体能训练中，用赞许和肯定的语言来鼓舞和激励自己，这在疲劳时，可能就是你坚持下来的动力。睡眠性自我暗示是相信睡眠能使人消除疲劳、改善心境、恢复精神和体力，从而利于睡眠休息对自己进行暗示。例如，“躺一会儿就会好的”“夜里好好睡一觉就能恢复了”。在训练过程中通过对自己不断的提醒与暗示，增加了完成高难度任务的次数，逐渐培养起自信心。

二、表象训练

表象训练，是指学员在头脑中按照一定的要求呈现体能训练技术动作、运动情境和情绪感受的过程。简单来说，也就是自己在大脑里训练，就是“过电影”。表象训练要结合运动项目，现在一种有效的方法就是运用录像带或电影胶卷为以后的重放捕捉那些为数甚少的几个最完美的动作，然后让学员在大脑里看到完美的动作，听到、感觉到和体验到动作过程，也就是逐渐从外表象（看自己做动作）转化为内表象（感觉自己做动作），从单个动作到成套动作。

表象训练的机制在于利用运动表象的训练功能和暗示的作用，使动作技术在学员的脑中形成牢固的神经联系，并以表象形式保存在记忆中，强化技能的学习。

表象训练的实施方法，一般为放松和想象两部分。

（1）放松。在表象训练前，首先应使学员的肌肉尽量放松，并达到全身松弛状态。为此尽量要选择自我感觉舒服的姿势，如自然站姿、坐姿等。然后闭目，排除外界的干扰，使自己处于一种舒适和安静的状态，为唤起表象做好准备。

（2）想象。学员根据录像的完美动作或以前成功完成动作的体验，在大脑中多次重复再现整个过程，并不断完善和发展表象到的动作过程，逐渐形成对动作的良好心理体验。

对技能训练来说，练习得越多越好，但对于心理练习，并不一定是练得越多越好，虽然要经常练习，但每次练习时间最好控制在3～5分为宜。在某种情景下，学员对某项技能任务进行心理练习有一个最佳时间量，应当提醒学员，在想象中练习一项技能任务时，如果注意力消减了，就应该停止练习，转向其他的事情。

三、思维训练

思维训练，是指通过对思维内容、思维方式、思维程序的调节控制，帮助学员形成简明、积极、正确的思维，从而保证良好心理状态的稳定。思维训练的主要目的就是及时形成积极的思维。

在大运动量体能训练后，学员容易产生疲劳问题，这时往往情绪低落，甚至担心出现过度疲劳而不敢接受大运动量训练；这时，教练员就应该向学员讲明道理，让他们认识到疲劳是训练水平提高的必要前提，引导他们形成积极向上的思维方式，虽然身体疲劳了，但情绪依然高昂，并能按计划自觉地投入后面的训练。为了形成积极的思维方式，教练员可以通过引导学员形成表象成功的习惯，在练习过程中以积极肯定的语言来鼓励和评价，如用“放松”代替“别紧张”，用“镇静”代替“不要慌”，用“我很有力”代替“太累了”等。同时，要及时中止消极思维，积极唤起积极思维，这样做就达到了思维训练的目的。

思维与行为及行为效果有着密切的关系。因此，在大强度、大运动量的训练中，尽量引导学员形成积极的思维方式，从而使其态度和情绪变得积极向上，使训练取得良好效果。

四、系统脱敏法

脱敏，就是脱离、消除过敏的意思。其含义是当学员对某种事物、人和环境产生过分敏感的反应时，教练员可以在学员身上发展起一种不相容的反应，使对本来可引起敏感反应的事物或人等不再产生敏感反应。如有的学员恐高，在一定高度时就出现极度的恐怖感，如惊叫、心跳加速、面色苍白等。对这种过敏反应，可在学员信赖的人（好朋友、老师等）陪同下，在学员相对认为较低的高度开始，逐渐开始增加高度，鼓励学员去看、去体验，多次反复，直至学员不再过度恐惧这一高度，再进到下一高度。

脱敏法一般和松弛训练法结合使用，大致程序如下：进行全身松弛训练，放松身体各部位，建立焦虑刺激强度等级层次，由学员想象从最恶劣的情境到最轻微焦虑的情境，焦虑刺激想象与松弛训练活动相配合，让学员作肌肉放松，然后想象从焦虑刺激的最轻微等级开始逐步提高，直到最高也不出现焦虑反应为止。若在某一级出现了焦虑紧张，就应退回到较轻的一级，重新进行或暂停。

五、暴露法

暴露法也称满灌法，就是通过在学员身上诱发出强烈的情绪体验，并将其发泄出来，从而消除学员问题的一组疗法。这组疗法在一开始就让学员接触最强烈恐惧的情景，虽然这时学员会产生强烈的反应，但最终并不会发生严重的后果，以后再接触低一些的刺激时，由于有了更强刺激的体验，反而不再出现焦虑等反应。

在强烈焦虑或恐惧的刺激下，反而也可能使紧张焦虑或恐惧消失。暴露法一开始时就让学员直接进入真实的情境，使学员接受各种不同形式的焦虑恐惧刺激，同时不允许求助的学员采取闭眼睛、哭喊、堵耳朵等逃避行为。国内外报道的“魔鬼营训练”就是采用此法，以提高学员的心理素质。在体能训练中，可以针对性安排惧怕耐力的学员进行长跑训练，刻意加大训练量和强度，让学员充分体验到耐力练习的疲劳与痛苦，以及引起的低落情绪，让他们体验到最痛苦的状态，反而能提高他们的心理承受能力。但需要注意的是，确立主要练习目标，向学员说明此法的目的、意义、过程等，要求高度配合，树立坚强的信心和决心，不允许学员有回避逃避行为，否则会加重恐怖与焦虑，导致引导失败；教练员可采用示范法，必要时和学员共同训练；使用此法，必须对学员的身心状况有充分的了解，以免发生适得其反的效果。

第三节　心理恢复

当学员进行一次大运动量训练或激烈的比赛后，他们的体力、脑力消耗很大，在一般情况下，只要保持适当的休息、睡眠和营养，体力和脑力就可以自然恢复。但是，由于训练和比赛的需要，学员往往等不到体力和脑力的自然恢复，又要投入到艰苦的训练或激烈的比赛中，加大体力和脑力的消耗。怎样才能尽快地消除疲劳和加速恢复体力和脑力，不少国家的学者和体育科研人员以及教练员为此进行了长期的研究和探索，研究结果表明，体能训练中神经能量的消耗要远远大于身体能量的消耗，学员在休息时，如果不首先解除心理负担，身体能量也不能得到很快恢复。恢复性心理训练是尽快消除疲劳、恢复体力和脑力的最好手段。

一、谈话认知法

谈话认知法，主要针对情绪明显低沉或对体能训练出现倦怠的学员，通过谈话帮助他们解除心理障碍，启发他们全面认识和对待体能训练。

谈话要使人开心，更要使人认知。因此，谈话法在实施过程中，应该包括安慰和认知两部分。

在谈话中应多鼓励、帮助他们分析不良情绪产生的原因和倦怠的根源，也可以和他们一起回忆过去练习哪些项目使他们感到心累，以前是否有类似的感受，怎么克服等，这样可以使他们了解问题之所在，心情得到改善，情绪得以调节，愉快的心情可以大大减少神经能量的消耗，有利于减少学员的疲劳感。

在体能训练中，心理的消耗会加重生理负荷。例如，过大的压力会造成肌肉紧张，加速疲劳的产生，但训练过程中各种压力源是不能避免的（如项目本身、环境、同伴等），但这些事物本身并不是压力的原因，恰恰是对这些事物的解释才使这些事物产生了压力。因此，从认知角度入手，努力改变被动思维方式，重新建立新的认知结构，消除过多的心理负荷。从这层意义上讲，谈话认知法也在于帮助学员学会辩证地看待在训练当中出现的各种烦恼。但这一切不是靠指教劝导得来，而要靠启发领悟获得。

二、转移兴奋点法

转移兴奋点法，就是增加事情的可变因素、设计出计划的流程搭配。

在体能训练中如果持续针对一个动作进行练习，而没有变化，学员就会感到精神疲劳。比如下肢力量练习 30 分后，可以考虑换一组练习，针对上肢或腰腹进行练习，或者改变一种练习方式，由单纯绕圈跑变为越野跑等，可以尝试各种新鲜的内容和方式，调整练习的节奏和时间安排，寻找突破口。例如，一个好的学员在跑步时，发现有身体疲劳的信号，可以调整跑步动作，如改变摆臂或改变步幅等手段来排除疲劳。

三、放松训练法

放松训练法，是一种通过训练有意识地控制自身的心理生理活动，降低激活水平，改善机体紊乱功能的心理辅导方法，其也是提高自我控制能力的最好途径。目的不在于肌肉放松，而主要是训练大脑与肌肉之间的双向反射联系，进而提高大脑对身心活动的调节支配功能。同时，改变肌肉紧张，减轻肌肉紧张引起的酸痛，以应付情绪上的紧张、不安、焦虑和愤怒，即通过肌肉的放松，达到精神的放松，以此应付训练中产生的压力。一般来说，该方法是通过紧缩肌肉、深呼吸，释放现在的思想，注意自己的心跳次数等，帮助学员经历和感受紧张状态和松弛状态，并比较其间的差异。许多传统健身方法都或多或少有松弛反应成分，如冥想、静默训练、瑜伽、气功等；而在这基础上近代创立许多自我松弛训练方法，如渐进性松弛法、结合暗示和想象的松弛训练等。

（一）渐进性放松法

渐进性放松法，是在安静的环境中采取舒适放松的坐位或卧位，按指导语或规定的程序，对全身肌肉进行“收缩—放松”的交替练习，一般是从手部开始训练，然后依次是前臂、二头肌、头颈部、肩部、胸部、背部、腹部、腿脚部。每次肌肉收缩 5～10 秒，放松 30～40 秒。

放松训练的词语暗示，一般来说先由他人暗示进行，待学员比较熟悉训练的内容和程序后，再采用自我暗示进行。这种练习最好在训练课后，而且相对安静和舒适的环境下进行，经过反复训练后，学员就能学会通过对简单的肌群放松的感觉，反射性地使全身放松，这不仅可以加速消除疲劳，也能提高学员消除紧张达到松弛的能力，通过对肌肉的控制来放松精神，缓解焦虑，达到释放身心压力、保持平静心态的目的。

（二）结合暗示和想象的放松法

此法是指学员想象自己处在某种使他们感到放松和舒服的环境之中，并利用想象过程促进全身放松的方法。学员仰卧，四肢平伸，处于安静状态，闭上眼睛，利用自我暗示或开展想象活动，并将注意力集中在大脑所想象的事物上。可以想象局部肌肉发沉（肌肉放松时的自我感觉）、发热（外周血管扩张的自我感觉），随着想象的加深，这种发沉和发热的感觉流遍全身，也可将想象超出人体，如外面风景如画，阳光明媚，迎面吹来阵阵微风等。

成功利用想象进行放松的关键有以下几个方面：

（1）要有很好的体位和舒适的环境；

（2）练习过程要能持之以恒，并保持积极的态度；

（3）要有很好的想象技能，使想象的事物在心理上被清晰地看到，感觉到；

（4）先练习想象使人放松的情境，再逐渐用这种方法练习想象使人紧张的情境，并达到放松的状态。

进行语言诱导时，还可配合播放一些轻松悠扬的音乐，调节心情，并可以使学员的精神和肌肉在语言的诱导和音乐的良好刺激下充分放松，并使大脑处于安定状态，从而调动大脑进入充分的想象空间。

四、音乐放松法

精心挑选的音乐，尽量放一些比较轻快的音乐，切不可放悲伤哀愁的歌曲，这样会让你情绪更加低落，身体更加沉重；也要避免放快节奏的音乐，减少不必要的兴奋性，选择一些个人喜爱的轻柔的旋律或抒情乐曲，有助于学员形成宁静的心情，身心放松，将心境从忧郁状态转到良好的心境中，这是学员消除心理疲劳的有效手段之一。

用于心理疲劳恢复训练的方法还有很多，如文艺活动、气功等，包括前面的心理训练方法中也都包含着部分心理恢复的内容，选择方法可因人而异，有目的地加以运用。

第四节　拓展训练的理论基础

一、身心一体理念

身心为一体，所有对身体的干扰也会干扰心，对心的干扰也同样能影响身体。19 世纪 60 年代后期，美国一些学校为了追求学生的全面发展，提高学生的户外生存技能，开始进行短期探险教育，如攀岩等活动。随着各种教育实验，人们尝试着结合学校教育，开展一些户外拓展项目，通过一些特定身体训练和挑战，以此来拓展人们发展和梦想的空间。

二、实用主义的影响

拓展训练的实践者们认为，不管是什么理论与学派，实际是否有效才应最值得重视，实践才是最终标准。这种实用主义的观点也伴随着拓展训练的发展。拓展训练强调户外的体验式学习，是户外体验式教育所包含的培训活动中的一个分支“产品”，现今许多国家正在实践着户外体验式教育的其他模式，如探索教育模式（Project Adventure，简称 PA），是一种户外体验式拓展训练。在户外大自然的环境中，透过一系列经过设计的项目，让练习者透过活动、游戏等课程，挑战一些高难度项目和体验一些合作项目，使个人体验高峰状态，使集体成员之间建立互信，达成共识，努力实现团队目标。

拓展训练承袭、借鉴了 PA 和实用主义教育学说的优秀理念和理论，所以其理论的基础应该是包括心理学、教育学、管理学、组织行为学，涉及多学科领域。同时，也要记住，重视理论的基础上，也要注意理论是为实践而存在的，时时要求在实践中去学习提高。

第五节　拓展训练的部分项目

一、4 米墙

项目类型：集体协作。

场地器械：4 米墙。

项目说明：

（1）强调注意事项，同时强调了安全常识。

（2）选出一个 8～12 人的团体。

（3）4 米高的墙，墙面上没有任何可以抓的地方，要求在不借助任何外力的情况下，依靠集体的力量翻越 4 米墙。

（4）要求在 6～9 分之内，全体团员都要翻越过去。

二、信任背摔

项目类型：集体保护项目。

场地器械：人工平台，保护绳和捆绑绳，海绵垫。

项目说明：

（1）个人着装：休闲装，最好是耐磨运动服、运动鞋（高帮保护脚腕），女士不要穿裙子（行动方便）。

（2）一名队员站在离地 1.65 米高的平台上，双手缚住，背朝后笔直摔下，其余队员在下接护。

（3）项目进行中需要其他全部队员执行保护任务。

（4）双手缚住的方式要顾及练习者和保护队员的安全。

三、攀岩

项目类型：个人挑战。

场地器械：人工攀岩岩壁，上登主绳和上保护点、下保护点绳套，手套和攀登鞋，安全帽、安全带和保护器，下降器等。

项目说明：

（1）同时应有 4 人以上参与，要求有明确分工，要有专门的教练在旁指导，检查应有至少两人经手，保护两人，记录一人。

（2）一定要讲明安全带和保护锁的使用方法。

（3）宣布评分标准，每到一个标志点多少分，轻易放弃减分，成功登顶可比较时间，可视情况而定。

（4）三点固定掌握身体平衡，使身体尽量贴近岩壁，逐渐交换手脚，始终保持至少三点固定。

四、勇登天梯

项目类型：双人协作。

场地器械：天梯训练架，保护绳、安全带、保护锁若干，下降器、手套等。

项目说明：

（1）讲解安全绳和安全带使用方法，一定要在教练指导下完成，两人以上检查安全，并要有记录。

（2）两人一组，可登上一段记分或每根圆柱记分，视情况而定。

（3）重点强调双人的合作，克服重重困难并坚持到底。

（4）每对做完要检查一下安全绳和保护器。

（5）尽量不要利用保护绳和钢索，而靠两人合作登上每根圆柱。

五、空中断桥

项目类型：个人挑战。

场地器械：综合训练架、各种保护绳和保护器，安全带、安全帽和上升器等。

项目说明：

（1）专门教练指导，讲解安全器材使用方法，由于教练在桥上，必须安排两人以上检查安全带穿戴情况，一人记录。

（2）必须要有安全帽和上升器。

（3）练习者先在桥上站稳，再由教练帮其扣好保护绳，摘去上升器铁锁，并检查一遍安全装置。

（4）要求练习者尽量发挥自己的潜能，独立完成跳跃。

第六章　公安院校体能测试评价

第一节　警察体能测试评价现状

一、《警标》现状与问题

（一）现行《警标》的由来、基本概况与特点

《警标》（见表 6-1）源于《国家体育锻炼标准》（以下简称《国标》）。《国标》是党和政府为发展体育运动、增强人民体质而制定的一项重要体育制度。它是在 1950 年学习苏联经验时引进的，在 1954 年颁布施行的《准备劳动与卫国》体育制度的基础上，经过 1956 年、1958 年、1964 年、1975 年、1982 年、1988 年和 1990 年等多次重大修改后成型。新中国成立后直至 1984 年，我国公安民警体育锻炼一直采用国家普适性体育锻炼标准，如施行《劳卫制》，后因自然灾害和“文化大革命”被中断，1975－1984 年实行当时的新颁《国标》。1985 年，公安部根据公安工作行业特点，符合公安队伍建设实际需要和提高战斗力，对当时《国标》的个别项目、标准作了适当调整与修改，形成了《公安干警和武警指战员体育锻炼标准》，并经过三年试行后于 1988 年正式施行。武警部队根据自身特点，从 1989 年开始试行《军人体育锻炼标准》和从 2004 年开始试行《军人体能标准》。1995 年国家颁布《全民健身计划纲要》之后，为贯彻《全民健身计划纲要》和《公安机关人民警察基本素质考试考核暂行办法》，推动和鼓舞广大公安民警积极参加体育锻炼，增强体质、体能，提高队伍战斗力，更好地保卫社会主义现代化建设和适应新时期警务机制的全面变革，2011 年人社部、公安部，国家公务员局联合发布新的《公安机关录用人民警察体能测评项目和标准》（暂行）（以下简称《警标》）。至此，《警标》与《军人体育锻炼标准》《大中小学生体育合格标准》和《国标》等一起构成该时期国家体育锻炼标准体系。

《警标》具有以下几个特点：其一，组织实施。《警标》的组织实施工作，由公安部中国前卫体协主管，地方各级公安机关的前卫体协会同有关部门有计划、有组织实施。一级抓一级，一级管一级，常年坚持，常抓不懈。实施单位应组织参加者在经常锻炼的基础上按照测验规则进行测验。其二，实施范围。在全国公安机关和公安院校范围内实施，边防、消防和警卫系统结合部队实际参照执行。公安院校将《警标》的实施同贯彻《国家体育锻炼标准》《大学生体育合格标准》（现已废止）紧密结合，并纳入警体教学训练计划之中。其三，达标分组及项目设置。达标按年龄、性别划分男子 7 个组，女子 6 个组，达标项目设 5 类计 13 项（见表 6-1）。其四，达标等级评定。参加者从每类锻炼项目中，各选一种项目测验，并在 1 年内完成。测验成绩采用百分制评分法，前 4 类，每类满分为 100 分，第 5 类只记会否，不计分数（见表 6-1）。达标等级分为及格、良好、优秀三级。及格标准是 200～275 分；良好为 276～335 分；优秀为 336～400 分。另规定，有一类成绩低

于 30 分、青年组不会擒敌拳、中年组不会太极拳者、未能在 1 年内完成规定的 5 类项目测试者不计达标等级。其五，奖励办法。对实施《警标》成绩显著的单位，由上一级领导机关给予表彰。对达到优秀等级标准者发给证书。

表6-1　《警标》测试评价项目表

类别	青年组 25 岁以下 含学生组		青年 2～4 组 26～30 岁 31～35 岁 36～40 岁		中年 1～2 组 41～45 岁 46～50 岁		中年 3 组 51～55 岁
	女	男	女	男	女	男	男
第 1 类	100 米跑 4×10 米 往返跑	100 米跑 4×10 米 往返跑	100 米跑 4×10 米 往返跑	100 米跑 4×10 米 往返跑	100 米跑 4×10 米 往返跑	100 米跑 4×10 米 往返跑	100 米跑 4×10 米 往返跑
第 2 类	800 米跑	1000 米跑 1500 米跑	800 米跑	1000 米跑 1500 米跑	800 米跑 1 分跳绳	1000 米跑 1 分跳绳	1000 米跑 1 分跳绳
第 3 类	1 分 仰卧起坐	引体向上 双臂屈伸	仰卧起坐 （不计时）	引体向上 俯卧撑 （不计时）	仰卧起坐 （不计时）	仰卧起坐 （不计时） 俯卧撑 （不计时）	仰卧起坐 （不计时） 俯卧撑 （不计时）
第 4 类	手枪射击 25 米	手枪射击 25 米	手枪射击 25 米	手枪射击 25 米	手枪射击 25 米	手枪射击 25 米	手枪射击 25 米
第 5 类	擒敌拳	擒敌拳	擒敌拳	擒敌拳	24 式 太极拳	24 式 太极拳	24 式 太极拳

（二）《警标》的实施意义与作用

改革开放以来，我国国民经济和各项事业都进入了良性发展的轨道，国民经济的快速增长使人民群众的生活水平得到了稳步的改善与提高。随着科学技术进一步转化为生产力，以及机械化、电气化文明造成警察生物结构和身体机能的退化；高营养、低消耗的生活方式造成体内物资超量积累；高竞争、高负荷、高风险的工作方式增加了警察的生存压力；计算机等高科技产品的普及又使原本不多的余暇时间被静态少动的活动所占用，离操场越来越远，这些都直接导致了警察身体活动的减少，体能、体质健康水平不断下降和"文明疾病""都市疾病"的滋生、发展和蔓延。而《警标》的实施对推动和鼓舞广大公安民警积极参加体育锻炼，增强体质、体能，加强警察队伍的警体工作，提高队伍整体战斗力，进一步发挥公安机关的职能作用，更好地完成保卫社会主义现代化建设的任务和适应警务机制的全面变革起到了很大的促进作用。《警标》本身的目的就是提高警察的体能素质，对公安警务实战具有基础性、全局性和战略性意义。

《警标》的实施促进了警体教学训练和警体工作水平的提高，主要表现在以下几个方面：其一，促进了警体教学与训练内容的充实和完善。其二，强化了警体师资队伍和公安机关警体骨干的培养工作。其三，促进了公安机关和公安院校警体场地设施建设和标准化水平的提升。其四，有效地促进了警察身体素质特别是运动素质、运动能力测试方法与指标的建立，完善和丰富了《国标》的体系。《警标》是《国标》在警察这个特殊职业群体中的延伸和具体应用，也是我国警察建立招录新警体能测试评价标准准入制度的基本标尺、标杆和参照系统。其五，《警标》进一步增强了公安机关民警和公安院校学员的终身体育锻炼意识及健康意识。其六，以职业为需要，以达标为导向，以评促建，有效地提高了警察锻炼身体的积极性和质量效果。其七，加强了警体基础性工作，初步建立了警体教学训练的质量监控管理体系。

（三）《警标》存在的问题

1. 年龄分组不全面

《警标》作为一个达标标准没有覆盖所有警察群体，缺少男子56～60岁、女子51～55岁年龄段的评价标准，样本构成不全，影响测试与评价及监测的整体性和完整性，使达标标准研究范围受限。年龄分组方法不细致，不利于与普通人群及其他人群进行比较。

2. 测试项目不完整

其一，《警标》测试项目包括速度类、力量类、耐力类、擒敌拳和手枪射击5大类，缺乏心肺机能、爆发力、柔韧性、平衡性、协调性、反应时、身体成分、体型等指标的测试。将警察实战技能类的拳术、射击作为体育锻炼测试项目是否妥当，仍值得磋商。其二，替代项目多，选测指标间的替代兼容度低，测验项目尚不够规范。为了解决场地器材上的不足，现行《警标》同类测验项目中增设了替代项目，以适应全国各地公安机关不同条件的达标活动。这是一种治标性的举措，不利于达标活动的科学开展，也不利于同国内外同行的水平进行比较。例如，耐力素质指标，800米、1000米与1分跳绳的相互替代问题，1分跳绳主要是测试协调性、动作速度，也部分反映一定的耐力，它不能替代800米或1000米而作为耐力指标的主成分。

同时，现行耐力项目测试不能充分反映人体的一般耐力素质。学者赵日煜曾经指出，耐力素质这块健康“短板”无疑是当今警察身体素质中最短的一块板，耐力素质是影响警察体质的决定因素。专家研究认为，有氧代谢功能水平运动的持续时间至少要在5分以上。800米、1000米、1500米跑的特点是运动持续时间短，每分钟需氧量较多，总需氧量较少，无氧和有氧分解供能并存，800米、1000米跑有氧供能占全部供能分别是35%、40%，而1500米跑有氧供能占全部供能50%，且只有1500米跑接近终点时呼吸、循环系统机能可达到最高水平。可见，800～1500米跑有氧供能不明显，对测试呼吸、循环系统机能效果不显著，不能充分反映人体有氧代谢能力和最大摄氧量状态。还有速度素质指标，100米与4×10米往返跑的互相替代问题，4×10米往返跑主要是反映人体快速移动和灵敏能力的指标，而100米是人体快速运动能力的速度指标的主成分，能替代100米的只能是30米、50米或60米。另外，对男子41～55岁年龄段，女子41～50岁年龄段的警察以100米、1000米或800米作为速度、耐力测试指标是不科学的，800米、1000米跑对被测试者尤其是不经常参加训练者的生理刺激较为强烈，易引发意外生理应激甚至引发运动猝死，且实践中效果也不甚理想。

3. 评分方法存在缺陷

其一，就现行男、女组别评分表剖析，各项目除60分与55分、引体向上、双臂屈伸60分以上对应的成绩有所区别外，各项目各分数段均采取等数递增或递减的办法评分。这种评分法的最大缺陷是各分数段的分值基本相等，使提高训练成绩的难度与评定分数值增加的幅度不相适应，其简单化的数字处理，违背了人体运动的一般原理和规律。成绩越高，每提高一个单元的难度越大，相应评价分值也越大，那么，跨度应具有非均衡性和累进性。作为定量评价体系，其分值标准设计应更加细化，以增加评判区分度和准确度。其二，《警标》中各组别同类素质各个测验项目的评价不等价，如100米跑与4×10米往返跑，1000米跑与1500米跑，800米跑与1分跳绳，1000米跑与1分跳绳，引体向上与双臂屈伸，引体向上与俯卧撑，仰卧起坐与俯卧撑，等等。另外，《警标》中男、女各个测验项目达标的难易程度差别较大。

4．测试方法现代化进程较低

现行《警标》中的测试项目只要有秒表、皮尺等，凭一定的主观经验即可完成测试，过于粗放和简单，而利用各种科学技术和借助科学的测试仪器的现代化程度较低，致使测试与评价方法的敏感性和鉴别能力受限。现行《警标》偏重终结性评价，忽视诊断性、形成性评价。另外，测试组织体系、技术保障体系、质量控制体系、数据分析系统、服务平台及相应信息系统的研发、测试和运动风险评估体系还未形成。因此，对警察体能诊断与评价的精确性、可靠性、标准性和科学性有待于进一步研究。

5．不便于国内外同行水平进行比较

随着体育科学的发展，人们对体能的认识更加全面深入。国际公认的组织包括国际体力研究委员会（ICPER）、国际生物学发展规划理事会（IBP）和世界卫生组织（WHO）公布推荐的标准化国际体力测试项目与方法为那些想要对体力测验有综合性了解的人们提供了一个良好的典范，同时为世界许多国家警察的体能测试评价所参照（见表6-2）。日本的国民体力测试方案几乎包括了ICPER和IBP介绍的所有方面。美国卫生体育联合会（AAHPER）推荐的全部测验项目组合能对运动适应性总的方面提供有根据的资料；加拿大体力测验（CHFT）既是体力甄别的步骤又是教育促动的工具（见表6-3）。澳大利亚、美国、新西兰、菲律宾以及我国台湾、澳门、香港地区警察体能测试项目与标准各有异同（见表6-4～表6-12）。可见，现行《警标》的项目与标准不便于同国内外同行水平进行比较和研究，缺少必要的常模参照评价体系。

表6-2　ICPER和IBP体力测试评价比较表

项目	ICPER	IBP
耐力		哈佛氏台阶测验
弹跳力	立定跳远	立定跳远
速度	50米疾跑	50码疾跑
力量	引体向上（男） 屈臂悬重（女）	引体向上（男） 斜悬垂臂屈伸（女）
灵敏性	穿梭往返跑（10米）	穿梭往返跑（10码）
腹部力量	仰卧起坐（30秒）	仰卧起坐（1分）
长距离跑	2000或1000米（男） 1500或800米（女）	600码
测力器测验	握力	握力、背力、拉和推力、伸腿力量、屈体力量
投掷力		垒球投掷
柔韧性	体前屈	

表6-3　美国（AAHPER）和加拿大（CHFT）体力测试评价比较表

美国（AAHPER）	加拿大（CHFT）
50 码跑	50 码跑
600 码跑	300 码跑
跳远	立定跳远
往返跑	往返跑（4×30 米）
引体向上	屈臂悬垂
屈膝仰卧起坐	仰卧起坐（1 分）

表6-4　澳大利亚与美国警察体能测试评价常用项目内容比较表

澳大利亚警察体能测试常用项目内容	美国警察体能测试常用项目内容
40 米跑	引体向上
握力	2 分仰卧起坐
纵跳	2 分俯卧撑
俯卧撑	1.5 英里跑步
坐姿体前屈	5 英里跑步
仰卧起坐	200 米短距离障碍追捕
伊利诺斯灵敏性测试（lllinois Agility Test）	4 英尺和 6 英尺高墙障碍追捕
多级心肺耐力测试	25 英尺抱人跑

表6-5　美国联邦调查局特警队（SWAT）体能测试评价标准表

项目内容
2 分内 70 次俯卧撑 2 分内 70 次仰卧起坐 8 分内 270 米游泳 13 分内 2 英里跑步 32 分内 4 英里跑步 12 英里落伍者携带 50 磅重的装备 3 小时赶上队伍

表6-6　新西兰警察招收警员体能测试评价项目和标准表

项目	标准	
	男子	女子
2400 米跑	10 分 15 秒	11 分 15 秒
立定跳高	45 厘米	40 厘米
俯卧撑	34 个	20 个
BMI（bod mass indicator）	20～27	20～27
PCT 测试（越过 12 个障碍跑）	2 分 20 秒	2 分 53 秒

表6-7 菲律宾警察体能测试评价标准表

项目	标准	
	男子	女子
引体向上	21分，每个3分	21分，每个3分
俯卧撑	25个，每个1分	25个，每个1分
仰卧起坐	36个，每个0.5分	36个，每个0.5分
100米	17秒内18分，19秒1为0分	19秒内18分，21秒1为0分
25米负重折返跑	负重45公斤，18分	负重25公斤，18分

表6-8 中国台湾地区警察招收警员体能测试评价项目和标准表

项目	标准	
	男子	女子
仰卧起坐（1分）	34个	26个
引体向上	2个	
曲臂悬垂		10秒
1600公尺跑	8分33秒	9分36秒

表6-9 中国澳门地区警察招收刑事侦查员体能测试评价项目和标准表

年龄（男子）	80米跑	仰卧起坐（45秒内）	掌上压（30秒内俯卧撑）	跳远	跳高	Cooper测验12分跑
21～30岁	12秒	25	18	3.2米	1.15米	2300米
31～35岁	12秒5	22	15	2.8米	1米	2100米
36～40岁	13秒	18	12	2.8米	1米	1900米
40岁以上	14秒	16	10	2.8米	1米	1800米

表6-10 中国澳门地区警察招收刑事侦查员体能测试评价项目和标准表

年龄（女子）	80米跑	仰卧起坐（45秒内）	掌上压（30秒内俯卧撑）	跳远	跳高	Cooper测验12分跑
21～30岁	14秒5	18	6	2.6米	0.9米	1800米
31～35岁	15秒5	16	5	2.4米	0.8米	1700米
36～40岁	16秒	14	4	2.4米	0.8米	1600米
40岁以上	16秒5	12	3	2.4米	0.8米	1500米

表6-11　中国香港地区警察招收督察体能测试评价项目和标准及最低可接受水平表

项目	标准	
	男子	女子
立地向上直跳	45.7 厘米	35.6 厘米
单杠引体上升	5 次	7 次
百米来回跑（10×10 米）	26 秒	29 秒
仰卧起坐	30 秒内 17 次	30 秒内 15 次
蹲撑立	30 秒内 14 次	30 秒内 12 次
穿梯	33 秒	38 秒
800 米	3 分 25 秒	4 分 12 秒

表6-12　中国香港地区警察招收警员体能测试评价项目和标准及最低可接受水平表

项目	标准	
	男子	女子
立地向上直跳	53.3 厘米	38.1 厘米
单杠引体上升	7 次	9 次
百米来回跑（10×10 米）	24.8 秒	28.1 秒

6. 时代性和特色性不强，亟待更新

我国绝大部分的公安机关及相关警种，如治安警、刑警、交巡警、防暴警、缉毒警、户籍警、科技警、外事警、铁路警、航运警、民航警、森林警、法警、海关警、狱警等将施行《警标》作为检测警察体能的标准，即将体育锻炼标准等同于体能标准。在锻炼标准、训练标准、达标标准之间逻辑关系与内涵界定不明确清晰且进行单维度的线性理解与实践，多年来在认识和事实上缺少反思，相对封闭，存在的误区较多。标准是供同类事物比较核对的准则。刘京燕认为："我国警种划分复杂，大致可分为 13 个警种，考虑到《警标》没有充分顾及不同警种之间的体能要求差异，不便于作为当前的警察体能评价指标。"李国红认为，这种"没有硬性的达标考核办法，同时缺乏对评价指标体系的科学评估、缺乏对评价体系的改进的体育训练，很难达到明显提高公安队伍实战能力的目的"。现行《警标》在评价体能方面存在一定的局限性，在指标、方法、器材的选用、年龄分组、人员覆盖范围、警察行业特色和科学合理评定、与国际接轨及现代化进程等方面存在不少的问题。现行《警标》是一项群众性体育锻炼标准，与国家体育锻炼内容有较强的通用性，它既包括一些适合警察需要的基础性、应用性体能、技能训练内容，又包括竞技性体育训练内容。严格地讲，现行《警标》是一个体能与技能合一的体育锻炼标准，而且侧重于与技能有关的身体素质测试，即运动素质的测试，同时过多运用运动素质指标替代体能指标，重视与技能相关的体能，忽视与健康有关的体能，且没有将锻炼标准、训练标准、达标标准区别开来，对警察体能的评价不全面，不能适应新形势发展的需要。其实，从推行《警标》的本意与初衷来讲，是为了增强警察体质、增进警察健康、发展体能、提高队伍战斗力。因此，所设置项目、实施方法应能如实反映出某项体能、某项身体素质的状况，而不是单纯反映某项运动水平。如果从发展警察体能的目的出发，在实施方法上就应当注意把竞技的要求与体能发展的要求及职业需要相区分，而不能混为一谈。从这个角度上看，现行《警标》不是真正意义上的警察体能标准，同时也导致了我国公安机关和公安院校在招录警察体能测试项目与标准时缺乏规范性和科学性。这意味着我国警察至今还没有真正建立起比较规范的、科学的、成熟的警察体能标准体系。现行《警标》已不适宜作为当前警察体能评价指标体系，应尽快从粗放的警察体育锻炼标准向职业化和专业化的警察体能标准转型，即变运动素质与基本技能达标为体能达标、变竞技要求为职业要求、变体育锻炼为体能训练、变运动水平评价为综合评价、变体育锻炼标准为体能训练标准。而建立警察体能标准体系，必须借鉴国际通行常用指标和其他体育项目或人群的评价指标，借鉴地方省市各群体已有的评价体系，并深入细致调查分析警察人群的体能状况，了解国外同行的情况，选定评价项目，建立基本的、适合各警种的评价指标体系。

（四）《警标》的改进——建立“警察体能标准”体系

“一个范式也可能是一个理智的陷阱，使追随它的人们陷入他们可能完全辨认不出的假设之网。”自伽利略、牛顿以来，支配科学发展的主导思想是还原论，认为整体的或高层次的性质可以还原为部分的或低层次的性质，认识了部分或低层次，通过加和即可认识整体或高层次。正因如此，多年来，人们主要习惯于运用分解和叠加的方法对警察体能进行认识、评价、组织训练及相应的研究，常常理想化地认为各种体能能力是可以齐头并进发展的，因而对不同时期的不同特点和规律不能准确把握。例如，现行《警标》在内容设置及实施方法上，由于深受竞技体育的影响，是以某项运动水平的高低来衡量该项目的运动能力，并以其代表该方面的体能水平，各种项目运动水平的总和则成为体能水平的总和。对警察专项体能的性质缺乏足够的理解和必要的重视，对专项体能练习的手段与方法难以准确把握，多数简单地以训练专业运动员的手段与方法，取代警察在身体训练中的专项体能的内容，这些方法和手段显然具有一定的局限性。而事实上，人体是一个开放而复杂有序的自稳态系统结构，呈现耗散结构、自组织、涨落、突变、协同、超循环、混沌、分形、适应、非衡补偿等特征。从复杂科学角度看，复杂性是客观的，不是简单性的线性组合和现象，特别不仅仅是简单性的表现结果。人体不仅存在线性运动规律，而且存在大量非线性运动规律。非线性规律至少有两种典型表现：一是有机体及各层次状态不满足均衡性和叠加性；二是对不同的初始状态条件，有机体及各层次的发展可有完全不同类型的运动或完全不同的运动结果。因此，要直接或间接证明有机体某种能力及能力要素的存在，应在把握多重复杂性和服从多种规律性的基础上，力求探索复杂性系统背后的规律而不是追求实验简化条件下的规律，这需要寻求或设立严格的评价证据（建立科学的多级指标与权重体系），筛选最佳并不断改进，不能简单地用分析—累加的方法去把握。在警察实际工作中，有的动作或一个组合足以反映其力量、速度、耐力、柔韧、灵敏等素质以及心智水平，减少动作记忆性类测试评价，关键在于科学的提炼。在警察工作、执法和训练中，警察与健康有关的体能、与技能有关的体能、与心理有关的体能、与适应能力有关的体能都是综合、完整地表现于警察的体能行为之中，而且体能的各构成要素不是孤立存在、独立发展的，这些要素具有多维度、多层次不同程度的互动关系，各要素互相影响、互相联结、互相促进、互相嵌套、互相制约和互相交替。因此，对于警察体能的认识和评价就必须改变过去单一、线性、简单因果模式，而是要沿着非线性、多重因果、整体、系统、协同的思维路线演绎及拓展。“标准”是衡量事物的准则，是可供同类事物比较核对的事物。因此，警察体能测试评价标准与指标的设置应引领警察体能树立新理念，完成六个新转变，即警察体能训练与评价应树立和贯穿科学求实、“练为战”“战训合一”的理念，从竞技型向体质型转变、从操场化向警事化转变、从运动项目向职业项目转变、从单项指标向综合指标转变、从体育锻炼向体能训练转变、从锻炼标准向训练标准转变。进一步发挥体能测试评价标准和指标的导向、甄别、选拔、评价、激励功能和作用，实现这些功能与作用的有机联系和动态平衡，有利于对警察体能状况进行监控和及时反馈，激发警察自觉参加体能训练和锻炼，提高警察对体能的科学认识，以安全有效的途径和措施，培养警察终身追求健康生活方式的行为与习惯。

近年来，随着科学研究的深入，我国对各种人群、职业的体质、体能研究已逐步积累了丰富的数据资料，在借鉴国外的有益做法的基础上，与时俱进，建立和完善了一整套国民体质、体能监测系统。例如，2002 年 7 月教育部、国家体育总局颁布实施了《学生体质健康标准》，以替代原有的《大中小学生体育合格标准》；2003 年 5 月国家体育总局会同有关部门新建立并施行了《普通人群体育锻炼标准》；2003 年 10 月颁布实施了《国民体质测定标准》，以替代原有的《中国成年人体质测定标准》；2006 年 11 月解放军总参谋部经两年试行后正式颁布实施了《军人体能标准》，以替代原有的《军人体育锻炼标准》，新标准创新之处在于将“专业体能”和“职业训练”理念导入军事训练领域，实现由一般体育锻炼向职业体能训练的转换，并拓展了适用范围。首次实现了对全军和武警部队所有现役人员体能训练的系统规范，优化结构体系，突破专业局限，将各军兵种现行训练大纲的 36 个标准合并为通用、入伍训练、飞行人员三个标准，体能项目整合为基础性、专业性和辅助性三类；把年龄、性别、海拔作为调节训练难度、强度的主要参数，将体型标准作为军人必须达标的内容；着眼实战需要，删除技巧性、观赏性体能项目，增加紧贴任务、符合实战的训练内容。这些新变化，使军人体能训练走上了科学化、制度化、规范化的轨道。目前，《国民体质测定标准》《普通人群体育锻炼标准》《国家学生体质健康标准》《军人体能标准》和《警标》等共同构成了一个综合的、更加完整的新时期国民体质、体能及体育锻炼标准体系，意味着带有《劳卫制》烙印的旧《国标》体系的终结。就目前来看，公安部《警标》实施 10 年间未进行任何修订调整，内容更新的步伐和相应组织管理机制明显滞后，是国家体质、体能标准体系及监控体系中的短板，其更新周期应加快，建立适合我国警察体能标准体系的工作已迫在眉睫。

二、公安机关招录警察体能测试标准现状与问题

2001 年 7 月，人事部、公安部制定了《公安机关录用人民警察体检项目和标准及人民警察体能测评项目和标准》（见表 6-13）。该体测标准分为男女各 2 个组 4 项内容，涉及人体速度、耐力、爆发力、灵敏及肌肉耐力的检测，采取一项不合格者即淘汰的制度。其存在的问题有：其一，测试项目不全面，缺乏身体机能、柔韧性、协调性、平衡、反应、身体成分检测项目。其二，标准设置过低，失去应有的体测评价价值。例如，男女 25 岁以下年龄组的 10 米×4 往返跑、1000 米或 800 米、仰卧起坐在《警标》评价中只有 50 分，男子引体向上只有 40 分；男女立定跳远标准也只是普通高校大学生的基本合格线。男女 25 岁以上年龄组也是同样情况。其三，对于如此低的准入门槛，直接降低了警察职业素质的最基本要求。这表明，政策决策者和制定者对于究竟需要什么样的警察体能测试评价标准在认识上模糊不清，也导致一些地方公安机关在录用警察体能测试评价时采用标准的

不规范性和随意性，甚至是随意降低公安部规定的现有标准（见表 6-14～表 6-18）。公安机关在招警体能测试存在的问题与现有警察体能测试体系在评价理念、方法、内容和指标方面的不合理有着千丝万缕的联系，这方面的规范与改革势在必行。

表6-13　公安部全国公安机关录用警察体能测试评价标准表

项目	标准	
男子组	25 岁（含）以下	25 岁以上
10 米×4 往返跑	≤122	≤13.1 秒
1000 米跑	≤4 分 05 秒	≤4 分 25 秒
立定跳远	≥2.2 米	≥2.0 米
引体向上	10 个	8 个
女子组	25 岁（含）以下	25 岁以上
10 米×4 往返跑	≤13.2 秒	≤14.0 秒
800 米跑	≤4 分	≤4 分 20 秒
立定跳远	≥1.5 米	≥1.4 米
仰卧起坐	23 个（限 1 分钟）	45 个（不限时）

表6-14　江苏省公安机关招考录用人民警察体能测试评价标准表

项目	标准	
男子组	25 岁（含）以下	25 岁以上
10 米×4 往返跑	≤12.2 秒	≤13.1 秒
1000 米跑	≤4 分 10 秒	≤4 分 30 秒
立定跳远	≥2.2 米	≥2.0 米
引体向上	7 个	5 个
俯卧撑	14 个	10 个
女子组	25 岁（含）以下	25 岁以上
10 米×4 往返跑	≤13.2 秒	≤14.0 秒
800 米跑	≤4 分 05 秒	≤4 分 25 秒
立定跳远	≥1.5 米	≥1.4 米
仰卧起坐	18 个（限 1 分钟）	38 个（不限时）

注：引体向上和俯卧撑测评项目受测试者任选一项

表6-15　大连市公安机关招考聘用制警察体能测试评价标准表

项目	标准	
	男子	女子
100 米	≤16.1 秒	≤19.1 秒
1000 米	≤4 分 15 秒	
800 米		≤4 分 10 秒
立定跳远	≥2.17 米	≥1.58 米
引体向上	≥2 个	
仰卧起坐		≥19 个

表6-16　中国民航空中警察体能测试评价标准表

项目	标准（60 分标准）
男子	
1500 米	≤6 分 35 秒
立定跳远	≥2.15 米
单杠引体向上	21 个
双杠臂屈伸	21 个

表6-17　黑龙江省公安系统招考警察体能测试评价标准表

项目	标准	
	男子	女子
10 米×4 往返跑	≤13 分 1 秒	≤14 秒
1000 米	≤4 分 30 秒	
800 米		≤4 分 35 秒
立定跳远	≥2 米	≥1.4 米
仰卧起坐		≥9 个（30 秒内）

表6-18　陕西省公安机关招考录用警察体能测试评价项目表

测试项目
50 米（男；女）
立定跳远（男；女）
引体向上（男）
1000 米（男）
800 米（女）
仰卧起坐（女）

三、公安院校招考录用警察体能测试标准现状与问题

根据公安部的要求，从 2000 年开始，全国各地公安院校在招生中实行了体能测试评

价，并规定体能测试评价不合格者，不能被录取。但是，公安部对公安院校体能测试评价标准未做具体要求和规定，直接导致公安机关招警体能测试评价标准与公安院校招警体能测试评价标准不统一、不接轨。例如，中国人民公安大学、中国刑事警察学院、铁道警官高等专科学校、南京森林公安高等专科学校、中国人民武装警察部队学院、公安海警高等专科学校、山东警官学院、安徽警官职业学院、四川警察学院、重庆职业警官学院、云南警官学院和河北公安职业警官学院等采用了基本相同的招警体能测试评价项目和标准（见表 6-19）。湖北警官学院等一些公安院校采用了公安部公安机关录用警察的体能测试评价标准（见表 6-13）。江苏、福建、浙江、北京、上海、广西、辽宁等地区的公安院校结合自身的情况另行制定了招警体能测试标准（见表 6-20～表 6-29）。情况表明，其一，公安院校之间在体能测试评价项目、内容、方法、指标、标准及要求上，不一致、不统一、不规范，呈现多样性、多元性和各自为政的局面。其二，测试项目最多的是中国人民公安大学、中国刑事警察学院等部属院校和部分地方公安院校等，有 4 个测试评价项目；最少的是上海公安专科学校，只有 2 个测试评价项目。大部分院校是 3 个测试评价项目。测试评价指标组合集中在速度、耐力、肌肉快速力量及爆发力方面或速度、爆发力、肌肉快速力量方面或耐力、肌肉耐力方面。普遍缺乏灵敏性、协调性、平衡性、柔韧性、反应、身体成分、身体机能的检测，体能测试评价指标不全面。另外，设置的俯卧撑测试评价标准是 10 秒完成 6 次、仰卧起坐是 10 秒完成 5 次，其本身设置的合理性和科学性有待商榷。事实上，俯卧撑其本体功能是测试评价人体上肢、肩背部肌肉力量及持续工作能力（通常不计时）；仰卧起坐其本体功能是测试评价人体腰腹部肌肉力量及持续工作能力（通常是计 1 分钟）。既然是“持续工作能力”，用 10 秒怎么能测试出来，即使测试出来，其数据也不会准确。如果是测试评价肌肉快速工作能力，俯卧撑和仰卧起坐不是最佳选项，也不应是首选项目，10 秒内快速完成动作的项目有很多。此外，推铅球是铅球运动员选材专用指标或报考体育院校考生的一个选测项目，将它用在公安院校体测中不合适，其职业价值取向和实际意义不大。其三，测试标准不高。中国人民公安大学、中国刑事警察学院等部属院校和北京警院、辽宁警院设置的 50 米、1000 米、800 米达标线在《国家体育锻炼标准》和《警标》中为 60 分，女子立定跳远标准普遍偏低，仅为普通高校大学生的基本合格线。江苏、福建、浙江、广西等公安院校体能测试评价标准设置较低，100 米、800 米、1000 米在《警标》中达不到 60 分，仅在 50～55 分之间。男女立定跳远标准普遍偏低，仅为普通高校大学生的基本合格线。其四，公安院校在招警体能测试评价标准存在的问题与现有警察体能测试评价体系在评价理念、方法、内容和指标的不合理方面有着千丝万缕的联系，这方面的规范与改革势在必行。

表6-19　中国人民公安大学、中国刑警学院等部属院校招警体能测试评价标准表

项目	标准
男子	
50 米	≤7.1 秒
1000 米	≤3 分 55 秒
立定跳远	≥2.30 米
俯卧撑	10 秒 6 次以上
女子	
50 米	≤8.6 秒
800 米	≤3 分 50 秒
立定跳远	≥1.60 米
仰卧起坐	10 秒 5 次以上

表6-20　江苏警官学院招警体能测试评价标准表

项目	标准
男子	
1000 米	≤4 分 05 秒
立定跳远	≥2.25 米
推铅球（5 千克）	≥7.20 米
女子	
800 米	≤4 分 00 秒
立定跳远	≥1.66 米
推铅球（4 千克）	≥5.3 米

表6-21　福建公安高等专科学校招警体能测试评价标准表

项目	标准	
	男子	女子
1000 米	≤4 分 05 秒	
立定跳远	≥2.2 米	≥1.5 米
俯卧撑	10 秒内 6 次以上	
800 米		≤4 分
仰卧起坐		10 秒内 4 次以上

表6-22　福建警察学院招警体能测试评价标准表

项目	标准	
	男子	女子
100 米	≤15.9 秒	≤18.9 秒
立定跳远	≥2.15 米	≥1.45 米
4×10 米	≤12.9 秒	≤13.9 秒

表6-23　浙江警察学院招警体能测试评价标准表

项目	标准	
	男子	女子
100 米	≤15.1 秒	≤18.7 秒
1000 米	≤4 分 02 秒	
推铅球（男 5 千克女 4 千克）	≥7.2 米	≥5.00 米
800 米		≤3 分 55 秒
反恐怖特警专业另加试以下项目		
立定三级跳远	≥7.1 米	
引体向上	≥17 个	
4 米往返摸点跑（往返 5 次）	≤13 秒	

表6-24　江苏省司法警官学校招警体能测试评价标准表

项目	标准	
	男子	女子
1000 米	≤4 分 05 秒	
立定跳远	≥2.14 米	≥1.65 米
实心球（2 千克）	≥7.9 米	≥5.3 米
800 米		≤3 分 50 秒

表6-25　北京警察学院招警体能测试评价项目和标准表

项目	标准	
	男子	女子
50 米	≤7.1 秒	≤8.6 秒
立定跳远	≥2.30 米	≥1.60 米
俯卧撑	10 秒内完成 6 次以上	
仰卧起坐		10 秒内完成 5 次以上

表6-26　广西公安高等专科学校招警体能测试评价标准表

项目	标准	
	男子	女子
50 米	≤7.5 秒	≤8.8 秒
1000 米	≤4 分	
800 米		≤3 分 55 秒
俯卧撑	10 秒内完成 6 次以上	
仰卧起坐		10 秒内完成 5 次以上

表6-27　辽宁职业警察专科学校招警体能测试评价标准表

项目	标准	
	男子	女子
1000 米	≤3 分 55 秒	
立定跳远	≥2.30 米	≥1.60 米
俯卧撑	10 秒内 6 次以上	
800 米		≤3 分 50 秒
仰卧起坐		10 秒内 5 次以上

表6-28　上海公安专科学校招警体能测试评价项目表

测试项目
1000 米（男）≤3 分 55 秒 引体向上（男） 800 米（女）≤3 分 50 秒 掷实心球（女）

表6-29　南京森林公安专科学校特警（警察指挥与战术）招警体能测试评价项目表

测试项目
100 米（男；女） 三级蛙跳（男；女） 1500 米（男） 双臂屈伸（男） 引体向上（男） 仰卧起坐（女） 800 米（女） 俯卧撑（女）

四、招录特警体能测试标准现状与问题

近年来，我国各级公安机关非常重视特警队伍建设工作，将体能测试评价合格作为最基本的准入标准之一。但是，在全国范围内统一规范的特警体能测试评价标准体系尚未建立，一些基本问题还需要进一步研究和探索。

从目前来看，特警体能测试评价标准呈现以下特点：其一，测试评价项目不一。北京特警有 8 个项目的检测，浙江特警有 6 个项目的检测，成都特警有 5 个项目的检测，江西特警有 4 个项目的检测，广西特警有 4 个项目的检测，大连特警有 4 个项目的检测，重庆特警有 4 个项目的检测，上海特警只有 2 个项目的检测，武警特警部队有 13 个项目的检测（见表 6-30～表 6-38）。其二，测试评价指标不一。北京特警有速度、耐力、肌肉力量、肌肉耐力测试评价指标，同时建立了 4 个专业体能测试评价指标。浙江特警有速度、耐力、爆发力、肌肉快速力量、肌肉耐力测试评价指标，建立了一个专业体能测试评价指标。成都特警有速度、耐力、爆发力、肌肉耐力、肌肉快速力量测试评价指标，无专业体能测试指标。江西特警有速度、耐力、灵敏性、肌肉耐力测试评价指标，无专业体能测试评价指标。广西及大连特警有速度、耐力、爆发力、肌肉耐力测试评价指标，无专业体能测试评价指标。上海特警侧重于耐力及速度耐力、灵敏性测试评价指标，建立了一个相对专业的体能测试评价指标。其三，测试评价标准不一，而且差距较大。速度指标 100 米，按《警标》计分，北京特警为 91 分、广西特警为 84 分、浙江特警为 56 分；耐力指标 1000 米或 1500 米，按《警标》计分，广西特警为 77 分、江西特警为 62 分、浙江特警为 54 分；肌肉耐力指标引体向上，按《警标》计分，江西特警为 40 分、广西特警为 60 分、浙江特警为 100 分；灵敏性指标 4×10 米往返跑，爆发力指标立定跳远，按《国家体育锻炼标准》计分，江西特警为 64 分、广西特警为 75 分。由于各地区特警之间测试评价指标不兼容，还有许多测试评价指标无法比较。此外，与其他地区相比，江西地区初步建立了女特警测试评价标准，按《警标》计分，4×10 米往返跑为 74 分、800 米为 56 分、1 分钟仰卧起坐为 58 分、立定跳远（按《国家体育锻炼标准》计分）为 63 分。其四，特警体能测试评价大都侧重在运动素质的检测上，与体育院校体育专业招生体测有类似之处（见表 6-39、表 6-40）。这表明，总体上特色不鲜明，相对来看，武警部队特警、北京特警测试评价项目有一定特色。

表6-30　北京特警体能测试评价标准表

项目	标准
3千米武装越野（携带4千克的武器及警械）	≤13分
3000米	≤13分
100米	≤13秒
仰卧起坐	≥100个
引体向上（静止靠双臂）	≥9个
攀登楼房水管（高15米）	≤11秒
爬大绳（15米）	≤26秒
爬阳台	≤17秒

表6-31　江西考录特警体能测试评价标准表

项目	标准	
	男子（25岁以下）	女子（25岁以下）
4×10米往返跑	≤10.6秒	≤11.8秒
1000米	≤3分53秒	
800米		≤3分56秒
立定跳远	≥2.36米	≥1.76米
引体向上	≥10个	
仰卧起坐		≥26个（1分）

表6-32　广西壮族自治区招考特警专业体能测试评价标准版表

项目	标准
男子	
100米	≤13.5秒
1500米	≤5分40秒
立定跳远	≥2.45米
引体向上	≥13次

表6-33　浙江省招考特警专业体能测试评价项目和标准表

项目	标准	
	男子	女子
100米	≤15.1秒	
1000米	≤4分02秒	
推铅球（男5千克）	≥7.2米	
立定三级跳远	≥7.1米	
引体向上	≥17个	
4米往返摸点跑（往返5次）	≤13秒	

表6-34　上海市招录特警体能测试评价项目表

测试项目
3000 米跑（男子）≤13 分 40 秒 150 米障碍跑（男子）≤1 分 05 秒 1500 米跑（女子） 150 米障碍跑（女子）

表6-35　成都市招录特警体能测试评价项目表

测试项目
100 米 800 米（女） 1500 米 立定跳远 引体向上 仰卧起坐（女） 推铅球（男 5 千克；女 4 千克）

表6-36　重庆市招录特警体能测试评价项目表

测试项目
400 米障碍跑 40 米高楼攀爬 5000 米 游泳

表6-37　大连市招录特警体能测试评价项目表

测试项目
100 米 3000 米 引体向上（男） 立定跳远 800 米（女） 仰卧起坐（女）

表6-38　武警特警体能测试评价标准表

项目	标准
速度	
60 米	≤9 秒
100 米	≤13.50 秒
400 米	≤1 分 05 秒
耐力	
10 000 米	≤44 分
5 公里越野	≤22 分 30 秒
12 分钟跑	≥3500 米
力量	
杠端臂屈伸	30 个以上
引体向上	30 个以上
悬垂收腹	20 个以上
负重深蹲	体重加 10 千克以上
立定跳远	2.4 米以上
综合	
300 米障碍	3 分以内
游泳 1000 米	30 分内完成全程

表6-39　成都体育学院体育专业招生身体素质测试评价项目表

测试项目
100 米 800 米 立定三级跳远 原地推铅球

表6-40　武汉体育学院体育专业招生身体素质测试评价项目表

测试项目
100 米 800 米（女） 二级蛙跳 原地推铅球 三角障碍跑 1500 米（男）

第二节　警察体能测试评价改革的思路

长期以来，人们将警察体能认为是人体各器官系统的机能在警体活动中表现出来的能力，它包括警察的基本身体素质、基本活动能力和运动能力三个方面。这种理论观点存在一定的局限性和片面性。本书认为，警察体能是衡量警察体质强弱和健康水平的重要指标之一。从广义上讲，警察体能是指警察先天具有的遗传素质与后天经过训练形成的身体有形能力和无形能力共同构成一个多层次的相对独立而有机的内稳态自组织系统结构，即由身体形态结构、身体机能、身体素质、智力、心理、适应能力、健康状况等部分组成的复杂而有机的系统结构。这个概念阐明如下三个层次的观点：一是警察体能是通过先天遗传和后天训练途径获得；二是警察体能是一种人体形态结构、生理机能及身体素质等综合的表现能力；三是警察体能是一种身体有形能力和无形能力的结合体。从狭义上讲，警察体能，是指警察在日常生活、工作、训练和执法中所表现出来的身体活动能力。从警察职业的社会属性上讲，警察体能是警察在工作、训练及执法中有机体在长时间、高强度、短间歇的大负荷工作过程中，最大限度地动员机体各器官和系统的机能，抵抗疲劳、高效率、高质量完成工作的身体能力。良好的体能是警察与犯罪分子较量时所必备的基本能力，同时是警察掌握实战技能的基础，直接影响着警察实战技能在执法活动中的应用效果。

警察体能具体可分为四类：与健康有关的体能、与技能有关的体能、与心理有关的体能、与适应能力有关的体能。这四类体能成分并非互不相干，而是紧密联系、交互地组成完整的体能结构。其中与心理有关的体能成分和与适应能力有关的体能成分包含在其他二类体能成分之中。与健康有关的和与动作技能有关的体能成分有重叠之处。例如，心肺功能、心肺耐力、肌肉力量、肌肉耐力、柔韧性和身体成分等体能成分无论是对健康还是对技能性要求较高的项目都是十分重要的。但是，从事不同活动的警察对体能的每一成分发展程度的要求是不一样的。为达到较高的、与动作技能有关的体能水平，就必须使上述的每一个成分都得到充分的发展。必须指出的是，与心理有关的体能和与适应能力有关的体能尚需作深入的研究。

多年来，人们主要运用分解的方法对警察体能进行认识、评价、组织训练及相应的研究。但是，在警察工作、执法和训练中，警察与健康有关的体能、与技能有关的体能、与心理有关的体能、与适应能力有关的体能都是综合、完整地表现于警察的体能行为之中，而且体能的各构成要素不是孤立存在、独立发展的，这些要素具有多维度、多层次不同程度的互动关系，各要素互相影响、互相促进和互相制约。因此，对于警察体能的认识和评价就必须沿着整体、系统的思维路线演绎及拓展。从目前来看，警察身体形态、生理机能、身体素质从不同层面决定着警察与健康有关体能和与技能有关体能的水平。可以说，警察体能状态主要由警察身体形态、生理机能和身体素质三个层面来予以反映和评价。因此，与现行警察体能测试评价标准相比，新建的警察体能测试评价标准体系应突破以往侧重于运动素质的测评，更加系统、全面考虑测试评价内容及指标的方法学体系，在理念上注重继承性、体现时代性、把握规律性、富有创造性。

一、适用范围放大

针对过去警察体能测试评价适用范围较窄的状况，新建的警察体能测试评价标准体系则应适用于60周岁以下生理和心理健康的在职警察，以便实现对所有在职警察体能训练的规范。

二、内容大幅度更新

现行的《警标》是一项群众性体育锻炼标准，与国家体育锻炼内容有较强的通用性，它既包括一些适合警察需要的基础性、应用性体能、技能训练内容，又包括竞技性体育训练内容。而新建的警察体能测试评价标准体系在设计思路上应是一项职业标准，着眼于警察遂行执法任务的需要，在《警标》的基础上，增加基础性和应用性体能训练内容，加强与健康有关体能的内容和与技能有关体能的内容，淡化竞技性体育训练内容，使体能训练能够更好地适应警察职业需求。

三、标准与指标的设置应体现全面性、科学性、规范性

标准是衡量事物的准则，也指可作为准则的事物。而指标是表明标准或计划中要达到的数量或实际达到的情况。警察是社会成员中的一个特殊群体，其特殊性在于警察在执行警事活动过程中体现出来的职业性要求。警事活动是一项艰苦的活动，常常要在危险和恶劣的执法环境和自然环境中完成，在这种情况下，警察的多方面身体能力都应有一定要求。因此，警察体能测试评价标准体系应是全方位、多层次的。警察体能测试评价标准与指标改革的重点在于：其一，标准高于普通人群，区别于军人与运动员等群体，而不是简单地将运动员体能标准模型降低变为警察体能测试评价标准。其二，警察体能测试评价标准与指标应引领警察体能树立新理念，完成六个新转变，即警察体能训练与评价应树立和贯穿科学求实、“练为战”“战训合一”的理念，从竞技型向体质型转变、从操场化向警事化转变、从运动项目向职业项目转变、从单项指标向综合指标转变、从体育锻炼向体能训练转变、从锻炼标准向训练标准转变，进一步发挥体能测试评价标准和指标的导向、甄别、选拔、评价、激励功能和作用，实现这些功能与作用的有机联系和动态平衡，有利于对警察体能状况进行监控和及时反馈，激发警察自觉参加体能训练和锻炼的积极性，增强体质和提高战斗力，同时提高警察对体能的科学认识，培养警察终身追求健康生活方式的行为与习惯。其三，将公安机关、公安院校及各警种警察的基础性、普适性体能测试评价标准合成并轨，测试评价指标与国际接轨，以便于交流、比较、监测和研究。

四、评定方法突破以往的定式

现行《警标》采用百分制和优秀、良好、及格、不及格四级评定制，虽然能够区分训练等级有利于调动警察训练的积极性，但也客观地造成了受训者的盲目攀高求快，占用了过多的训练时间资源，容易走入竞技运动训练模式，而且其内在的实用性、实效性、合理性和科学性不高。拟新建的警察体能测试评价标准体系作为一项基础性、普及性的职业标准，本着“够用即为合格”的思路与理念，采取合格、不合格二级评定制，力戒一味求高，力求用有限的时间解决警察最基本的体能素质问题，从而为警察根据自身的岗位需要进一步加强专业体能、技能、战术训练和整体训练提供更多的时间资源，有利于警察队伍整体战斗力的提升。

五、测试手段现代化

要进一步加快警察体能测试评价手段与方法的现代化更新进程。利用各种现代科学技

术和借助精密科学的测试仪器提高测试的准确性、有效性和客观性，进一步提升测量的精度、效度与质量。

六、为进一步完善奖惩机制打下基础

国外尤其是西方国家非常重视警察体能训练，把警察体能测试评价达标作为警察的最低职业要求。许多国家实行了警察体能测试评价成绩一票否决制，即体能测试评价不合格者限期补考，补考不达标者离岗或辞退，对多年来体能状况一直保持适应状态者给予加薪、奖励、优先晋升等。这一制度的实行，有效地保证了警察体能素质随时适应职业的特殊要求。我国在警察训练及警察体能训练与警察个人利益挂钩方面，也采取了许多措施，但将警察体能训练测试成绩作为“硬杠杠”与警察个人进步直接挂钩，还没有形成有效、合理和科学的制度。因此，建立有效、合理和科学的警察体能测试评价标准可以为解决上述问题创造有利的条件，逐步建立和完善奖惩制度机制，使警察体能训练与评价走上科学化、制度化、规范化的轨道。

第三节　警察体能测试评价构建的原则

一、可靠性原则

可靠性，是指在同等条件下，对同一批受试者重复测量时，测量结果的一致程度，即被检查、测定的特征具有稳定性，重复测定时可以得到同样结果。警察体能测试评价标准应采用的均是受技术因素和主观因素影响较小、重复测量结果一致程度较高的测试项目。从理论上讲，在相同的条件下（受试者本身不发生变化），对同一受试者进行两次测量，应该得到相同的测量结果。然而，即使最严格地保证标准化的测试条件，使用最精密的仪器，测量结果也会存在一定误差。这种误差的大小在很大程度上决定了测量可靠性的高低。需要注意的是，测试者没有熟练掌握测量方法的技巧和要素、使用不合格的仪器、受试者不配合、测试项目本身的技术要求高等都会降低测量的可靠性。

二、有效性原则

有效性，是指某一测试在测量某一种特性（质量、能力、特征等）时所具有的准确程度，也就是人们想测量的和所得到的是否一致，即所测结果能够说明现状，有预测将来的可能或对未来成绩起影响作用。可靠性和有效性两者之间联系紧密，不可分割。一个可靠的测试项目不一定有效，但凡是有效的测试项目一定是可靠的。例如，用 50 米跑测验耐力时，能较好地体现可靠性原则，但却不能很好地体现有效性原则；如果用 50 米测速度，它是有效的，也是可靠的。

三、客观性原则

客观性，是指不同的测试人员，按照统一的测试方法对同一批受试者实施测试时，测量和评价结果的一致程度，即任何人在任何时刻运用这一方法都能得到相同的结果，而不以测试人的意志为转移。我国地域辽阔，各地区发展水平不同，不同的地区，不同的测试者只要按照统一的要求进行测量，都能够得到可靠的数据。警察体能测试评价标准所设置

的测试项目都应该是规范化的项目，只要按照规定的测量程序和方法进行测试，测试结果就能准确定量。

四、一致性和个别性原则

警察体能测试评价标准所采用的测试项目不仅要适合受试者的能力，而且要能适应年龄、性别特征，并使之尽可能一致，以便进行纵向和横向研究；测量数据能够反映个体差异，不同组别、阶段测量结果能够较准确地反映出被测者体能状况与水平的动态变化。

五、标准化原则

警察体能测试评价标准采用的测试项目和评价指标，应尽可能选用国际上通行和通用的指标，以利于研究和比较。

六、代表性和可操作性原则

考虑到我国各地警察的实际条件和状况（如仪器设备、人员素质等），警察体能测试评价标准采用的测试项目应简便易行，测试评价项目应少而精，但要具有代表性，基本上能反映警察体能状况。我国有 190 多万名警察，如果体能测试评价项目和评价指标过多，会导致测试和评价的工作量过于繁重，不利于体能测试评价标准的实施。因此，要研制、精选具有代表性，同时又便于操作的项目作为体能测试评价标准的测试项目，做到少而精，简便易行，并被受试者所接受。

七、科学性原则

科学性，是指能够采用一定计量单位进行定量测试或进行量化处理的指标。只有坚持科学性原则，才能符合体能类测量和评价的要求，保证测试指标的有效性、可靠性和客观性，最终达到真实反映受试者体能状况和水平的目的。科学性原则的另一层含义是在体能测试评价工作中尽量减少费用的支出和人员、时间的投入，以增加科学测试的效益，保证测试结果和所耗费经费之间的比例合理。

八、典型性原则

根据警察体能测试评价标准的价值取向，在确定测试评价指标时，既要充分考虑和筛选那些与警察体能密切相关的指标（典型性因素），进行综合权衡，决定取舍，又要同步考虑所选测试评价指标的遗传特征，即所谓的保守性和非代偿性特征。只有这样，才能使测试评价工作有的放矢。

九、综合性原则

因为警察体能由多种因素构成，具有综合性特征，而且诸因素在遗传和生长发育过程中相互作用、相互制约，因此在对体能进行诊断和对其发展潜力进行预测时，需要从不同角度，选择那些能比较全面反映体能能力的测试指标进行综合评价，并根据对体能成绩的重要程度和贡献大小，分别给予不同的权重。

十、可选择性原则

依据我国不同地区和不同警种特点，适当增加部分备选项目，旨在为警察结合警种特色和地域特色，选择适宜的测试评价项目提供方便。同时，也为警察扩充体能训练与锻炼项目，引导警察积极、科学地健身提供了指导。

第四节　警察体能测试评价分组与测试指标

一、分组和年龄范围

警察体能测试评价合格标准的适用对象为 20～59 周岁的中国警察，包括招考及录用警察，治安警察，刑事警察，交通警察，巡逻警察，缉毒警察，防暴警察，科技、户籍、外事、管理类警察，特种警察，消防警察，边防警察，警卫警察，森林警察，铁路警察，航运警察，民航警察，海关缉私警察，17 个警种。按年龄、性别分组，每 5 岁为一组。男女共计 16 个组别。

二、年龄计算方法

测试时已过当年生日者：年龄＝测试年－出生年；测试时未过当年生日者：年龄＝测试年－出生年－1。

三、警察体能测试评价标准的指标

警察体能测试评价合格标准的指标，即与健康有关体能和与技能有关体能两大部分的 15 个指标（见表 6-41）。

表6-41　警察体能测试评价合格标准的测试指标表

类别	评价指标
与健康有关的体能	
身体成分	身体质量指数（BMI）；腰臀比（WHR）；体脂率/%
心血管适应力	肺活量；台阶试验
上肢及肩腰腹部肌肉耐力	俯卧撑；1 分仰卧起坐（女）
前臂及手部肌肉力量	握力
下肢及肩腰髋部柔韧性	坐位体前屈
与技能有关的体能	
速度	50 米；100 米；30 秒跳绳
心肺耐力	800 米（女）；1000 米；9 分跑
下肢及腰腹部爆发力（间接判断身体爆发力）	立定跳远
灵敏协调性	4×10 米往返跑
平衡性	闭眼单脚站立
反应时	选择反应时

注：50 米、100 米、30 秒跳绳可选测试一项；1000 米（男）、800 米（女）、9 分跑与台阶试验可选测一项

四、警察体能测试评价指标主成分分析

见表 6-42。

表6-42 警察体能测试评价指标主成分分析表

高载荷指标	主成分
身体质量指数 BMI	综合判断身体质量与充实程度及体重的适宜程度
腰臀比 WHR	判断与肥胖及体重相联系的疾病和危险性产生
体脂率/%	人体脂肪含量及评价营养状况和发育水平
肺活量	人体肺的容积和扩张能力
台阶试验	人体心血管系统机能水平
握力	人体前臂和手部肌肉力量
1 分仰卧起坐	人体腰腹部肌肉的力量及持续工作能力
俯卧撑	人体上肢、肩背部肌肉及持续工作能力
坐位体前屈	人体下肢及肩腰髋部伸展性和柔韧性
50 米；100 米；30 秒跳绳	速度素质及协调性、动作速度
800 米；1000 米；9 分跑	速度耐力及心血管、呼吸系统和奔跑耐力水平
立定跳远	人体下肢及腰腹部爆发力
4×10 米往返跑	灵敏协调素质的灵活性
闭眼单脚站立	人体平衡能力
选择反应时	人体神经与肌肉的协调性和快速反应能力

五、警察体能测试评价各年龄段指标情况

见表 6-43。

表6-43 警察体能测试评价各年龄段指标表

20～44 岁	45～59 岁
身体质量指数 BMI	身体质量指数 BMI
腰臀比 WHR	腰臀比 WHR
体脂率/%	体脂率/%
肺活量	肺活量
台阶试验	台阶试验
握力	握力
俯卧撑	俯卧撑
1 分仰卧起坐（女）	1 分仰卧起坐（女）
坐位体前屈	坐位体前屈
50 米	30 秒跳绳
100 米	9 分跑
1000 米	立定跳远
800 米（女）	4×10 米往返跑
立定跳远	闭眼单脚站立
4×10 米往返跑	选择反应时
闭眼单脚站立	
选择反应时	

注：50 米、100 米可选测试一项；1000 米（男）、800 米（女）、9 分跑与台阶试验可选测一项。

第五节　警察体能测试评价的指标权重

一、确立警察体能测试评价标准的指标权重应考量的人体遗传度因素

人类任何才能的形成与表现都是由人类个体自身的基因和其在整个生命周期中的环境条件所决定的，而且在许多特殊才能形成方面，遗传因素往往占据重要地位。人体各种性状的表现均是基因和环境因素相互作用的结果。人体只有少数性状，如血型等，一经形成，就不再受环境的影响。但是，大多数性状，如生理机能、身体素质等均不同程度地受到环境因素的干扰而产生变异。所以，为了评估遗传和环境对某一性状所起作用的相对重要性，就要计算该性状的遗传度。所谓遗传度，是指某一个特定性状在总的变异中，有多大比例决定于遗传，有多大比例决定于环境因素，一般采用百分率表示。一般情况下，凡是以遗传为主决定的性状，遗传度数值就大；反之，则小。

在确立警察体能测试评价标准的测试指标与权重时，应该高度重视那些遗传度高而且是决定专项素质的关键性状，并按照人体身心发展规律和职业要求，在这些性状敏感期中加以诱导和发展，促使其充分的表现。对于那些受后天环境影响较大的性状，可以适当放宽要求。例如，某一性状受遗传和训练双重影响，应慎重确定指标与权重。

警察体能是警察实现身体运动行为的前提条件，其特征是警察的基本身体素质。基本身体素质主要由力量、速度、耐力、灵敏、协调、柔韧等能力构成，物质基础是人体形态特点和机能状态。人体的形态特征在遗传学上称为体表性状，受多基因控制，其形成过程受遗传的影响最为明显（见表 6-44）。身体素质中各种性状表现均受多基因的控制，当然，环境和训练的影响也不容忽视（见表 6-45）。人体生理机能水平的高低不仅受到环境和训练的影响，而且还受到遗传因素的制约（见表 6-46）。人体生化过程和代谢特征会直接影响到生理机能和身体素质的表现，代谢能力的高低与形成过程主要受到遗传因素的影响（见表 6-46）。根据遗传学研究证实，人类心理过程和个性特征一旦形成，后天是难以改变的。所以，在确定体能指标与权重中应该考虑到警察心理能力的可接受性及间接诊断与评价也是不容忽视的。个性特征指标的遗传度见表 6-47。

表6-44　人体主要形态指标的遗传度　　单位：%

指标	男子	女子
身高	75	92
坐高	85	85
臂长	80	87
腿长	77	92
足长	82	82
头宽	95	76
肩宽	77	70
腰宽	79	63
头围	90	72
胸围	54	55

续表

指标	男子	女子
臂围	65	60
腿围	60	55
体重	63	42
去脂体重	87	78
心脏形态	82	82
肺面积	52	52
胸廓形态	90	90
膈肌形态	83	83

表6-45　人体身体素质的遗传度　单位:%

指标	遗传度
速度	
反应速度	75
动作速度	50
频率	30
反应时	86
力量	
绝对力量	35
相对力量	64
耐力	
无氧耐力	86
有氧耐力	70
柔韧性	70

表6-46　人体主要生理和生化指标的遗传度　单位:%

指标	遗传度
安静心率	33
最大心率	86
肺通气量	73
最大吸氧量	79～94
CNS 功能	90
月经初潮时间	90
血型	100
血压	42
CP、ATP	67～89
线粒体数量	70～92

续表

指标	遗传度
肌红蛋白含量	60～85
血红蛋白含量	81～99
血乳酸最大浓度	60～81
乳酸脱氢酶活性	65～87
红白肌纤维比例	80

表6-47 个性特征指标的遗传度 **单位：%**

个性指标（GO）	遗传度	个性指标（N. F. G）	遗传度
基本情绪	75	动作速度	93
活力	79	判断果断性	96
思考能力	72	对反对的抵抗	95
心理状态	60	柔顺性	91
意志坚韧	77	运动冲动	90
		好奇心	87
		冲动协调	86
		意志坚韧性	83
		对矛盾的反应	80
		运动制约	65

二、警察体能测试评价标准的指标权重的确立

通过查阅文献资料和实证及调研研究，借鉴现有《国民体质测定标准》《普通人群体育锻炼标准》《国家学生体质健康标准》《军人体能标准》《公安民警体育锻炼达标标准》和公安机关及公安院校体能测试评价标准，并走访了一些公安院校警体方面的专家、学者以及部分省市公安厅局领导、普通民警，本书确定了新的警察体能测试评价指标权重的分配。各方面体能指标排列次序为：与健康有关的体能依次是心血管适应力、肌肉力量与肌肉耐力、身体成分、柔韧性；与技能有关的体能依次是心肺耐力、爆发力、速度、灵敏协调性、平衡性、反应时。按年龄段的比重分配是：20～29 岁年龄段，与健康有关的体能占 20%，与技能有关的体能占 80%；30～39 岁年龄段，与健康有关的体能占 30%，与技能有关的体能占 70%；40～49 岁年龄段，与健康有关的体能占 40%，与技能有关的体能占 60%；50～59 岁年龄段，与健康有关的体能占 50%，与技能有关的体能占 50%。

（一）警察体能测试评价指标与权重表（20～29 岁）

见表 6-48。

表6-48 警察体能测试评价指标与权重表 **单位：%**

类别与百分比 20～29 岁	评价指标与分值 20～29 岁
与健康有关的体能 20%	20 分
身体成分 5%	身体质量指数（BMI）、腰臀比（WHR）、体脂率（%）计 5 分
心血管适应力 6%	肺活量、台阶试验计 6 分
上肢及肩腰腹部肌肉耐力 2.5%	俯卧撑（男）、1 分仰卧起坐（女）计 2.5 分

续表

类别与百分比 20～29 岁	评价指标与分值 20～29 岁
前臂及手部肌肉力量 2.5%	握力计 2.5 分
下肢及肩腰髋部柔韧性 4%	坐位体前屈计 4 分
与技能有关的体能 80%	80 分
速度 16%	50 米或 100 米二选一，计 16 分
心肺耐力 18%	800 米（女）、1000 米（男）计 18 分
下肢及腰腹部爆发力 17%	立定跳远计 17 分
灵敏协调性 14%	4×10 米往返跑计 14 分
平衡性 8%	闭眼单脚站立计 8 分
反应时 7%	选择反应时计 7 分

注：50 米、100 米可选测试一项；1000 米（男）、800 米（女）和台阶试验可选测一项

（二）警察体能测试评价指标与权重表（30～39 岁）

见表 6-49。

表6-49　警察体能测试评价指标与权重表　　单位：%

类别与百分比 30～39 岁	评价指标与分值 30～39 岁
与健康有关的体能 30%	30 分
身体成分 7%	身体质量指数（BMI）、腰臀比（WHR）、体脂率（%）计 7 分
心血管适应力 9%	肺活量、台阶试验计 9 分
上肢及肩腰腹部肌肉耐力 4%	俯卧撑（男）、1 分钟仰卧起坐（女）计 4 分
前臂及手部肌肉力量 4%	握力计 4 分
下肢及肩腰髋部柔韧性 6%	坐位体前屈计 6 分
与技能有关的体能 70%	70 分
速度 12%	50 米或 100 米二选一，计 12 分
心肺耐力 18%	800 米（女）、1000 米（男）计 18 分
下肢及腰腹部爆发力 16%	立定跳远计 16 分
灵敏协调性 11%	4×10 米往返跑计 11 分
平衡性 7%	闭眼单脚站立计 7 分
反应时 6%	选择反应时计 6 分

注：50 米、100 米可选测试一项；1000 米（男）、800 米（女）和台阶试验可选测一项

（三）体能测试评价指标与权重表（40～49 岁）

见表 6-50。

表6-50　警察体能测试评价指标与权重表　　单位：%

类别与百分比 40～49 岁	评价指标与分值 40～49 岁
与健康有关的体能 40%	40 分
身体成分 9%	身体质量指数（BMI）、腰臀比（WHR）、体脂率（%）计 9 分
心血管适应力 11%	肺活量、台阶试验计 11 分
上肢及肩腰腹部肌肉耐力 6%	俯卧撑（男）、1 分仰卧起坐（女）计 6 分
前臂及手部肌肉力量 6%	握力计 6 分
下肢及肩腰髋部柔韧性 8%	坐位体前屈计 8 分
与技能有关的体能 60%	60 分
速度 10%	50 米或 100 米或 30 秒跳绳三选一，计 10 分
心肺耐力 15%	800 米（女）或 1000 米或 9 分跑三选一计 15 分

续表

类别与百分比 40～49 岁	评价指标与分值 40～49 岁
下肢及腰腹部爆发力 13%	立定跳远计 13 分
灵敏协调性 9%	4×10 米往返跑计 9 分
平衡性 7%	闭眼单脚站立计 7 分
反应时 6%	选择反应时计 6 分

注：50 米、100 米、30 秒跳绳可选测试一项；1000 米（男）、800 米（女）、9 分跑与台阶试验可选测一项

（四）警察体能测试指标与权重表（50～59 岁）

见表 6-51。

表6-51　警察体能测试评价指标与权重表　　单位：%

类别与百分比 50～59 岁	评价指标与分值 50～59 岁
与健康有关的体能 50%	50 分
身体成分 11%	身体质量指数（BMI）、腰臀比（WHR）、体脂率（%）计 11 分
心血管适应力 15%	肺活量、台阶试验计 15 分
上肢及肩腰腹部肌肉耐力 7%	俯卧撑（男）、1 分仰卧起坐（女）计 7 分
前臂及手部肌肉力量 7%	握力计 7 分
下肢及肩腰髋部柔韧性 10%	坐位体前屈计 10 分
与技能有关的体能 50%	50 分
速度 9%	30 秒跳绳计 9 分
心肺耐力 11%	9 分跑计 11 分
下肢及腰腹部爆发力 10%	立定跳远计 10 分
灵敏协调性 8%	4×10 米往返跑计 8 分
平衡性 7%	闭眼单脚站立计 7 分
反应时 5%	选择反应时计 5 分

注：9 分跑与台阶试验可选测一项

第六节　警察体能测试方法

一、身高

身高是反映人体骨骼生长发育和纵向高度的主要指标。通过分析身高与体重、其他肢体长度、围度和宽度等指标的比例关系，可以反映人体匀称度和体型特点。此外，在计算身体指数、评价体格特征和相对运动能力等方面也有重要的应用价值。测试仪器：身高计。使用身高计进行测试前，应对其进行校正，并严格地控制误差范围。同时，应检查立柱与底板是否垂直，连接处是否紧密，有无晃动，零件有无松脱等情况，并及时加以纠正。

测试方法：测试时，将身高计放在平坦靠墙的地方，立柱的刻度尺应面向光源。受试者赤足、立正姿势站在身高计的底板上（上肢自然下垂，足跟并拢，足尖分开约成 60°）。足跟、骶骨部及两肩胛间与立柱相接触，躯干自然挺直，头部正直，两眼平视前方，耳屏上缘与两眼眶下缘的最低点呈水平位。测试者应站在受试者的右侧，将水平压板轻轻沿立

柱下滑，轻压于受试者的头顶。测试者读数时，双眼应与压板平面等高。记录以厘米为单位，保留小数点后1位。

注意事项：使用其他种类身高测量仪时，可参照本方法实施；读数完毕，立即将水平压板轻轻推至安全高度，以防碰坏；测试前，受试者不应进行体育活动和重体力劳动。

二、体重

体重反映的是人体骨骼、肌肉、皮下脂肪及内脏器官的发育状况和人体充实度，并可以间接地反映人体的营养状况。如体重过重，可出现不同程度的肥胖，而过度肥胖，又是引发心血管疾病的重要因素；如体重过轻，则可作为营养不良或患有某些疾病的重要特征之一。因此，适宜的体重，对于受试者的健康和体质有着重要的意义。

测试仪器：电子体重秤。使用电子体重秤进行测试前，应对其进行校正，并严格地控制误差范围。

测试方法：测试时，将电子体重秤放在平坦地面上，按开关键回“0”。男性受试者身着短裤，女性受试者身着短裤和短袖衫（背心），自然站立于体重秤中央。当受试者站稳后，测试者将显示屏的数据记录下来。记录以千克为单位，保留小数点后1位。

注意事项：测试时，受试者尽量减少着装；上、下体重秤时，动作要轻缓。

三、皮脂厚度（体脂率）

对人体各部位皮脂厚度的测量，是了解人体成分，即人体脂肪含量、体脂百分比和瘦体重等的一种简易方法。可通过皮脂厚度推算法间接测量皮褶厚度，来估算皮下脂肪厚度，测量人体脂肪含量，进一步评价人体的营养和发育水平。

测量仪器：皮脂厚度计。

测试部位：

上臂部。右肩峰与上臂后面鹰嘴连线中点，即肱三头肌肌腹部位；皮褶走向与肱骨平行。

背部。右肩胛下角点约1厘米处（下角直下），皮脂走向应与脊柱成45度角。

腹部。锁骨中线与脐水平线相交处，皮褶走向成纵向。

测试方法：令测试臂张开，测量者右手持皮脂厚度计，左手拇指和食指将受试者的皮肤捏紧（捏皮肤时的拇指、食指间距为3厘米），然后将皮脂厚度计距离手指捏起部位1厘米处钳入，松开把柄读数（毫米）。每个部位重复测试2次，2次测量结果的误差不应超过5%。为防止连肌肉一起捏起，可令受试者主动收缩测试部位的肌肉，此时肌肉可以从手指间脱落。

注意事项：使用皮褶厚度计之前，必须将指针对准刻度的“0”位；注意性别特点；尽量选择体脂堆积比较多的部位，以减少误差。

四、腰围—臀围比例测试

腰围在一定程度上可反映腹部皮下脂肪厚度和营养状态，同时腰围、臀围均可反映人体的体型特点。保持腰围和臀围的适当比例关系，对人体体质、健康和体能有着重要的意义。

测试仪器：无弹性卷尺。

测试方法：要求受试者站立，不要穿宽大的衣服，否则会使测量结果产生误差。测量时，卷尺要紧紧贴在皮肤上，但不能陷入皮肤，测量数值应精确到毫米。测量腰围时，卷尺应放置于肚脐水平处，并在呼气结束时测量。测量臀围时，卷尺应放在臀部最大处。

注意事项：完成测量后所得数据（毫米），用腰围除以臀围得出 WHR 值，并评定腰围—臀围比例的等级。

五、肺活量

肺活量是反映人体肺的容积和扩张能力的一项重要指标。

测试仪器：肺活量计。电子式肺活量计精度为 1 毫升，翻转式肺活量计精度为 20 毫升，桶式肺活量计精度为 50 毫升。

测试方法：测试时，受试者深吸气至不能再吸气，然后将嘴对准肺活量计口嘴做深吸气，直至呼尽为止。测试 2 次，取最大值，记录以毫升为单位。

注意事项：呼气不可过猛，防止漏气；不得 2 次吸气；肺活量计口嘴应严格消毒。

六、台阶试验

台阶试验是一种简易的评价心血管系统机能的定量负荷实验。主要是通过观察定量负荷持续运动的时间、运动中心血管的反应及负荷后心率恢复速度的关系（台阶指数）来评定心血管系统机能水平。

测试仪器：台阶若干个（高度：男台高为 30 厘米，女台高为 25 厘米），电子台阶试验仪，秒表（校正后备用）。

测试方法：受试者站立在台阶前方，按照节拍器（测试仪含此节拍器）发出的 120 次/分频率的提示音上下台阶。也就是从预备姿势开始，当听到第一声响时，一只脚踏在台上，听到第二声响时踏台腿伸直，另一只脚跟上成台上站立。当听到第三声响时，先踏台的脚下来。当听到第四声响时，另一只脚下地还原成预备姿势。在测试中，采用 2 秒上、下踏台一次的速度，连续做 3 分。运动完毕后，令受试者立刻静坐在椅子上，将测试仪的指脉夹夹在受试者的中指远端，测试仪将自动采集受试者的三次脉搏数。整个测试结束后，将运动时间及三次心率值填入卡片。如果受试者在运动中坚持不下去或跟不上上、下台阶频率三次者，测试者应立即停止受试者运动，同时按下功能键，然后以同样方法测取脉搏数并记录。人工测试脉搏的方法：测试运动停止后 1 分到 1 分半、2 分到 2 分半、3 分到 3 分半的三次脉搏数。

注意事项：受试者必须严格按照节拍器的节奏完成上、下台阶的运动；受试者在每次登上台阶时，姿势要正确，腿必须伸直，尤其是膝关节不得弯曲；测试者必须严格按照测试方法的要求及时、准确地记录 3 次 30 秒的脉搏数；受试者在测试前不得从事任何剧烈活动；心脏功能不良或有不同程度的心脏疾患者，不能进行此项测试；测试者在仪器测试脉搏时应经常用手测试脉搏，与测试仪器进行对比，如果 10 次测试误差超过 2 次的可视为仪器不准，及时改用人工测试方法。

七、握力

握力主要是测试前臂及手部肌肉的力量。

测试仪器：电子握力计。

测试方法：将握力计显示屏调至“0”位，受试者手持握力计，转动握距调节钮，调至适宜握距。测试时，受试者两脚自然分开（约一脚距离），身体直立，两臂自然下垂，用有力手以最大力紧握上下两个把柄。测试两次，取最大值，记录以千克为单位，精确到小数点后 1 位。

注意事项：用力时，禁止摆臂、下蹲或将握力计接触身体；如果受试者分不出有力手，可两手各测试两次，取最大值。

八、俯卧撑

俯卧撑主要反映的是受试者的上肢、肩背部肌群力量及肌肉持续工作的能力。

测试仪器：场地器材垫子或其他垫物若干块，平坦地面一块。

测试方法：受试者两手掌撑地，手指向前，两手掌间距与肩同宽，两腿向后伸直，身体挺直，然后屈臂使身体平直下降，使肩与肘接近同一平面，躯干、臀部和下肢要挺直，然后撑起恢复到开始预备姿势为完成一次，记录完成的次数。

注意事项：要求受试者俯身与撑起时躯干要始终保持平直。如身体未降至肩与肘处于同一水平面，该次不计数。

九、1 分仰卧起坐

仰卧起坐主要反映的是受试者腰腹部肌群的力量及持续工作能力。

测试仪器：场地器材垫子若干块（或代用品），秒表（使用前需校正）。

测试方法：受试者全身仰卧于铺放平坦的软垫上，两腿稍分开，屈膝呈 90 度左右，两手指交叉抱头贴于脑后。同伴压住受试者左右踝关节处，以固定下肢。受试者起坐时，两肘关节触及或超过双膝为完成一次。仰卧时，两肩胛必须触垫。测试者发出“开始”口令的同时开表计时，记录 1 分内受试者的完成次数。1 分时间结束时，受试者虽已坐起，但两肘关节未触及或超过双膝关节者不计该次数。

注意事项：如发现受试者借用肘部撑垫或臀部上挺的力量完成起坐时，不计成绩；在测试过程中，测试者或负责计数人员要随时向受试者报告完成的次数；受测者双脚必须放于垫上，并由同伴固定。

十、立定跳远

立定跳远主要反映的是受试者下肢肌肉的爆发力和弹跳能力。

测试仪器：场地器材平坦地面一块。在地面上画或设起跳线（可用线绳），在起跳线前方要备有沙坑或软地面。与起跳线垂直、以起跳线内沿为 0 点拉 1 条 1.5～2 米的带尺。丈量用的三角板一把。

测试方法：受试者两脚自然分开站立在起跳线后，两脚尖不得踩线或过线，双脚原地同时尽可能往远处跳，不得有垫步或连跳的动作。试跳两次，记录最好成绩。

记录方法：测试起跳线后缘至最近着地点后缘的垂直距离。记录以厘米为单位，不计小数。

注意事项：受试者起跳时不能有助跑或助跳动作；发现受试者犯规时，此次成绩无效；三次试跳均无成绩者，继续测试至取得成绩为止；受试者起跳时要摆臂，充分利用反作用力，使身体向前上方跃出；起跳时可喊“1、2、3”给予鼓励；受试者一律穿运动胶鞋或平底布鞋，不得穿皮鞋或凉鞋进行测试。

十一、坐位体前屈

通过测试受试者静止状态下躯干、腰和髋等关节可能达到的最大活动幅度，评价受试者的关节、韧带和肌肉的伸展性、弹性。

测试仪器：电子坐位体前屈计或机械测试计。

测试方法：受试者坐在平地上（有垫物），两腿伸直，脚跟并拢，脚尖分开，全脚掌蹬在测试计平板上，然后两手并拢，两臂和手指伸直，渐渐使上体前屈，用两手指尖轻轻推动标尺上的游标前滑（不得有突然前振的动作），直到不能继续前伸为止。测试两次，记录最好成绩。测试计 0 点以前为负值，0 点以后为正值。记录以厘米为单位，精确到小数点后 1 位。

注意事项：身体前屈两臂向前推动游标时膝关节不能弯曲；测试时，如发现膝关节弯曲或上肢突然前振时应重做；测试前，受试者应在平地上做好准备活动，以防拉伤。

十二、选择反应时

选择反应时主要反映的是受试者神经与肌肉系统的协调和快速反应能力。

测试仪器：电子反应时测试仪。

测试方法：测试开始时，受试者的中指按住“启动键”，当 1～5 号信号键发出信号时（声、光同时发出），中指以最快速度按向发出信号的键。当中指按下该键时，灯光信号随即消失。受试者将中指退回“启动键”，并再次按住“启动键”，等待下一个信号的发出。每一次测试需按下 5 个信号键，将第 5 个信号键按下后，所有信号键都发出光和声，表示测试结束，此时测试仪显示的数字就为选择反应时。

注意事项：测试时，受试者不得用力拍击信号键。

十三、闭眼单脚站立

闭眼单脚站立主要反映的是受试者的平衡能力。

测试仪器：电子单脚站立测试仪。

测试方法：受试者两手任意放置、闭眼，用习惯腿单脚（穿鞋）站立在测试仪平台上，另一腿屈膝使脚离开地面，姿势不限。从提起脚离开平台开始计时，至离地脚落地或站立脚移动停表，计算闭眼单脚站立的时间。记录以秒为单位，不计小数。

注意事项：整个测试过程中受试者不能睁开眼；站立腿要平稳地站在测试台上，不要有明显的颤动或抖动、颠动；穿平底鞋进行测试。

十四、50 米、100 米跑

50 米、100 米跑主要反映的是受试者的速度素质。

测试仪器：50 米、100 米直线跑道若干条，地面平坦，地质不限，跑道线要清楚。发令旗 1 面，口哨 1 个，秒表若干块。秒表使用前应利用标准秒表进行校正，每分钟误差应小于 0.2 秒。

测试方法：受试者至少两人一组测试。站立起跑，当受试者听到“跑”的口令后开始起跑。发令员在发出口令的同时，要摆动发令旗。计时员视旗动开表计时，当受试者胸部到达终点线的垂直面时停表。记录以秒为单位，精确到小数点后 1 位。小数点后第 2 位数按“非 0 进 1”的原则进位，如 10.11 秒应读成 10.2 秒。

注意事项：测试时，受试者应着运动鞋或平底布鞋，但不得穿钉鞋、皮鞋、塑料凉鞋；发现有抢跑者，要当即召回重跑；如遇风时一律顺风跑。

十五、800 米、1000 米跑

800 米、1000 米跑主要反映的是受试者的耐力素质。

测试仪器：400 米、300 米、200 米田径跑道，地质不限。也可使用其他不规则场地，但必须丈量准确，地面平坦。秒表若干块，使用前需校正，要求同 50 米跑。

测试方法：受试者至少两人一组进行测试，站立式起跑。当听到“跑”的口令后开始起跑。计时员看到旗动开表计时，当受试者的胸部到达终点线垂直面时停表。先将成绩按照分、秒的顺序记录下来，再换算成秒，精确到小数点后一位。

注意事项：测试者应向受试者报告所剩下的往返圈数，以免跑错距离；测试者应告诉受试者在跑完后应继续走动，不要立刻停下，以免发生意外；受试者不得穿皮鞋、塑料凉鞋、钉鞋参加测试；对分、秒进行换算时要细心，防止出现差错。

十六、10 米×4 往返跑

10 米×4 往返跑主要反映的是受试者的灵敏协调素质。

测试仪器：10 米长的直线跑道若干条，在跑道上的两端线（S1 和 S2）外 30 厘米处各画一条线。木块（5 厘米×10 厘米）每道 3 块，其中 2 块放在 S2 线外的横线上，一块放在 S1 线外的横线上。秒表若干块，使用前需校正。

测试方法：受试者用站立式起跑，听到发令后从线外起跑，当跑至 S2 线前面时，用一只手拿起一木块随即往回跑，跑到 S1 线前时交换木块，再跑回 S2 线交换另一木块，最后持木块冲出 S1 线，记录跑完全程的时间。记录以秒为单位，取 1 位小数，第 2 位小数非“0”时则进 1。

注意事项：当受试者取木块时，脚不要越过 S1 和 S2 线。

十七、30 秒跳绳

30 秒跳绳主要反映的是受试者的速度素质及协调性、动作速度。

测试仪器：经过校对的秒表、发令哨、各种长度的跳绳（选择木把线缠绳）和地面平整、干净的场地。

测试方法：受试者将跳绳的长短调整至适宜长度，听到开始信号后开始快速正摇双脚跳绳，听到结束信号后停止，测试员报数并记录受试者在30秒内的跳绳次数，跳坏不计。

注意事项：测试单位为个/30秒。

十八、9分跑

9分跑主要反映的是受试者心血管、呼吸系统和奔跑耐力水平。

测试仪器：发令枪（或发令哨）、经过校对的秒表、判断距离的标志物、号码布；测试场地地面平整，可丈量。

测试方法：统一发令后，受试者开始跑步，至9分时，发出停止信号，测试员计算所跑距离并记录。

注意事项：自然、适度的耐久跑；测试单位为米/9分；精确到1米。

第七章　公安院校体能训练健康教育

警察体能训练健康教育是警察健康教育的重要组成部分。其主要任务是研究和探索体能训练中影响警察身心健康的各种外界因素，把身体训练与健康教育融为一体，合理地安排运动负荷，制定相应的防止疾病、保护健康的措施，以达到增强体质、增进健康，提高运动能力的效果；采用科学锻炼的方法，预防和处理运动过程中出现的突发运动损伤，指导人们进行科学的体能训练和健身锻炼。

第一节　警察体能训练卫生常识

卫生保健是预防或防止运动损伤和疾病的措施和手段。我国颁布的《大学生体育合格标准》明确指出："鼓励学生经常锻炼，不断增强体质，提高自我保健能力和健康水平。"强调的是持之以恒地坚持健身锻炼，做健康的主人；追求的是运动健身与健康教育并进，形成科学、健康的体育生活方式。为此，体能训练必须遵循人体生理变化的规律，符合运动卫生保健的要求，才能有效地增强体质、增进健康，防止运动损伤和运动疾病的发生。

一、体能训练的医务监督

医务监督是用医学的理论、内容和方法，预防运动性伤病，帮助和指导练习者进行科学的体能训练，提高运动训练水平的措施。各种医务监督都有其特定的内容和工作意义。自我监督是医务监督之一。它是练习者在体能训练中，对自身生理机能和健康状况等进行客观评定的一种方法。通过自我医务监督了解自己在运动过程中生理机能的变化，预防过度疲劳，调整练习计划和运动负荷，为合理地安排体能训练内容提供依据。体能训练的自我医务监督包括主观感觉和客观检查。

（一）主观感觉

主观感觉也称自我感觉，是指运动对人体引起的反应或发生的某种感觉。如运动情绪、不良感觉、睡眠和食欲等方面的变化，能够直接地反映出机体的活动状况和机能的变化状况。然而，人体状况因运动强度不同，运动后每个人的感觉不同而异。通常主观感觉可分为感觉良好、感觉一般、感觉不良三种情况。

1. 感觉良好

感觉良好主观上表现出愿意参加体能训练，对从事的运动有着浓厚的兴趣，运动中心情舒畅，精力充沛，有愉快感。身体状况无不适感觉，无心慌气喘。每次运动开始时可能有轻微的疲劳感或惰性，但很快在短时间内就能恢复正常。食欲良好，饮食增加。睡眠改善，入睡快，睡得实，睡梦少，清晨感觉精神爽快，全身舒适有力。

2. 感觉不良

感觉不良主要表现在运动过程中精神萎靡不振，身体疲倦，肌肉酸痛，四肢无力，心情烦躁，容易激动，对运动不感兴趣乃至厌烦，或者出现上述症状加重，不能坚持练习。

较重者可能会头昏头痛、食欲减退、恶心呕吐、心慌气喘、失眠多梦或嗜睡。

3. 感觉一般

感觉一般是介于良好与不良之间的感觉，即训练前后无明显的感觉变化。对于适宜的练习量自我感觉良好。如果出现不良反应，可能是运动时间过长或过于紧张剧烈，以及运动量过大所致；也可能是机体内不适应运动的损伤和疾病所致。发生类似情况应到医院检查诊断，并在医生指导下调整运动量。

（二）客观检查

客观检查是运用医学的指标，查看机体对运动量的反应情况而进行的一种检查方法。人体在运动中会引起机体产生许多变化，要及时了解自己的身体状况和机能状态，除自我感觉外，还需要进行一些简便，易操作的指标检查，这对科学训练，预防伤病，提高练习水平等，提供了必要的依据，可为保障和推动体能训练起到了积极促进的作用。

1. 脉搏

当心脏收缩时，由于输出血的冲击引起的动脉的跳动，称之为脉搏。脉搏是一个直观而非常有效的指标，多用于观察机体对运动量的反应情况。如每天对自己的晨脉进行测量，可以直接了解运动量对机体的影响。一般运动量适中，身体状况良好时，晨脉的节律比较整齐，变化每分钟不超过 3～4 次；如果身体机能状况较差，运动量又不当时，晨脉每分钟要比前日增多 6 次以上；如果脉搏持续上升或长期不能恢复到正常值范围，则说明练习量过大，出现心律不齐现象时，应到医院作心电图检查。

2. 体重

体重是反映人体骨骼、肌肉、皮下脂肪及内脏器官重量状况和综合变化的指标，在较大程度上能说明营养状况和肌肉发育程度。通常体重受年龄、性别、身高、季节、生活条件、身体锻炼、疾病等因素的影响。正常的体重对于参加运动的练习者非常重要，过重会影响运动能力，过轻则影响机体正常功能。一般的练习者可每周测量一次体重，以了解自己身体变化的情况。由于体重在一天内会有变化，因此测量体重的时间应相对一致。当运动适量时，一般不会引起体重下降或下降小于 1 千克；当运动量较大时，可发生暂时性体重下降 1～3 千克，但休息 1～2 天即可恢复到原来水平，这是正常现象。反之，如果出现体重持续下降，则可能是运动量过大导致疲劳过度或患有结核病，以及营养不良的表现，需要接受医生的检查。

3. 排汗

一个人排汗量的多少与运动量的大小、练习程度、练习水平、气温、湿度、饮水量以及神经系统的机能状态等有密切的联系。例如，在相同的运动条件下，初练者或不经常参加运动的人排汗量较多，但经过一段时间的持续运动，练习水平提高后，排汗量可相应减少；反之，在相同的运动条件下，排汗量比过去明显增多，并伴随夜间出现盗汗，则可能是身体极度疲劳或疾病的表现，需要接受医生的检查。

二、体能训练的运动卫生

体能训练需要遵循人体生理活动规律和一定的运动卫生要求，才能收到良好的练习效果。从增强体质，增进健康的意义上来讲，运动卫生是体能训练的首要问题。正确认识和处理运动中的生理反应，可以克服运动中的盲目性、随意性和危害性，使体能训练在安全、合理、有效的前提下进行。

（一）准备活动和整理活动

人体运动的过程始终是由静态到动态再到静态的变化过程，准备活动和整理活动就是实现这种“变化”过程的过渡手段。

1. 运动前的准备活动

准备活动，也叫热身活动，是在人体运动前进行的一系列身体活动。它可以克服人体生理惰性，使机体和运动器官在刺激的作用下产生应激的反应，使人体从相对安静状态逐渐地进入工作状态，以适应人体运动的需要。

（1）准备活动的作用。① 克服机体的生理惰性。人体的各器官都具有一定的惰性，相对而言，运动器官的发动要快一些，而内脏器官则需 3～4 分的动员才能进入工作状态。运动前作好准备活动，能够提高心血管系统和呼吸系统的机能活动，延迟运动“极点”的出现和缩短进入工作状态的时间，使机体逐步地适应剧烈运动的需要。② 提高氧利用率。准备活动可使体温升高，增强肌肉组织的新陈代谢功能，进而提高氧的利用率，为人体进入运动状态提供良好的物质基础。③ 调节运动情绪。节奏快、强度大的热身活动，可以迅速地提高中枢神经系统的兴奋度，而节奏慢，强度小的热身活动，可降低其过高的兴奋度。因此，作准备活动时应根据运动项目的特点和练习对象的特征进行适当的调控，使人的大脑皮质处于适宜的运动（兴奋）状态。④ 预防运动损伤。热身活动能加强肌肉、肌腱、韧带的伸展性和弹性，加大关节的活动范围和动作幅度，使关节滑膜液分泌增多，从而避免或减少运动损伤事故的发生。

（2）准备活动的要求。通常准备活动有两种形式：一种是一般性准备活动的身体练习（如跑步、徒手操、活动肢体各关节等）；另一种是专项准备活动的身体练习（如长跑前先慢跑一段，游泳前先在陆地上练习划臂、蹬腿、呼吸，打篮球前先做投篮、传球、运球等练习）。准备活动的运动量和持续时间应根据运动项目、内容、气候条件和练习者的身体状况等来进行。一般以身体发热或微微出汗为宜，心率约为 130～150 次/分，自我感觉灵活、舒适即可。

2. 运动后的整理活动

整理活动，也叫放松活动，是在人体运动之后进行的一系列身体练习。它是用以调整和恢复人体活动能力的一种有效手段。整理活动包括一些呼吸运动和较缓慢的全身活动。通过运动后的放松活动，可使人体由紧张的运动状态过渡到相对安静状态，工作能力得到较快的恢复。

（1）整理活动的作用。① 有助于体能尽快恢复。由于运动引起的一系列生理、心理变化需要有一个逐步恢复的过程，整理活动可加速这一过程的进行。② 有助于偿还氧债。整理活动是一个轻松、欢快、柔和的活动过程，有助于肌肉血液流通，排出二氧化碳，消除代谢产物，恢复血压正常，可达到偿还氧债、减轻肌肉酸痛、消除疲劳的效果。

（2）整理活动的要求。整理活动的强度不宜过大，应尽量使全身放松，练习动作轻松、柔和、缓慢，活动量逐渐减小，节奏逐渐放慢，使得呼吸频率和心率渐趋下降和恢复。如在长跑到达终点后，应再慢跑一段，或边走边作深呼吸运动或放松做伸展操。若在紧张剧烈的运动后，则需要进行全身放松活动，尽量使肌肉主动放松，以免身体受到损伤。整理活动之后，应注意身体保暖，以预防因受凉引起的感冒。

（二）体能训练的饮食卫生

良好的饮食卫生有利于食物的消化吸收，预防饮食紊乱引起的消化系统的疾病，促进身体机能的提高。饮食卫生是练习者保证身体健康和运动能力而共同遵守的一种饮食制度。这种饮食制度包括进食的时间和膳食的分配等。不讲究饮食卫生，不重视饮食平衡，不按时进餐或暴饮暴食，是引发运动性疾病的主要原因。

1. 饭后不宜剧烈运动

有些练习者刚吃过饭就急于进行一些剧烈的身体运动，这是不符合卫生要求的。因为饭后短时间内，胃内食物充盈，胃肠道已开始紧张的工作，毛细血管开放，大量血液流入消化器官。此时若进行剧烈的运动，大量的血液就会从胃肠道流进骨骼肌，使消化机能减弱。不仅会影响食物的消化，还容易引起腹痛、恶心、呼吸不畅等症状。长此下去将会导致消化不良、胃炎、胃溃疡等慢性疾病。因此，饭后不宜进行剧烈运动。建议进餐后间隔60～90分后再进行运动。

2. 运动后不宜立即进餐

练习者刚结束运动就急于吃饭，是不符合卫生要求的。因为人体在运动时大量血液流入运动器官，胃肠的血液流量相对减少，胃液的分泌变少，消化系统功能处于相对的抑制状态。若运动后立即进餐，势必会影响到食物的消化和吸收，长此以往会酿成消化不良或消化道等疾病。因此，运动后应进行适当的休息后方可进餐，建议运动后休息30～45分后再进餐。

3. 运动饮水卫生

人体在运动时不仅消耗大量的热能，同时也会失去大量的水分。机体内水分的减少，会影响到正常的生理机能和运动能力。因此，练习者应及时和适量地补充体内丧失的水分，以保持机体正常的运转。在夏季进行长时间运动中，由于出汗多，更需要补充水分，不然会造成机体严重缺水，影响正常生理机能活动，导致全身无力、口唇发干、精神不振和疲劳等现象。但在剧烈运动中或运动后，不宜一次引水过多。因为大量饮水，会使胃部膨胀，妨碍膈肌的活动，影响呼吸，不利于运动。同时大量饮水会使血液量增多，增加心脏、肾脏的负担，有碍健康。若大量饮水后继续运动，水在胃中晃动，很不舒服，可能会引起呕吐。因此，运动时的饮水应以少量、多次为原则，以保持体内水分的平衡。建议每次喝水量为150～200毫升，每次补水的间隔时间为15～20分。

（三）体能训练服装的卫生

运动训练装备能保护人体免受外界环境的各种不良影响。舒适的运动服装有利于人体健康；舒适的运动衣、运动鞋、运动袜、运动帽等，既便于运动，又能预防运动损伤的发生。

1. 运动服的卫生

一般用于运动的服装（运动服）应以舒适、宽松、合体为主，并具有保温性、透气性、吸气性、防水性等性能和卫生作用。在温暖天气时，应穿T恤衫、背心、短裤等；在天气凉爽时，应根据个人的状况添加衣服，可以穿运动服、作训服或长袖衬衣、裤等；在天气寒冷时，可以穿滑雪衣、加厚运动服、毛衣，还可以佩戴手套和护耳套等。对于经常参加运动的人来说，要勤洗勤换运动衣裤，尤其是内衣裤，以免汗液和细菌污染，影响身体健康。在运动期间，绝不能穿橡胶衣服和塑料衣服，因为这些衣服会因出汗量过大而导致脱水以及体温增高，会严重危害人体健康。

2．运动鞋的卫生

一般用于运动的鞋（运动鞋）应该合脚、轻便、柔软、鞋底多层，有合理的弓形、鞋跟牢靠。并具有良好的透气性、富有弹性的性能和卫生作用。因为，许多与跑步、跳跃有关的损伤可以通过穿合适的鞋、袜得到预防（如趾甲发黑、水泡、足部疲劳性骨折、踝部扭伤和骨折等）。所以，首先，选择一双合适的运动鞋应以“合脚”为原则，不要穿硬底鞋、非运动鞋从事运动。其次，运动袜要透气好、吸汗，且干净、柔软、有弹性。总之，舒适的运动鞋袜，有助于避免或减少运动中常见的损伤，同时还能使运动充满乐趣，满足运动的需要。

3．其他运动装备的卫生

在户外运动遇到太阳光很强的时候，最好戴上太阳帽（运动帽）或佩戴太阳镜，以遮挡对头、面部的直接照射。既有利于运动，又能预防运动中暑现象的发生。

三、女子运动卫生

由于女子的心理、生理特征不同于男性，因此，在进行体能训练时应注意女子的卫生要求。在运动项目的选择上和运动量的控制上以及运动成绩的评定标准等方面也应区别于男性。并经常注意对肩带肌、背肌、腹肌和盆骨底肌的练习，使身体各部位肌群得到协调、均衡的发展，以达到全面增进女性运动身心健康的目的。

（一）对女子运动卫生的一般要求

由于女子在青春期，骨盆尚未发育完全，因而不要过多地进行负担量过大的练习或做过量的负重练习。最好避免一些采用剧烈震动和引起腹内压升高的身体练习，如从高处跳下，以及举重和憋气的练习等。青春后期可多从事一些增强腰背肌、腹肌、盆底肌肉的练习和增强上肢力量的练习。由于女子循环系统和呼吸系统机能相对较差，因此在体能练习中，要掌控好适宜的运动量。若运动量过大，不利于女子的身心健康发展，而运动量过小又达不到身体练习的效果。因此，在运动中要遵循因人制宜的练习原则，从女子的身体状况的实际出发，制订适合她们的运动训练计划和合理的练习方法，并适当地降低体能测验和考核的评分标准。注意启发女子参与体能练习的自觉性，通过运动克服和改善身体上的弱点，努力提高其力量、耐力等身体素质，使之终身受益。

（二）女子月经期的运动卫生

月经是女子正常的生理现象。如身体健康、月经正常的女子，在月经期间一般不会出现明显的生理机能变化。因此，在经期无须完全停止身体练习，可以参加适量的身体活动，如慢跑步、做徒手操，打太极拳等。通过这些活动不仅可以改善盆腔的血液循环，减少盆腔充血的现象，而且由于运动能起到对子宫柔和的按摩作用，有利于经血的排出。但经期要适当地减小运动量、缩短运动时间，不宜做耐力、跳跃、力量以及剧烈收腹的身体练习。针对女子在月经期内心理、生理特征进行体能练习时应注意的运动卫生要求，一般在经期进行运动时应注意以下几点：

第一，月经期间不宜游泳，因为经期子宫口开放，子宫内膜破裂出血，游泳时病菌易侵入内生殖器，引起炎症性病变。

第二，月经期间应避免寒冷刺激，如下腹部受凉、冷水浴、喝冰水、吃冰冷饮等，以免发生痛经、闭经或月经淋漓不净等变化。

第三，若遇月经期间有明显的全身不适，如月经紊乱、痛经以及其他疾病等，应暂时停止身体活动。

第二节　警察体能训练常见的生理反应与处置

由于警察体能训练使人体生理活动过程的有序性受到暂时破坏，因而常常会出现一些生理上的变化反应。这种现象是一种正常的运动生理反应，无须惊慌失措。下面简略介绍一些运动中常见的运动生理反应与处置的方法。

一、肌肉酸痛

（一）原因与症状

运动后的肌肉酸痛现象是运动时肌肉活动量大，引起肌纤维及结缔组织的细微损伤，以及部分肌纤维的痉挛所致。通常在一次活动量较大的运动以后，或间隔一段时间恢复练习之后，常常会出现肌肉酸痛。由于这种酸痛一般发生在各种运动练习结束 1～2 天以后，所以被称为延迟性肌肉酸痛。然而，这种酸痛现象仅仅是局部纤维的轻度损伤和痉挛，并不会影响到整个肌肉群的运动功能，所以仍可以继续坚持练习。酸痛后的肌肉经过肌肉内部对细微损伤的修复和维护，肌肉组织会变得更加强壮，收缩更加有力。

（二）处置与预防

1. 处置

当运动后肌肉出现酸痛时，可采用以下几种处置方法来减轻和缓解：

（1）热敷。对酸痛部位进行热敷，可以促进血液循环及代谢过程，有助于损伤组织的修复和肌肉痉挛的缓解。

（2）按摩。按摩可以放松肌肉，促进血液循环，消除疲劳，缓解局部肌肉痉挛和局部损伤的修复。

（3）伸展练习。对酸痛部位进行静力牵拉练习，保持和持续伸展状态 1～2 分，重复次数 2～3 组，以缓解身体肌肉痉挛的症状。

（4）口服维生素 C。维生素 C 可以促进人体结缔组织的胶原合成，有助于损伤的结缔组织的修复。

（5）针灸、电疗。针灸、电疗等治疗方法，有助于酸痛肌肉的恢复和缓解。

2. 预防

通常预防肌肉酸痛的方法有：

（1）练习者根据自身的体能状况合理地安排运动负荷，尽量避免长时间集中练习身体的某一部位，以免局部肌肉负担过重；

（2）练习前应充分作好准备活动，以预防肌肉拉伤；练习后要进行放松活动，以消除运动疲劳。

（3）水浴、按摩、理疗、睡眠等，都是练习后用于调节、缓解、修复身体机能的辅助方法。

二、肌肉痉挛

（一）原因和症状

肌肉痉挛，俗称“抽筋”，是肌肉发生不自主的强直收缩所显示出的一种现象。运动中腓肠肌最易发生痉挛，其次是足底的屈拇肌和屈趾肌。在运动中出现肌肉痉挛的原因通常有：肌肉受到寒冷的刺激，兴奋性突然增高，使肌肉发生强直收缩；运动中大量出汗，使大量电解质从汗液中丢失，造成电解质过低，引起肌肉兴奋性增高，发生肌肉痉挛；身体疲劳也会直接影响肌肉的生理功能，疲劳的肌肉往往因血液循环和能量代谢的改变，使体内环境发生改变，导致肌肉痉挛；准备活动不足，体内缺钙或情绪过分紧张等，也会引起肌肉痉挛。肌肉痉挛主要症状是：肌肉痉挛时肌肉僵硬，疼痛难忍，所涉及的关节屈伸功能受限；肌肉活动有一定障碍，产生无效收缩，且一时得不到缓解。

（二）处置与预防

1. 处置

当运动中出现肌肉痉挛时，可采用相应的牵引动作将痉挛部位的肌肉拉长，并持续一定时间，使之得到缓解。牵引时用力要均匀、缓慢，切忌用暴力，以免造成肌肉拉伤。如小腿腓肠肌痉挛时，可伸直膝关节，同时勾紧脚尖，拉长痉挛的腓肠肌，并在痉挛肌肉部位作按摩，手法以揉捏、按压、叩击、拍打为主，帮助缓解痉挛。

2. 预防

加强锻炼，提高身体的耐寒力和耐久力；运动前要作好热身活动，对易产生痉挛的部位，预先进行适当的拉伸或按摩；冬季运动要注意保暖，夏季运动（长时间运动）要适量补充盐分；游泳下水前，应先用冷水淋浴，不要在水中停留过长时间；饭后、饥饿和疲劳时，不要进行剧烈运动。

三、运动中腹痛

（一）原因与症状

腹痛是运动过程中一种常见的症状。运动中腹痛在长距离跑和持续运动时间过长项目发生率较高。主要是因为跑前热身活动不充分，初始运动过于剧烈，或者跑得过快，内脏器官功能尚未达到最佳状态，致使呼吸功能和脏腑功能失调而引起的腹痛；也有因为训练前吃得过饱或空腹，饮水过多或腹部受凉，引起的胃肠痉挛；少数因为运动时间过长或过于剧烈，使下腔静脉压力上升，引起血液回流受阻，或者因肝脾淤血，膈肌运动异常，致使两肋部胀痛。

（二）处置与预防

1. 处置

如果没有器质性病变迹象，一般可采用减慢跑速、加深呼吸，或者用手按住疼痛部位，弯腰跑一段距离，腹痛现象即可减轻或消失。如果仍然疼痛，甚至加重，应暂时停止运动，按摩内关、足三里、三阴交等穴位，或者口服阿托品、颠茄等解缓痉挛的药物等，如仍不见效，则应迅速送医院做进一步检查治疗。

2. 预防

预防运动腹痛的措施是：一是保持良好的运动卫生习惯，一般在饭后 30 分以后方可进行运动，运动前不要吃得过饱，不要大量饮水；二是运动前要充分作好准备活动，运动量要渐进递增，并注意调整好动作与呼吸节奏；三是夏季运动时要适当地补充水分和盐分；四是对各种慢性疾病引起的腹痛应就医检查，病愈之前，应在医生和体育教师的指导下进行恢复性练习。

四、运动性昏厥

（一）原因与症状

昏厥是因脑供血不足而发生的暂时性知觉丧失现象。运动中昏厥在夏天无风或湿度高的环境下进行剧烈和长时间的运动发生率较高。主要是因为剧烈运动体内热量不能有效散发，体温明显升高，以及长时间运动大量血液积聚在下肢，回心血量减少，引起脑组织供血减少和意识丧失。此外，还与剧烈运动后引起的低血糖有关。运动性昏厥主要症状表现为：轻者感到全身无力、站立不住、头晕耳鸣、眼前发黑等；重者昏倒后面色苍白、神志不清、手足发凉、脉搏微弱、血压下降、呼吸缓慢、瞳孔缩小等。

（二）处置与预防

1. 处置

现场处理时，应立即让患者平卧，足部略高于头部，并进行由小腿向大腿和心脏方向的按摩和拍击，同时用手点压人中、合谷等穴位，必要时给氨水闻嗅；如有呕吐时，应将患者头偏向一侧；如停止呼吸，应立即进行人工呼吸；对于轻度休克者，可由同伴搀扶慢走一段时间，帮助和指导其进行呼吸，即可缓解症状。

2. 预防

平时要加强健身锻炼，增强体质，提高健康水平；一般体能练习，疾跑或长跑练习后不要立即停下来，而应持续慢跑并调整呼吸再停下来，若感到虚弱可帮其扶走一段，以免昏倒；不要在饥饿或带病的情况下参加剧烈运动；久蹲后不要骤然起立，感到有头晕前兆时应即刻俯身低头或卧倒，以免摔伤。只要遵循上述要求，定期检查身体，进行科学锻炼，运动性昏厥的现象是可以避免的。

五、运动性中暑

（一）原因与症状

运动性中暑是指肌肉运动时产生的热量超过身体散发的热而造成人体内的过热状态。通常在高温环境下，进行剧烈或长时间的运动，容易发生运动中暑的现象。尤其在温度高，通风不良，头部缺乏保护，被烈日直接照射的情况下，最容易发生运动中暑。运动中暑的早期症状有头晕、头痛、呕吐等现象，因大量出汗，水、盐分等大量丢失，出现体温升高、皮肤灼热干燥。严重者可出现精神失常、虚脱、抽筋、心率失调、血压下降，甚至昏迷并危及生命。

（二）处置与预防

1. 处置

现场处理时，首先应将患者搀扶到阴凉通风处休息，同时采取降温消毒手段，如解开衣领，在头部、腋窝、腹股沟等处喷洒凉水或放置冰袋冷敷降温；给患者口服凉盐水或运动饮料，口服十滴水或藿香正气水，静脉注射生理盐水，便会有所好转；经过临时处理后，应迅速送医院做进一步检查和治疗。

2. 预防

在高温炎热的季节进行体能练习时，应适当减少运动量和练习时间，尽量避免在烈日下长时间活动；夏季户外运动时，应戴遮阳帽，穿较薄、宽敞、透气的运动服；夏季室内运动时，应保持良好的通风，并备有低糖含盐的水或饮料；运动中的补水原则是少量多次，不影响运动；身体疲劳或患病时，不宜安排和参加剧烈运动。

六、运动性贫血

（一）原因与症状

正常人血液中红细胞数及血红蛋白量低于正常值的现象，称为贫血。因大运动量而导致血红蛋白量低于正常值的现象，称为运动性贫血。评定运动性贫血的指数为：男性的血红蛋白每100毫升血液中低于12克为贫血，女性的血红蛋白每100毫升血液中低于10.5克为贫血。一般情况下，女性的发病率高于男性。由于贫血能引起多种不良生理反应，危及健康，使得一些练习者常常恐惧运动，特别是害怕中长跑训练，这是不必要的。因为只要预防措施得当，运动性贫血完全可以避免。造成运动性贫血的原因有以下两种：一是由于运动时肌肉对蛋白质和铁的需求量增加，一旦需求量得不到满足时，即可引起运动性贫血。二是由于运动时脾脏释放的溶血卵磷脂能使红细胞脆性增加，再加上剧烈运动时血液流动加快，易引起红细胞破裂，致使血液中红细胞的新生与衰亡之间的平衡遭到破坏，从而导致运动性贫血。运动性贫血发病缓慢，其症状表现为运动能力下降，运动时心悸、气促，严重时有头晕、恶心、呕吐、乏力、脸色苍白等；运动后会出现心率加快、记忆力减退、食欲差等现象。

（二）处置与预防

1. 处置

如果在运动中或运动后出现头晕、恶心、四肢无力等现象时，应适当减少练习量，必要时可暂停运动；日常要适量补充含蛋白质和铁的营养蔬菜、食品，或者口服硫酸亚铁等，这对缺铁性贫血的治疗有明显的效果。

2. 预防

合理地调整饮食的搭配和运动的练习量。例如，运动时经常伴有头晕、恶心等不适现象，应及时就诊医治，以利于恢复和正常地参加体能练习，保持身体健康。

七、极点和第二次呼吸

（一）极点

“极点”是运动中人体反应的一种机能状态。通常在剧烈运动时，特别是在中长跑练习中，人体会发生一些失衡的机能变化。如呼吸困难、心跳加快、脸色苍白、肌肉酸痛、动作迟钝和协调性降低、不想继续运动等。这种机能状态在运动生理学上称之为运动“极点”。产生“极点”的原因是由于运动初始阶段内脏器官惰性大，氧供应不足，满足不了肌肉活动的需要，致使酸性物质堆积在血液中，从而引起心肺活动的失调和活动功能的低落。“极点”的出现一般与运动强度大小有直接的关系，与运动能力也有一定的关系。运动强度骤然增加，“极点”就会出现。

（二）第二次呼吸

“第二次呼吸”也是运动中人体反应的一种机能状态。它是继“极点”出现后，因持续运动使体内恢复了平衡的机能变化。如内脏器官活动的惰性得到克服，活动机能提高，氧供应增加，血乳酸减少，运动器官和内脏器官活动之间的协调得到恢复，活动轻松有力，运动技能协调和自动化程度提高等。这些机能状态的变化，被称为“第二次呼吸”。这种现象标志着“极点”已经有所克服，生理过程出现新的平衡。这种生理平衡过程，在运动生理学上称之为“第二次呼吸”。“第二次呼吸”出现后，人体各系统、器官的循环功能将稳定在较高的水平上。

“极点”与“第二次呼吸”是长距离跑运动中常见的运动生理现象，无须焦虑和恐惧，只要坚持不懈地运动和调控处理，“极点”现象是可以减缓和适应的。

八、运动猝死

（一）原因

运动猝死是指运动中或运动后 1 小时内发生的非创伤性的意外死亡。发生运动猝死的原因是没有及时查出隐匿性心脏疾患，如冠心病、先天性心脏病、肥厚性心肌病、心肌炎、心律不齐等。在剧烈和持续长时间的运动中，如长距离跑、球类活动、举重等发生的猝死事件大多与心脏疾病有关。这是因为人体在进行强度较大的运动时，体内代谢速率加快，血液中儿茶酚胺水平提高，心肌需氧量增加，而运动时由于内脏器官的惰性，易出现心肌缺血缺氧，心肌因运动应激亦发生变化，继而发生心肌代谢紊乱，引起心肌梗死和严重的心律异常，直接导致心脏骤停，使运动者猝死。运动猝死在我国大、中、小学体育活动中偶有发生，应引起社会体育和学校体育的高度重视。

（二）预防

参加运动前必须进行体格检查，作好医务监督，询问是否有先天性心脏病，是否有心脏疾患史，以确保运动者的安全；适量安排运动量和练习强度，运动中或运动后出现胸痛、胸闷、头痛、极度疲乏等症状，须立即终止活动，格外仔细观察和医学检查，并促其休息，以预防其疾病的复发；疾病患者病愈后应避免参加剧烈运动，若要参加体育活动应按医生的嘱咐，在体育教师的指导下进行锻炼，以保障运动者的健康；凡进行剧烈或较长时间运动时要有医务人员在场，并配备必要的急救设备，以防患于未然。

第三节　警察体能训练损伤的预防与处理

损伤是人体受到外力而发生的组织撕裂或损害。在运动中人体所发生的组织撕裂或损伤，被称为运动损伤。运动中的损伤与人们日常生活中或从事劳动等所发生的意外身体损害或伤害有所区别，并具有一定的特殊性。了解一些运动中损伤的发生原因和掌握一些预防、处置损伤方面的基本知识、操作方法，不仅有利于预防损伤或尽可能地避免损伤的发生，而且即便发生损伤也能及时采用急救措施，进行必要的处理，从而有效地保证体能训练的科学性和安全性。

一、运动损伤的原因

造成运动性损伤的原因是多方面的，既与练习者的运动基础、身体状况、体能状态、运动能力有关，也与运动项目的特点、技术动作难度以及运动环境等因素有关。运动损伤发生后，轻度损伤不会影响运动；中度损伤就不能参加运动；重度损伤则需住院治疗。造成运动损伤的主要因素有以下几种。

第一，思想麻痹大意，是所有体能练习活动中造成运动伤害最主要的因素。其中包括练习前疏忽场地设备、运动器材的检查，服装、鞋等不符合练习要求，安全意识和预防措施不得力，好胜好奇、争强好斗，常常在盲目和冒失的行动中发生伤害。

第二，运动前准备活动不充分，思想上不重视，动作松散不到位，特别是缺乏有针对性和专门性的准备活动，使得运动器官和内脏器官机能未能达到适宜的运动状态而造成运动损伤。

第三，运动情绪低落，或在畏难、恐惧、害羞、犹豫以及过度紧张时容易发生运动伤害事故；有时则因缺乏运动经验，缺乏自我保护意识和运动调控能力也极易发生运动损伤。如摔倒时直臂撑地，往往会造成肘关节或小臂损伤。

第四，运动内容组合不科学，练习方法不合理，纪律涣散、动作模糊、要领不明以及技术上的错误等，都可能造成运动中损伤。如腾空落地时直腿落地，易造成腰部、膝关节的损伤；作前滚翻时，因头部不正而发生颈部扭伤。

第五，经常性的练习量过大、运动过频，以及练习中负荷增加得太快，或因练习过度引起疲劳而造成损伤。有时因伤势未愈就急于承受过度负荷的练习，不仅会加重损伤的程度，还会造成新的损伤。

第六，练习场地狭窄，地面不平坦，运动器械安置不当或不牢固；空气污染、噪音大、光线暗、气温过高或过低，以及练习者拥挤或多种运动项目混在一起进行练习，不仅容易发生伤害事故，有时还会直接或间接地造成运动损伤。

二、体能训练损伤预防

在警察体能训练中，如果不重视运动损伤的预防工作，不采取积极有效的预防措施，就有可能发生这样或那样的伤害事故或运动损伤，轻者影响到学习、工作和行动不便，重者则会造成身体残疾甚至危及生命，给个人、家庭和社会带来不可估量的损失。因此，预防运动损伤对推动警察体能训练活动的开展有着重要的意义和促进的作用。

第一，加强体能训练的安全教育，组织纪律教育，克服麻痹思想，提高预防运动损伤的意识；培养团结友爱、相互帮助、相互协作、相互保护的团队精神。

第二，认真作好运动前的准备活动和运动后的整理活动，对有可能发生运动损伤的环节和易受伤的部位，及时采取主动保护、预防措施，一些运动中的损伤是可以避免的。

第三，合理地组织安排练习内容，科学地安排运动量，渐进地进行体能训练，可预防或防止局部运动器官和内脏器官机能负担过重或出现过度训练疲劳现象。

第四，加强保护与帮助，特别要提高练习者的自我保护能力。如由高处跳下时，应用前脚掌着地，注意屈膝、并腿、弯腰、两臂自然张开，以利于缓冲和保持身体平衡。摔倒时，应立即屈臂低头，顺势团身滚动，切不可直臂或肘部撑地。

第五，加强医务监督，严格禁止伤病患者或缺乏运动的人参加剧烈的体能训练；每次练习前须对练习场地、设备、器材等进行必要的安全检查，做到防患于未然。

三、体能训练损伤处理

（一）软组织损伤

软组织损伤可以分为开放性损伤和闭合性损伤两类。其中开放性损伤有擦伤、撕裂伤、刺伤等；闭合性损伤有挫伤、肌肉拉伤、肌腱腱鞘炎等。

1. 擦伤

（1）原因与症状：擦伤是运动时因摩擦而引起的皮肤擦破伤。如跑步、打球摔倒，身体接触地面后被擦破皮肤出血或组织液渗出。

（2）处理方法：小面积的擦伤，用红药水涂抹伤口即可；大面积的擦伤，应先用生理盐水洗净伤口，然后涂抹红药水，再用消毒布覆盖，最后用纱布包扎。

2. 撕裂伤

（1）原因与症状：撕裂伤是在剧烈、紧张运动时，或受到突然强烈的撞击，造成表层皮肤或肌肉撕裂。撕裂伤有开放伤和闭合伤两种。常见的有眉际撕裂、跟腱撕裂等。开放伤顿时出血，伤口周围肿胀；闭合伤触及时有凹陷感和疼痛感。

（2）处理方法：轻度开放伤，用红药水涂抹伤口或用创可贴黏合即可；裂口较大时，则需要止血和缝合伤口，必要时注射破伤风抗毒血清，以防止破伤风症，然后再包扎。如肌腱断裂，则需要手术缝合。

3. 挫伤

（1）原因与症状：挫伤是因身体局部碰撞器械或练习者之间相互碰撞而造成的损伤。单纯性挫伤在损伤处出现红肿，皮下出血，并有疼痛感。内脏器官损伤时，则出现头晕、脸色苍白、心慌气短、出虚汗、四肢发凉、烦躁不安，甚至休克或危及生命。

（2）处理方法：在 24 小时内可采用冷敷或加压包扎，抬高患肢或外敷中药；24～48 小时后，方可进行按摩或理疗。进入恢复期时，才可以进行一些适宜的功能性锻炼。如果怀疑有内脏损伤，在作完临时性处理后，应即刻送医院检查和治疗。

4. 肌肉拉伤

（1）原因与症状：肌肉拉伤通常是在外力直接或间接作用下，迫使肌肉过度主动收缩或被动拉长时引起的肌肉牵拉或撕裂伤。值得提醒的是，因准备活动不充分，动作不协调，以及肌肉弹性、伸展性、肌力较差者极易发生肌肉损伤。肌肉伤处明显肿胀、压痛、肌肉痉挛，触诊时可摸到硬块。严重的肌肉拉伤可造成肌肉撕裂。

（2）处理方法：肌肉轻度拉伤时，可即刻冷敷，局部加压包扎，抬高患肢，24 小时后可施行按摩或理疗；如果肌肉重度拉伤或完全断裂，在加压包扎急救后，则应迅速送往医院手术治疗。

（二）关节韧带扭伤

关节、韧带扭伤主要有关节脱位和关节扭伤两类。关节脱位是指某一关节的一块或多块骨头脱离正常的解剖位置。运动中的关节扭伤是指关节部位韧带的牵拉伤或撕裂伤。

1. 指间关节扭伤

（1）原因与症状：指间关节扭伤，一般是手指受到侧向外力的冲击迫使指关节过伸而造成的。如在篮球、排球活动中，由于传、接球的技术动作错误或手指过于僵直与过于放松被球撞击，造成手指侧副韧带或关节囊的牵拉伤或撕裂伤。其症状是伤指关节周围肿胀、疼痛剧烈、活动受限、屈伸不灵活。若关节明显变形，活动功能丧失，触摸时剧痛，则可能是关节脱位。

（2）处理方法：轻度扭伤时，可即刻冷敷，或者轻轻地牵引，然后用胶布将伤指与邻近手指一起固定；一般 3 天后，便可作伸屈活动，或者外擦红花油、舒活酒，或者作理疗、按摩。如果关节脱位，应立刻送往医院就诊复位。

2. 肩关节扭伤

（1）原因与症状：肩关节扭伤，一般是因肩关节用力过猛或反复劳损所致；也有因技术动作错误，违反解剖学原理而造成损伤。如投掷用力过猛，排球大力扣球，举重技术不正确，转肩超过关节活动的极限或有旧伤等，都会出现这类损伤。其症状是受伤部位有压痛、酸痛，急性期有肿胀，慢性期三角肌可能出现萎缩，肩关节活动受限。

（2）处理方法：单纯韧带扭伤时，可采用冷敷和加压包扎；24 小时后采用按摩、理疗和针灸治疗。当肩关节肿胀和疼痛减轻后，可适当地进行功能性恢复活动，但不宜过早、过量活动，以防止转入慢性病症。

3. 膝关节扭伤

（1）原因与症状：膝关节扭伤有内侧韧带损伤、外侧韧带损伤和半月板损伤。膝关节内侧韧带损伤是膝关节弯曲时，小腿突然外展外旋或脚和小腿固定时，大腿突然内收、内旋所致；膝关节外侧韧带损伤是膝关节弯曲时，小腿内收内旋，或脚固定时，大腿突然外展外旋所致；半月板损伤是膝关节在屈伸过程中同时有膝关节的扭转、内外翻动所致。膝关节扭伤的症状是膝关节周围肿胀、疼痛，扭伤部位有压痛，肌肉痉挛，活动受限，不能用力伸展膝关节，并有轻度跛行。若膝韧带完全断裂时，伤部可触及韧带断裂的凹陷，功能完全丧失。半月板受伤时，膝内常伴有清脆的摩擦声。

（2）处理方法：部分韧带轻度撕裂时，早期处理方法是局部外冷敷，加压包扎，抬高患肢，固定膝部，防止伤处继续出血，内服消肿止痛药。待 48 小时后方可进行按摩、理疗、热敷或外敷中药。若韧带完全断裂，先加压包扎固定后即刻送往医院，并尽早手术缝合。手术后按医嘱进行康复性医疗体育活动，并逐步恢复功能性锻炼。

4. 踝关节扭伤

（1）原因与症状：踝关节扭伤是运动中跳起落地时失去平衡，使踝关节过度地内翻或外翻所致。特别是在准备活动不充分，场地不平坦，运动鞋不适宜的情况下，极易造成这类损伤。其症状为伤处疼痛、肿胀，韧带损伤处有明显压痛，皮下淤血等。

（2）处理方法：受伤后，应立即冷敷，然后用绷带固定包扎，并抬高患肢；待 24 小时后，根据伤情采取综合治疗，如外敷伤药、理疗、按摩等，必要时进行封闭疗法。待伤势好转后，再进行适宜的功能性活动；对伤势严重患者，可用石膏固定。

5. 急性腰伤

（1）原因与症状：急性腰伤多系运动时身体重心不稳定或肌肉收缩不协调以及技术动作不正确，腰部受力过重或脊柱运动时超过了正常生理活动范围致伤。如举重上挺时过分挺胸塌腰，腾空落地时膝、踝关节未缓冲等，都有可能造成腰扭伤。腰伤后，疼痛难忍，活动受限。损伤部位有压痛，感觉酸、胀、痛、硬，且疼痛范围较大，行动不便。

（2）处理方法：腰部急性扭伤后，应让患者平卧，一般不要立即搬动。如果有剧烈疼痛，则要用担架送往医院诊治。处理后，应卧硬板床或腰后垫一枕头，使肌肉、韧带处于放松状态，也可以针灸、外敷伤药、按摩或理疗等。

（三）关节脱位

关节脱位也称“脱臼”，是指某关节的一块或多块骨头脱离正常的解剖位置。关节脱位可分为完全脱位和半脱位（或称错位）两种。

1. 原因与症状

运动中发生的关节脱位，一般是受到间接外力撞击所致。例如，摔倒后用手撑地引起的肘关节或肩关节脱位。由于外力的作用，使关节面失去了正常的连接关系。严重的关节脱位，伴有关节囊撕裂，关节脱位后，常出现畸形，与健全的关节对比不对称，由于关节周围组织损伤、出血、压迫或牵扯神经，引起局部疼痛、压痛和关节周围肿胀，丧失正常的活动功能，甚至发生肌肉痉挛等现象。如肩关节脱位时出现“方肩”，肘关节脱位时鹰嘴向后突出。

2. 处理方法

关节发生脱位后可采用牵拉、按捺、回旋等手法将其复位，或者用长度和宽度相称的夹板固定伤肢。固定时如果没有夹板，可临时采用木板、纸板、树枝、绷带或布巾等，将伤肢固定在患者的躯干或健肢上，以防止震动颠簸，及时送往医院整复治疗。必须指出的是，如果没有把握作整复处理的条件或技术，切不可随意对伤者进行整复治疗，以免加重损伤，增加痛苦。

（四）骨折

在运动中骨骼或骨干因受到直接暴力、间接暴力或牵拉肌肉收缩力量过大等作用，使骨头的完整性遭到破坏性损伤或发生断裂，称为骨折。骨折又分为完全性骨折和不完全性骨折两种。

1. 原因与症状

运动中，身体某部位受到直接或间接的暴力撞击和牵拉时，易造成骨折。如摔倒时用手臂直接撑地引起的尺骨或桡骨骨折；踢球时小腿被踢造成的胫骨骨折；跌倒时造成的髌骨骨折等。骨折是较为严重的运动损伤，但发生率较低。常见的骨折有肱骨骨折、手臂骨折、手腕骨折、小腿骨折、肋骨骨折、脊柱骨折等。骨折发生后的主要症状是局部剧烈疼痛、肿胀、压痛，皮下淤血（骨和周围软组织的血管破裂所致），肌肉产生痉挛，肢体失去正常功能。完全骨折时骨折部位出现变形，伤肢变短或突出，移动时可听到骨摩擦声；严重骨折时，伴有出血和神经损伤、发烧、口渴、甚至休克等全身性症状。

2. 处理方法

（1）防止休克。若伤者伴有休克时，先抗休克，再处理骨折。方法是点按人中穴，并进行口对口人工呼吸或心脏胸外按摩。

（2）现场固定。首先要了解伤情，避免移动伤肢，防止伤痛加重，减缓患者疼痛，便于伤者转送。若骨折有出血，固定前先止血后包扎，同时用夹板或其他替代物固定伤肢，再尽快、平稳地将其护送到医院处理。

（五）脑震荡

1. 原因与症状

脑震荡是指头部受到外力撞击后，使大脑管理平衡的膜半规管、椭圆囊、球囊等感受器功能失调，引起大脑意识和功能的暂时障碍。如在运动中发生两人头部相撞，或头部遭受重力击打、撞击，或跌倒时头部着地等，都可能造成脑震荡。致伤后的症状主要有神志不清、昏迷、脉搏徐缓、肌肉松弛、瞳孔放大、神经反射减弱或消失等。清醒后的症状反应有时常头晕、头痛、恶心、有呕吐感，表现情绪烦躁、注意力不集中、耳鸣、心悸、多汗、失眠、记忆力减退等。

2. 处理方法

立刻让患者平卧，头部冷敷；若出现昏迷，即刻指压人中、内关、合谷穴；若呼吸发生障碍，则立即进行人工呼吸。上述处理后，如出现反复昏迷或耳鼻出血，两眼瞳孔放大，且不对称时，表明伤情严重，应立即护送医院治疗。在运送途中，要让患者平卧，头部固定，避免颠簸。而轻微的脑震荡一般都可自愈，无须住院，但要注意休息调理和必要的药物治疗，保持情绪稳定，减少脑力劳动。在恢复过程中，可定期或不定期地作脑震荡痊愈试验，以检查康复状况。其方法是：闭目、单腿站立、两臂平举。如果能保持身体平衡，表明脑震荡已基本治愈。

四、体能训练损伤急救

所谓急救，泛指面对诸多创伤性的急、危、重症的发生，进行初步紧急救治的措施。运动损伤急救是指面对运动中意外或突然发生的伤病事故，急救者及时采取初步的或暂时性的救治措施进行紧急处理的方法。其目的在于保护伤者的生命安全，减缓痛苦，摆脱危险和预防并发症，为转送医院进一步治疗创造条件。一般经常采用的急救方法有止血、搬运、人工呼吸法等。

（一）止血法

止血是急救方法之一。出血是运动中因损伤而发生的。运动损伤出血有内出血和外出血两种。止血通常是指外出血。一般可分为毛细血管出血、静脉出血和动脉出血三种。毛细血管出血的血流量较少，血从伤口呈点状渗出；静脉出血，血呈暗红色，流速缓慢；动脉出血，血色鲜红，流速快，呈喷射状，流血量大，危险性大，应及时抢救。下面简略介绍几种急救止血法。

1. 冷敷法

冷敷是一种物理疗法。它能使血管收缩，减少局部充血，降低组织温度，抑制神经感觉，具有止血、止痛和减缓局部肿胀的作用。最简便的冷敷方法是，用自来水、冷水浸泡或用冷毛巾敷于伤处（3 分左右换一次）；也可以用冰块或冰水装入热水袋或塑料袋进行冷敷（每次 20～30 分）；有条件的可用氯乙烷作局部喷射等。

2. 抬高伤肢法

抬高伤肢，可使伤口处血压降低，血流量减缓，具有控制出血或失血减少的作用。即便采用加压包扎后，仍要注意抬高伤肢。

3. 指压法

指压法有直接指压和间接指压两种方法。

（1）直接指压法。即用指腹直接压迫受伤部位。但由于手指直接触及伤口，容易引起感染，所以最好在伤口处敷上消毒纱布再施行指压为好。

（2）间接指压法。即用指腹压迫在出血动脉近端搏动的血管处。如能压迫在相应的骨头上更好，以阻止血流，达到止血的目的。

4. 止血带法

常用的止血带有皮管、布条、毛巾、皮带、鞋带等替代物。使用这些止血带进行止血时，应先将患肢抬高，然后在患处上方缚扎止血。缚扎时最好加垫，以防缚扎太紧，造成肢体组织坏死。

5. 包扎法

常用的包扎法有绷带包扎法（如环行包扎法、螺旋形包扎法、反折螺旋形包扎法、“8”字形包扎法、三角巾包扎法等）。通过包扎，限制受伤肢体的活动，达到压迫止血、减少感染，以及减轻疼痛的目的。

（二）搬运法

通常伤者经过现场急救后，应迅速、平稳、安全地返回休息地或送往医院治疗。搬运伤者的方法很多，经常采用的方法可归纳为以下几种。

1. 扶持法

急救者将伤者的一臂搭扶在自己的颈肩上，并拉握其手臂，另一手扶挽伤者的腰部。此法适用于神志清醒、伤势较轻，自己基本上能够步行的受伤者。

2. 抱托法

急救者一手抱住受伤者的背部，另一手托住其大腿或膝窝处，将伤者抱起，伤者的一臂搭扶在急救者的肩上。此法适用于神志清醒，但身体虚弱的受伤者。

3. 椅托法

两名急救者相对站立，用同侧的手相互握住对方的前臂，另一手相互搭在对方的肩上，像一把椅子，然后让伤者坐在“椅架”上，伤者的两臂分别搭在急救者的肩上。是用于短距离运送受伤者的一种方式。

4. 三人抱托法

三名急救者站在同一方向，合力将伤者托抱起来，并协调地搬运伤者。此法适用于体力严重衰弱和神志不清的受伤者。

5. 担架法与车辆运送法

急救时，可使用专用担架搬运伤者，也可以利用门板、阔长凳等替代物搬运伤者；车辆运送伤者的途中应防止大的震动和颠簸，尽可能保持平稳行驶。

（三）人工呼吸法

人工呼吸法是指用人工被动地扩张胸廓，维持肺部气体交换的一种急救方法，使呼吸困难或呼吸停止的伤者恢复呼吸，以抢救生命。如溺水、中暑、触电、中毒和窒息的伤者，呼吸虽已停止，但心博仍然存在，或心博刚停尚未确定死亡者，都可以立即采用人工呼吸进行抢救。人工呼吸法有口对口吹气法、仰卧压胸法、俯卧压背法等。通常采用口对口、仰卧压胸人工呼吸救助方法较为普及，效果也比较好。

1. 口对口吹气法

将患者仰卧，头部后仰，托起下颌，捏住鼻子，压住环状软骨（食道管），防止空气进入胃中。然后急救者深吸一口气，对准患者的嘴，将气吹入患者的口中，吹气后随即把捏住鼻子的手松开。如此反复进行。一般吹气频率每分约16～18次为宜，直至患者恢复自主呼吸为止。如果患者牙关叩紧，一时撬不开，则可采用口对鼻吹气法，进行时，应将其口闭住，其他操作相同。

2. 仰卧压胸法

将患者仰卧，急救者两腿分开，跪跨在患者的大腿两侧，两手上下重叠，用掌根置于患者的胸骨下半段处，借助于体重和肩背力量，均匀而有节奏地向胸部上后方施压，将空气压出肺脏，然后放松，让胸廓自行弹回吸入空气，如此反复进行。每分以 20～30 次的节律进行按压，直至恢复心脏跳动为止。

第八章　警察的游泳训练与水中救护

游泳大致分为竞技游泳与实用游泳两大类。竞技游泳包括自由泳（爬泳）、仰泳、蛙泳、蝶泳（海豚泳）；实用游泳技术包括侧泳、潜泳、反蛙泳、踩水、救护、武装泅渡等。国际游泳联合会的竞赛项目有游泳、花样游泳、跳水和水球四个项目。

游泳是在水中进行的，学员初学因不会利用水的浮力，容易产生怕水的心理。游泳时的呼吸方法与平日不同，是用嘴吸气。游泳时不仅要掌握呼吸的方法，还要掌握呼吸的节奏和时机，所以游泳时的呼吸与陆地上其他运动项目相比显得复杂。人们平时习惯于直立姿势，但游泳时却要俯卧或仰卧在水中做动作，而平时在日常生活中所形成的走、跑、跳、投等技能，在水中不适用，几乎所有游泳动作都要从头学起。水的密度和导热性都与空气不同。水的密度是空气的几百倍，导热能力、阻力都比空气大。因此，游泳对警察而言，除了在关键时刻跳入水中追捕罪犯或救助落水者外，还可强身健体。此外，游泳还是消除全身疲劳的最好方法。因此，警察掌握游泳技术与救护方法，是公安工作的需要，是警察必须具备的技能。

第一节　游泳基础训练

一、熟悉水性

（一）训练要点

（1）通过熟悉水性的练习，克服怕水的心理，学会在水中呼吸的方法。

（2）呼吸是游泳训练的难点，呼吸练习要贯穿于训练的始终。

（二）训练步骤

1. 向前、向后、向侧行走练习

集体手拉手向前、向后、向侧行走。如果是在深水中训练，采用手扒池边、脚蹬池壁移动的方法练习。

2. 呼吸练习

在水上张大嘴吸足气，入水后先憋气，然后用鼻或口鼻一起慢呼气，在出水前用力呼气。强调呼尽气后张大嘴深吸气，闭气入水，然后慢慢呼气，在嘴出水面之前加速呼气。

呼吸练习的步骤。陆上呼吸练习；陆上趴在池边呼吸练习；水中手扶池边或两人一组呼吸练习；站在水中独立完成呼吸练习 30 次。

3. 漂浮站立练习

（1）拉手漂浮法。手拉手站立水中，一人站立，另一人练习，练习者先深吸一口气，憋气后慢慢低头浸入水中，双脚轻轻蹬池底，肌肉自然放松，使身体平展地向上漂起。待憋不住气时，两腿收腿屈膝，同时呼气，并抬头做站立吸气的动作。此练习也可多人手拉手同时进行。

（2）展体漂浮法。两脚开立，两臂放松向前伸出，深吸气后身体前倒并低头，两脚轻轻蹬离池底，成俯卧姿势漂浮于水中，两臂自然伸直。站立时，收腹、收腿，两臂向下按压水并抬头，两腿伸直，脚触池底站立。

4. 滑行练习

练习时主要采用蹬边滑行练习。背向池壁，一手拉水槽，一臂向前伸，同时一脚站立，一脚贴池壁，深吸气后低头，上体在水中前倾呈俯卧姿势，臀部靠近池壁，同时两脚掌贴住池壁，大小腿尽量收紧。与此同时，拉水槽的一臂向前伸出与另一臂并拢，头夹于两臂之间，这时两脚用力蹬离池壁，成流线型向前滑行。主要练习方法有，两人一组滑行练习；独立滑行练习；滑行练习比赛。

（三）易犯的错误及其产生的原因

（1）怕水，不敢下水。

（2）受习惯行为影响，用鼻吸气。

（3）由于动作概念不清，受怕水心理影响，在水下没呼气，尤其是没做出水前的猛吐气动作。

（4）由于紧张，未深吸气，导致身体浮不起来。

（5）由于在水中闭眼没有方向感，动作顺序不对，导致站立时向前倾倒。

（6）由于蹬壁前，身体离池壁太远，造成蹬壁无力。

（7）由于动作概念不清，使滑行时抬头塌腰。

（四）纠正方法

（1）怕水的学员可采用扶边行走和拉手行走的练习方法。

（2）用鼻子吸气的学员要多听讲解示范，强迫用嘴吸气。

（3）在水中不呼气的学员，要明确动作要领，多做呼吸练习。

（4）身体浮不起来的学员，要反复练习深吸气和闭气动作，身体放松。

（5）站立时向前倾倒的学员，要明确动作要领，注意动作顺序，多做拉手漂浮站立练习。

（6）蹬壁无力的学员，要明确动作要领，注意蹬壁前，臀部尽量靠近池壁，大小腿尽量收紧，蹬壁要用力，多做蹬壁滑行练习。

（7）滑行时挺胸塌腰的学员，注意滑行时要将头夹于两臂之间，腰腹适当紧张，使身体成流线型滑行。

二、蛙泳

蛙泳是最古老的一种泳姿，是模仿青蛙的游泳动作形成的。蛙泳属于“易学难精”的一种泳姿，由于呼吸容易掌握，每个动作周期结束后都有一定的滑行放松时间，所以较容易学会。但蛙泳的技术结构较复杂，臂腿变化方向多，所以又较难掌握好。蛙泳技术可分为以下几部分：身体姿势、腿部动作、手臂动作和完整配合。

（一）身体姿势

臂腿伸直并拢，身体较水平地俯卧于水面，头略抬起，水齐前额，身体纵轴与水平面成5°～10°，身体保持一定的紧张度，以维持较好的流线型。

（二）腿的技术

1. 动作要领

腿的技术是由收腿、翻脚、蹬夹水和滑行四个部分组成的。动作的节奏是慢收快蹬。收腿时，要大腿带动小腿，边收腿、边分腿、边分脚，收腿结束时，大腿与躯干的角度是130°～140°，两膝之间的距离约与肩同宽，两脚之间的距离大于两膝之间的距离。及时而充分地翻脚，做到翻脚时钩脚即脚心向上脚尖向侧。蹬夹水时，大腿发力蹬夹连贯，最后转踝鞭水、绷脚、两腿伸直并拢。蹬腿的移动轨迹像两条弧线。蹬腿结束后，两腿有一个短暂的滑行阶段。

2. 训练要点

抓住收、翻、蹬夹和滑行四个主要环节，即在腿的一次动作过程中，收腿要正确，翻脚要充分，蹬夹要连贯，滑行时身体要伸展。

3. 训练步骤

（1）陆上模仿练习。采用俯卧池边反复练习收、翻、蹬、夹、停的动作，直到动作定型为止。在练习时可采用两人一组，一人练习，另一人站立水中帮助练习者完成翻脚动作，并控制练习者两脚，使练习者体会两脚距离宽于两膝距离、蹬夹水的路线及肌肉的感觉。

（2）水中练习。

① 浮漂、浮板练习法：学员身戴浮漂，手扶浮板的远端，两臂伸直，两肩放松，头在水面上，做蛙泳腿的动作。

② 浮板练习法：扶住浮板的近端，两臂伸直，两肩放松，面部浸入水中闭气，做蛙泳蹬腿动作。

③ 蛙泳腿和呼吸的配合练习：腿的动作基本掌握后，再做腿和呼吸的配合练习。首先采用扶浮板的方法练习蛙泳腿与呼吸的配合，即当蹬夹动作结束、两腿并拢伸直时，抬头吸气，随后低头脸没入水中憋气再收腿。

4. 易犯的错误及其产生的原因

（1）由于动作概念不清，收腿时不翻脚。

（2）由于动作概念不清或旧的动作已定型，形成并脚、膝外张收腿，收腿与翻脚脱节，蹬夹脱节，只蹬不夹或蹬得过宽。

（3）由于头和上体抬得太高，造成收腿时，大腿收得过多，小腿没与水面垂直；腰部肌肉过于紧张、挺腹，造成收、蹬腿时脚的部位太低。

（4）收腿时头肩过低、大腿用力过猛、收得过多，造成收、蹬腿时，臀部上下起伏。

5. 纠正方法

（1）明确动作要领，强化练习陆上翻脚动作。

（2）两人一组（一人趴池边，一人站立水中）做收、翻、蹬、夹、停练习。要求边收腿边分脚，膝内扣翻脚充分，两脚宽于两膝。

（3）做扶板蹬腿练习，体会低头、腰腹肌肉适当紧张感，使身体平浮。大腿少收与躯干夹角大于90°，积极收小腿，脚有意识地向臀部移。

（4）腹肌适当紧张，使身体展平，收腿时，大腿带动小腿慢收。蹬腿时，躯干不动，用大腿带动小腿向后蹬、鞭、夹水。多做扶板蹬腿练习。

（三）手臂动作和手臂与呼吸配合动作

1. 动作要领

（1）手臂动作。手臂动作顺序是抓水、划水、收手、伸臂。抓水：两手分开向侧下方压水，两臂分至成40°～45°夹角。划水：划水的整个过程应加速并始终保持高肘姿势完成，肘关节弯曲的角度随划水的进行不断减小，到划水结束时，肘关节屈至约90°角，手位于肩的前下方。收手：以肩关节为支点，大臂带小臂，肘关节向下、向内、向前推移，手向内、向上移至下颌的前下方，掌心斜相对。这时大臂不应超过两肩的延长线为宜，尽量把手臂收在身体投影点之中。划水和收手时，手臂的动作应是快速、连贯和圆滑的，手经过的路线不应在肩的后下方，应在肩的前下方。伸臂：通过向前伸肩和伸肘，两臂前伸至开始姿势。伸臂时，掌心可以向下，也可以向内，在即将结束时再转为向下。

（2）呼吸方法。呼吸有两种类型，早吸气和晚吸气。早吸气是在两臂开始抓水时抬头吸气，收手时低头闭气，伸手时慢慢吐气，嘴出水前“猛吐”，也就是常说的“把气吐干净”。晚吸气是划水几乎结束时抬头吸气，结束收手时闭气低头，伸臂的后段直至划水过程中慢慢吐气。早吸气的吸气时间长，容易学，适用于初学者。

2. 训练要点

强调划水的方向路线和臂与呼吸的配合时间。训练难点是呼吸动作与节奏。教蛙泳臂的动作不宜分解过多，分解练习不可做得过久，注意收手时不要停顿。

3. 训练步骤

（1）陆上模仿练习。站立，上体前倾，掌心向下。按口令做以下动作：两手向侧后分开；高肘向后抱划水至肩前；屈臂收手至颌下，掌心相对；两手向前伸直并拢稍停。先分解然后连贯。基本掌握手臂动作后，即可配合早吸气，开始划水时抬头吸气，伸臂时，低头闭气及呼气。

（2）水中练习。两脚开立站于水中，上体前倾，两臂按陆上练习要求做划水动作，先做原地，后做走动的小划臂练习。划水时不要用力，体会水对手掌的压力（水感）。手每划一次水，两臂在体前伸直并拢停一会儿，主要体会划水路线。动作熟练后配合呼吸练习。

4. 易犯的错误及其产生的原因

（1）由于动作概念不清，划水时沉肘，小臂与水平面平行，手臂力量差，造成划水时手掌平摸水（划不到水）。

（2）由于动作概念不清，急于划水推动身体前进，收手太晚，造成划水路线太宽、太长，超过肩的延长线。

5. 纠正方法

（1）划不到水的学员，要明确动作要领，注意划水时，高肘屈臂，小幅度划水。多做陆上模仿练习。

（2）划水路线过宽、过长的学员，要明确动作要领，注意小划臂。多做陆上、水中模仿练习。

（四）完整配合技术

1. 动作要领

学习掌握正确的臂与呼吸及腿的配合技术、手和腿依次用力的相互关系，才能达到能游一定距离的目的。划水时抬头吸气，臂前伸时吐气。人们把蛙泳的臂、腿配合归纳成四句顺口溜：划水腿不动，收手再收腿，先伸手臂后蹬腿，臂腿伸直漂一会儿。

2. 训练要点

整套配合完成后，宜在一段时间内进行慢频率、低游速、小划臂，并有明确的滑行动作，以保证学员集中注意力，体会臂领先、腿和呼吸跟臂配合技术，同时也便于学员的气呼得出来吸得进去。能完整配合游一段距离后，学员进行加长距离游，当划水、蹬夹水能产生一定效果后，再学习晚吸气配合技术，并加大臂的划水幅度。

3. 训练步骤

（1）陆上模仿练习。站立，两臂向上伸直并拢，一腿支撑另一腿做模仿练习。此动作熟练后加上呼吸动作。按口令做：

"1"——两臂向两侧划水（划）；

"2"——收手同时收腿（收）；

"3"——伸臂（伸）；

"4"——蹬腿（蹬）；

"5"——停（停）。

（2）水中练习。

① 蹬边滑行闭气，做臂腿配合的分解练习（可带浮漂），即先做一次划臂动作后，再做一次蹬腿动作，臂和腿依次交替进行，以建立臂先腿后的动作概念。

② 蹬边滑行闭气，手腿不动滑行，接着做收手又收腿，伸直手臂蹬夹腿，臂腿伸直漂一会儿的配合练习（可带浮漂）。

③ 同上练习加呼吸配合。由多次蹬腿、一次划臂、一次呼吸，逐渐过渡到一次臂、一次腿和一次呼吸的完整配合。

4. 易犯的错误及其产生的原因

（1）由于动作概念不清，造成收腿太早、太急；收手时，在胸前有停顿，造成伸臂、蹬腿同时。

（2）由于吸气前未"吐气"，因此吸不到气。

5. 纠正方法

（1）伸臂蹬腿同时进行的学员，要注意先伸臂、后蹬腿的配合动作。注意小划臂，伸臂蹬腿后稍停一会儿。多做陆上模仿练习。

（2）吸不到气的学员，要注意在水中吐气及抬头前猛吐气。可用先抬头再划臂或开始划臂时抬头深吸气的动作方法。

三、自由泳（爬泳）

游泳竞赛规则规定，自由泳比赛中，可采用任何一种游泳姿势。爬泳姿势：采用爬泳姿势游进时，身体几乎水平地俯卧在水面；两臂轮换划水，动作结构简单、自然、合理；

两腿上下交替打水，协调地配合两臂动作。爬泳是目前游进速度最快的一种姿势，因此，在自由泳比赛中，人们通常都采用爬泳姿势。爬泳技术可分为身体姿势、腿部动作、手臂动作和完整配合四个部分。

（一）身体姿势

游爬泳时，身体较平地俯卧在水面，脸浸在水中，水齐发际，眼视前下方。在游进时，身体围绕纵轴转动 40°左右，有利于发挥大肌肉群的力量，减少阻力。

（二）腿部动作

1. 动作要领

游爬泳时，两腿在水下交替做鞭状打水动作，以髋关节为轴，由大腿发力，带动小腿和脚，形成一个柔韧的上下打腿的鞭状动作。两腿打水要交替连贯，富有节奏。

2. 训练要点

爬泳腿动作训练的重点是以髋为轴，训练的难点是大腿带动小腿交替协调的鞭状动作。爬泳打腿练习枯燥易累，宜多变换方式和方法，如陆上坐、卧交替，扶边打水快、慢交替等。滑行打水可单、双臂在肩前与双臂在后交替练习。随打水距离的增长，要与呼吸配合起来。爬泳打腿先训练直腿打水，有助于体会大腿带动小腿的动作、展髋、踝关节放松。不要急于过渡到屈腿打水。

3. 训练步骤

（1）陆上模仿练习。

① 坐在池边，两手后撑，两腿向前伸直并拢内旋，直腿做模仿打水练习。练习时要看着两腿的动作。

② 俯卧池边模仿打水动作练习。练习时要求髋关节展开，大腿带动小腿打水。

（2）水中练习。

① 手抓水槽，身体成俯卧水平姿势，两腿伸直，做直腿或屈腿的打水练习。练习时要求髋关节展开，两腿内旋，大腿带动小腿，踝关节放松，先直腿后屈腿。

② 蹬边滑行做直腿或屈腿的打水练习。练习时要求闭气，两臂伸直并拢，头夹于两臂之间，打水时腿要放松。

③ 浮漂、浮板练习法：学员身戴浮漂，手扶浮板的远端，两臂伸直，两肩放松，头在水面上，做爬泳打水动作。

4. 易犯的错误及其产生的原因

（1）由于动作概念不清，造成屈膝过大，小腿打水。

（2）由于躯干没有充分展开，形成屈髋打水。

（3）由于踝关节灵活性差，形成钩脚打水。

5. 纠正方法

（1）小腿打水的学员，要明确动作概念，采用直腿打水来体会大腿带小腿。

（2）屈髋打水的学员，多做陆上模仿练习，注意大腿上抬或直腿打水，水中练习注意展髋，打腿时大腿上摆。

(3) 钩脚打水的学员，要注意绷直脚尖打水，多做踝关节灵活性练习。

(三) 手臂动作和手臂与呼吸配合动作

1. 动作要领

臂部动作由入水、抱水、划水、出水、移臂五个部分组成。入水强调送肩、臂前伸，入水点在肩的延长线上。抱水强调屈臂、高肘。划水强调高肘、手掌始终对水。出水强调耸肩提肘、大臂带小臂。移臂强调手臂随肩关节的移动而前移并保持高肘。两臂配合动作是轮换进行的，两臂互相追赶，当一臂完成划水时，另一臂又进入划水动作。

2. 训练要点

手臂动作的训练重点是屈臂高肘划水和臂与呼吸的配合时机。训练难点是呼吸动作。划水时保持高肘，使掌心和小臂内侧对水，还应注意空中移臂、臂入水和抱水时，肘要保持较高的位置，为屈臂高肘划水创造有利条件。臂与呼吸的配合动作要注意臂领先，掌握呼吸节奏，呼尽吸足。吸气转头应绕身体纵轴转头，不要抬头和向后吸气。爬泳臂的各部位动作连贯性与节奏性较强，不宜过多地分解动作和做较长时间的分解练习。开始可三拍(入水、划水、移臂)进行，最后必须连贯成一拍进行。

3. 训练步骤

(1) 陆上模仿练习。

① 原地两脚开立，上体前倾做直臂划水模仿练习。重点体会推水结束后的空中移臂动作和手臂入水的动作。先单臂练习，再两臂交替练习。

② 同上练习，要求划水时做出屈臂的动作，着重体会划水路线。除划水阶段用力外，其他动作放松，移臂时肘高于手。

(2) 呼吸练习。两脚开立，上体前倾，两手扶膝，做向侧转头吸气练习。

(3) 臂与呼吸配合。同侧臂开始划水时呼气，推水时转头吸气，吸气后头迅速转回，手再入水。

(4) 水中练习。

① 站立水中，做同陆上练习一样的动作，如在深水中训练，可用一手扶池边或水线，做单臂划水练习。

② 同上练习，走动中做，要求划水时适当用力，注意手掌对水，推水时掌心向后，体会划水路线及水感。

③ 两臂配合。蹬边滑行，后腿轻轻打水或打腿夹浮漂使下肢浮起，做单臂划水，如左臂划两次，再右臂划两次。而后做两臂分解配合，即左臂划水、空中移臂，入水后右臂再做。最后过渡到两臂正常配合划水。

④ 臂与呼吸配合：单手扶板打水，单臂划水，向划臂一侧转头呼吸。转头时下颌向同侧肩靠近，不要抬头。滑行时轻轻打腿，划单臂时向同侧转头呼吸，要求划水路线要长。两臂配合，由分解过渡到正常，再加上转头呼吸动作。

4. 易犯的错误及其产生的原因

(1) 由于直臂入水，过早用力划水，形成臂入水后向下压水。

（2）由于动作概念不清，沉肘划水，手臂力量差，形成划水时手掌摸水。

（3）由于手入水点偏外侧并向外侧划水，没有推水动作，形成手在肩外侧划水和划水路线短。

（4）由于划水结束时，掌心向上，没有向后推水，形成划水结束时，身体下沉和手出水困难。

5. 纠正方法

（1）入水后向下压水的学员，注意入水时手指先入水，此时肘高于手，入水后，臂向前下方伸，抓到水后，再划水。

（2）摸水的学员，要明确划水时手掌的动作，要求高肘、屈臂划水，小臂与水平面垂直，掌心向后，加强臂力练习。

（3）在肩外侧划水及划水路线短的学员，要注意屈臂，手沿身体中线做S形划水或在肩前入水，划水时向腋下抱水，向同侧大腿处推水，可用矫枉过正法，要求在身体中线入水，超过中线向后划水，划水结束时手触同侧大腿。

（4）手出水困难的学员，要求划水过程，以掌心向后推水，利用惯性耸肩、提肘带动臂出水前移。

（四）完整配合

1. 动作要领

腿臂和呼吸完整配合技术，一般是6:2:1，即六次腿、两次臂、一次呼吸。

2. 训练要点

配合动作，要注意不停地打腿。首先抓好臂腿的配合，再加呼吸配合，但不宜过早呼吸，以免影响臂腿配合质量。完整动作配合游时，不一定非要6次打腿，只要臂腿配合协调，划水和呼吸时腿不停地打水即可。

3. 训练步骤

（1）蹬边滑行打腿，一臂前伸另一臂划水。

（2）蹬边滑行打腿，两臂分解划水练习。

（3）蹬边滑行打腿，两臂正常划水练习。

（4）同上练习，由划臂数次、呼吸一次，逐渐过渡到两臂各划臂一次、呼吸一次的练习。

4. 易犯的错误及其产生的原因

（1）由于动作过分紧张，下肢沉或呼吸无节奏，造成配合不协调。

（2）由于动作概念不清，怕呛水、喝水，不敢转头，形成抬头吸气。

（3）由于不会呼吸或不会在水中吐气，造成吸不进气。

5. 纠正方法

（1）配合不协调的学员，要多进行放松慢游，逐渐增长游距。多练扶板打腿和呼吸的配合。

（2）抬头吸气的学员，要明确转头吸气的动作概念，注意吸气时，人可绕纵轴转动，转头时做“咬肩”动作。

（3）吸不进气的学员，多在水中做呼吸的基本动作，强调水中吐气，掌握转头吸气的时机，嘴将出水时猛吐深吸。

四、仰泳

仰泳是人体仰卧在水中进行游泳的一种姿势。它既是竞技游泳比赛的项目之一，也是实用价值较大的游泳技术之一。

（一）身体姿势

游仰泳时，身体应自然伸展，接近水平地仰卧于水面，头部略高于腰和腿部，身体纵轴与水面构成一个较小的锐角。腰腹部应保持适度的紧张，以维持身体的流线型。此外，身体应随划水和打腿的动作绕纵轴自动转动，转动角度在45°左右。

（二）腿的技术

1. 动作要领

以髋关节为轴大腿带小腿做鞭水动作。直腿下压，屈腿上踢，膝关节弯曲成135°左右。

2. 训练要点

训练中除注意屈腿上踢外，不应忽略直腿下压的动作。

3. 训练步骤

（1）陆上模仿练习。仰卧池边（地上）做两腿打水的模仿练习。练习时重点体会直腿下压与屈腿上踢的动作，同时眼睛要看着两腿的动作是否正确。

（2）水中练习。

① 仰卧漂浮：头和上体慢慢后仰，由同伴托住头，做仰卧漂浮练习。要求展髋，头躺在水中。

② 蹬池边仰卧滑行：两手拉池边，两脚在水面下贴池边（接近水面），然后轻轻放手，上体慢慢后仰脚蹬池壁，两臂放在体侧，身体成流线型，仰卧滑行。

③ 仰卧滑行打腿：同上练习，滑行后两腿交替上下踢水，两手可在体侧做拨水动作。

④ 同上练习，要求单臂练习后，双臂前伸进行打水练习。

4. 易犯的错误及其产生的原因

（1）由于动作概念不清，动作紧张，造成小腿踢水。

（2）由于身体未充分展开，收髋踢水，大腿下压不够，造成踢水时屈髋、膝部露出水面。

（3）由于踝关节灵活性差，造成钩脚打水。

5. 纠正方法

（1）进行陆上模仿练习，注意大腿上抬或直腿下压。

（2）水中练习时强调展髋，打腿时大腿上摆。

（3）多做踝关节灵活性练习。

（三）手臂动作和呼吸配合

1. 动作要领

仰泳划水可分为入水、抱水、划水、出水和空中移臂五部分。

（1）入水。手的入水点应在肩延长线或肩延长线与中线之间。应以小拇指领先，手掌朝外，切入水中。

（2）抱水。手臂入水后积极下滑抓水，配合身体绕纵轴转动和积极伸肩，抱水结束时手掌距水面约30～40厘米，肘关节弯曲成150°～160°划水。

（3）划水。划水又分为拉水和推水。拉水：是随着身体绕纵轴继续转动肘关节下降，手向后划水的同时向上移动，使屈肘的程度逐渐加大，当手臂划到肩下与水平面垂直时，拉水结束转入推水，此时身体转动幅度达到最大，约45°，肘关节弯曲也达到了最大程度，90°～100°。推水：推水开始后，手的移动领先于前臂和肘关节，手、前臂和上臂用力向后推水。推水开始后，手向上移动，当手移至最高点时，前臂向内旋转，手掌朝后下方快速做鞭状推水动作。推水结束时，手掌朝下，手臂伸直。

（4）出水。出水时先压水后提肩，使肩部先出水，再带动上臂、前臂和手依次出水。

（5）空中移臂。出水后，手臂应迅速直臂向肩前移动。

（6）两臂的配合。游仰泳最好采用两臂交叉配合，即一臂入水时，另一臂推水结束，两臂基本处于相反位置。

2. 训练要点

防止两臂配合产生分解动作。在训练开始阶段，可先不练习屈臂划水而采用直臂划水的方法。

3. 训练步骤

（1）陆上练习。原地站立或仰卧凳上，模仿仰泳臂划水动作练习。先做单臂动作，后做两臂配合动作练习。先要求直臂划水，后要求逐步过渡到屈臂划水。

（2）水中练习。

① 水中行走半仰卧仰泳划臂练习。

② 仰卧水中，由同伴抱住双腿，做仰泳臂划水动作练习。

4. 易犯的错误及其产生的原因

（1）急于划水，造成肘领先划水。

（2）肩关节灵活性差，造成手入水点太宽。

（3）动作概念不清，造成空中移臂屈肘。

（4）划冰结束时臂在体侧有停顿，使两臂配合分解不连贯。

5. 纠正方法

（1）注意手和前臂有水的压力。

（2）加强肩关节的灵活性练习。

（3）明确动作概念。

（4）注意划水结束时，立即提臂出水。

（四）完整配合动作

1. 动作要领

现代仰泳技术中较常见的是 6 次打腿、2 次划臂、1 次呼吸的配合技术。为了避免呼吸不充分造成的动作紊乱，学员一般要保持一定的呼吸节奏。

2. 训练要点

抓好腿、臂配合的节奏和身体姿势。

3. 训练步骤

（1）仰卧滑行，打腿单臂划水练习。

（2）同上练习，加两臂划水动作练习。

（3）同上练习，加有节奏的呼吸配合练习。

（4）逐渐加长游距和改进技术的练习。

4. 易犯的错误及其产生的原因

（1）“坐”着游，形成原因是收腹、屈髋，怕呛水头伸出水面。

（2）脚踢不起来，下肢沉，其主要原因是腿部动作紧张，头及上体高，脚的位置太低。

5. 纠正方法

（1）要求稍仰头，做挺胸，提肋，髋关节展平动作。

（2）头的后部浸入水中，要求呼吸与臂配合。

（3）腿部动作幅度要小，脚接近水面要踢水。

（4）要求踢腿时要踢出水花，直腿下压时要放松。

第二节　实用游泳技术

一、踩水

（一）动作要领

一种方法是两腿同时踩水。身体在水中稍前倾，两臂微屈肘，同时在胸前做向外摸水和向里摸水的动作。向里摸水时收腿，向外摸水时蹬腿。另一种方法是两腿交替进行单腿踩水。

摸水动作练习。站在约齐肩深的水中，头：露出水面，身体稍向前倾，两肘向外稍弯曲，手和小臂在胸前、胸侧做向外、向里的摸水动作。向外摸水时，小拇指斜朝上，掌心稍向外。向里摸水时，大拇指斜朝上，掌心稍向里。摸水时手掌转动面不宜过大，全身肌肉要放松。两腿踩水的动作类似蛙泳腿的蹬水。两膝保持约与肩宽，大腿与躯干保持成锐角。收腿时两膝稍向上提，小腿向上收，同时两膝向里扣压，小腿和脚向外翻，接着用小腿和脚内侧向侧下方踩水。踩水时两腿不能向里夹，腿还未全部踩直时，应立即收腿，再做下一个动作。踩水时动作要放松、连贯。

（二）训练要点

学习踩水动作，应在深水处进行。两手先抓物体，如在游泳池可抓住池壁的水槽等物，然后做踩水动作。一般说来，先学习两腿同时踩水的方法，然后再学习两腿交替踩水的方法。

（三）训练步骤

1. 陆上模仿练习

（1）站立，手扶墙，做单腿踩水动作练习（两腿轮换）。

（2）仰坐池边，做腿踩水动作练习。

2. 水中练习

（1）手扶池边做腿踩水动作练习。

（2）腿臂配合练习。

（四）易犯的错误及其产生的原因

进行踩水练习时，学员往往会因太紧张，而导致动作无节奏。

（五）纠正方法

注意动作要领，做模仿练习。

二、侧泳

（一）动作要领

侧泳分左侧泳和右侧泳，游进时两侧可以互换，所以侧泳可以持续较长时间，适合在天然水域里游泳。侧泳能够拖运重物，可以用来水中救护等。侧泳有单手出水和两手都不出水两种方式，这里仅介绍单手出水的技术。

1. 身体位置

身体侧卧水中，一臂前伸，一臂在体侧，两腿并拢，身体胸腔平面与水平面约倾斜80°。游进时，随着手臂的动作和腿的动作，角度还会有变化。

2. 腿的技术

腿是主要的推进力量。以左侧卧为例，开始时两腿并拢伸直，上腿（右腿）屈膝前收，小腿先后屈，然后稍向前伸，并钩脚尖；当上腿前收的同时，下腿（左腿）小腿屈膝后移，并与上腿（右腿）钩脚尖同时绷直脚面，然后两腿相对做蹬剪水动作，直至两腿并拢伸直为止。收腿时动作稍慢，蹬剪水动作要快。

（1）下臂（左臂）姿势分为准备姿势、滑下、划水和臂前移四个阶段。

① 准备姿势：手臂前伸，掌心向下，手略高于肩。

② 滑下：当臂滑下与水面成20°～25°时，稍钩手，屈臂，使手和前臂对水。

③ 划水：划水动作是在靠近胸侧斜下方进行的，当划至腹下时，即告结束。

④ 臂前移：划水结束后，迅速收前臂，使手掌向上，并沿着腹胸向前移动。当手掌移至头前时，随臂向前伸直，手掌逐渐转向下方。

（2）上臂（右臂）姿势与爬泳臂划水动作相似，不同的是当上面臂前移时，上体绕纵轴略有转动，这样就使两肩连线与垂直线之间的角度增大。这个动作能使上面臂入水点离身体较远，从而使划水路线增长。

（3）两臂配合动作。下面臂开始划水，上面臂前移。上面臂开始划水时，下面臂开始做推水动作，两臂在胸前交叉。上面臂划水结束，下面臂开始划水。

3. 完整配合技术

（1）臂腿配合动作。上臂前移时先收腿，入水后收腿结束。在上臂划水、下臂前伸的同时，两腿用力蹬剪水。然后稍滑行一会儿，再做下一个动作。

（2）臂和呼吸的配合。上面臂开始划水时，逐渐呼气，划至腹下做推水动作时，转头吸气。移臂和入水时，头还原，闭气。

（3）侧泳的完整配合是两腿蹬剪水一次，两臂各划水一次，呼吸一次。两腿蹬剪水后，在上面臂划水结束与下面臂前伸时，应有短暂的滑行动作。

（二）训练要点

（1）侧泳可以左右两侧交替练习。

（2）蹬剪水的时机是关键。

（三）训练步骤

1. 陆上模仿练习

（1）侧卧地上，做腿的蹬剪动作练习。

（2）站立两腿分别做与双臂的配合动作练习。

2. 水中练习

（1）侧身，双手扶池边，做腿的蹬剪水动作练习。

（2）站立浅水中，做单腿与双臂配合动作练习。

（3）一手扶板，做单臂与双腿配合动作练习。

（4）滑行做腿臂配合动作练习。

（四）易犯的错误及其产生的原因

（1）因动作概念不清，造成上下肢配合不协调。

（2）因踝关节灵活性差，造成做蹬剪水动作时，不钩脚和绷脚。

（五）纠正方法

（1）明确动作概念，多做模仿练习。

（2）做踝关节灵活性练习。

三、反蛙泳

反蛙泳时脸露出水面，动作较简易，游起来省力，既能持久，又能拖运物体，有一定实用价值。

（一）动作要领

1. 身体位置

反蛙泳的技术是身体平直仰卧水中，胸部自然展开，头稍后仰。两手在体侧伸直。

2. 手臂技术

划水结束时手臂在大腿两侧，出水时两臂自然放松向上举起（可稍屈肘或伸直），然后手在肩外侧处入水，向后做有力的划水动作，至大腿旁做一小段滑行。如果做手不出水的反蛙泳，两手可在体侧前移，动作幅度要比手出水动作小。

3. 腿的技术

两腿同时做类似蛙泳收腿动作，不同的是只收小腿，微微收大腿。接着两脚向外钩（翻），同时向后上方做有力的蹬水动作。

4. 手腿配合技术

(1) 臂划水与蹬夹水（移臂与收腿）同时进行。

(2) 划水和蹬夹水交替进行，但手、腿各做一次动作之后，身体自然滑行。两臂前移的同时，"边收边分慢收腿"，两臂入水时，两腿同时蹬夹水。然后两臂并拢前伸，臂划水。划水结束，身体自然伸直滑行。

5. 呼吸方法

一般在移臂时吸气，两臂入水后稍闭气，然后用口鼻均匀地呼气。

（二）训练要点

(1) 注意蹬水在手入水之前进行，否则身体和脸部就会没入水中，不利于呼吸，造成动作停顿。

(2) 收腿要比蹬腿慢。

（三）训练步骤

(1) 坐于池边做双腿蹬水动作练习。

(2) 双手与单腿的模仿动作练习。

(3) 滑行中做腿、臂与呼吸的配合练习。

（四）易犯的错误及其产生的原因

(1) 由于大腿收得太多，收腿用力过猛，造成屈髋。

(2) 由于入水后蹬夹水，动作概念不清，造成动作停顿。

（五）纠正方法

(1) 做蹬腿的模仿练习。

(2) 明确动作要领。

四、潜泳

潜泳技术分为潜深技术和潜远技术。

（一）动作要领

1. 潜深技术

(1) 两腿朝下的潜深技术。在潜入水里以前，两臂前伸，屈腿，然后两臂用力向下撑水，与此同时，两腿做蛙泳的向下蹬水动作，使上体至腰部露出水面，接着利用身体的重力，身体向下，如直体跳水的姿势潜入水中。入水后两臂做自下而上的推水动作，以增加下沉的速度。达到水底或预定的深度之后，立即团身，将头转向所需要的方向前进。

（2）头先朝下潜深法。这种方法的预备姿势与上述方法相同，只是两臂向后下方伸出，两臂自下而上用力划水，头朝下，提臀举腿，两臂做蛙泳伸臂动作，向下伸直，由于两腿的重力作用，使身体潜入水中。入水后，两腿向上做蛙泳蹬腿动作，以增加下沉速度。当达到需要的深度之后，通过两臂、头部后仰以及胸部和腰部后屈的动作，使身体由垂直姿势转为水平姿势。

2. 潜远技术

潜远技术分使用器材的竞技潜泳和不用器材的潜远技术两种。不用器材的潜远技术，主要有蛙式潜泳、蛙式长划臂潜泳和爬式潜泳。

（1）蛙式潜泳。蛙式潜泳是在水下用蛙泳动作游进的一种技术。它的动作基本上与水面“平航式蛙泳”相同。在游进中为了避免身体上浮，头的位置应稍低于蛙泳，头与躯干成一直线。臂划水的幅度要比蛙泳小，收腿时屈髋较小。配合动作与“平航式蛙泳”相同，只是滑行时间长。

（2）蛙式长划臂潜泳。

① 躯干和头的姿势：躯干和头的姿势应完全成水平姿势，只是在臂开始划水时头稍低些，以防止身体的浮起。

② 臂的技术：开始划水的动作与蛙泳相同，当手划至肩下方时，肘关节大约成90°～100°，然后肘关节由外侧向躯干方向靠拢，上臂带动前臂向后推水，推水完毕，两臂几乎在大腿两侧伸直，手掌朝上。划水结束后应稍有滑行阶段。长划臂划水路线。

移臂时两手外旋、屈肘，两手沿腹胸前伸，当手伸至颌下时，手掌开始内旋，掌心转向下方，在头部前方伸直并拢，然后准备做下一次动作。

③ 腿的动作：与蛙泳的区别是收腿时髋关节收得较小，双膝分开也较小，蹬水向正后方以免上浮。

④ 腿和臂动作配合：收腿与臂前伸的动作几乎同时开始。当臂前伸结束时，收腿结束，臂向前伸直后用力蹬夹水，蹬腿结束，臂紧接着做划水动作，划水结束后，两腿伸直并拢，做滑行动作。

（3）爬式潜泳。这种潜泳姿势，是两臂向前伸直，手掌并拢，头在两臂之间，只用双腿做自由泳打腿动作向前游进。

（二）训练要点

（1）强化训练滑行。

（2）注意训练中低头动作。

（三）训练步骤

1. 下沉练习

（1）两腿先向下下沉练习。

（2）头先向下下沉练习。

2. 蛙式潜泳练习

（1）水下蛙泳练习。

（2）水下蛙式长划臂潜泳练习。

（3）水下爬式潜泳练习。

（四）易犯的错误及其产生的原因

（1）由于没低头，造成潜泳时身体不下沉。

（2）由于没有滑行，造成动作没节奏。

（五）纠正方法

（1）头与躯干保持水平。

（2）动作要有节奏，延长滑行时间。

第三节　水中救护基础训练

一、间接救护

（一）救生圈

救生圈是游泳池常用的救生工具。一般抛投距离为5～8米的扇面范围。救生圈可系绳子或不系绳子。不系绳子在抛掷救生圈时，应目测与溺水者的距离。手抛时应注意风向、风速及救生圈的轻重。系绳救生圈抛掷时，技术要求同不系绳抛掷救生圈相同。但是，事先要整理好绳子，手抛时手一定要握紧或用脚踩住绳子的另一端。当溺水者抓住救生圈后，将其拖至池岸边救起。

（二）救生竿

救生竿是游泳池内常用的间接救生专门器材之一。救生竿一般为长3～4米的竹竿，竹竿的一端有固定橡皮圈。当发现溺水者在救生竿范围内时，可将救生竿有固定橡皮圈的一端由下向上递给溺水者，若救生竿前没有橡皮圈，可用竿轻轻点击溺水者的肩部，待其抓住竿后，将其拖到游泳池岸边。在向溺水者伸竿时，注意不要捅伤溺水者，不能敲击溺水者的头部，不要伤害溺水者的喉、咽、气管及其他器官等。

（三）其他救生器物

当发生溺水情况时，由于情况紧急，救生者一时手边没有救生圈、救生竿，可根据溺水者的情况，利用一些其他物品进行施救，如毛巾、救生衣、泡沫塑料板、木板、长绳、长棍、球等，递或抛给溺水者，但应以不伤害溺水者为原则。

二、直接救护

溺水者往往惊慌失措，会死命抓住一切能够得到的东西，包括救生者。因此，只要有其他方法能将溺水者拉到岸上，就不要下水去施救。当然，在万不得已的情况下，还要下水施救。

（一）下水施救的常识

（1）准备一块结实、足够长的长条布或毛巾、救生圈。

（2）如果决定下水救人，救生者尽量不要让溺水者缠上身。如救生者在游向溺水者时，与溺水者正面相遇，必须立刻采用仰泳迅速后退。

（3）在溺水者抓不及处，救生者将布或毛巾、救生圈递过去，让溺水者抓住一头，自己抓住另一头，拖着溺水者上岸。

（4）救生者切忌让溺水者抓住自己的身体或四肢，若溺水者试图向自己靠近，要立刻松手游开。

（5）如必须用手去救，且溺水者十分惊慌失措，救生者则应从背后接近溺水者，从背后把溺水者牢牢抓住，抓住溺水者的下巴，使溺水者仰面，靠近自己的头，并用力用肘夹住溺水者的肩膀。安慰溺水者，尽量让溺水者情绪稳定。

（6）采取仰泳的方式将溺水者拖回岸边。

（7）若溺水者不省人事，可用手抓住溺水者的下巴，游回岸边。

（二）入水

入水分跨步式、蛙腿式、鱼跃浅跳式及其他方式。

（1）跨步式入水：一脚前跨，另一脚趾紧扣池边，并用力蹬地，前脚成弓步状态，在空中两腿一前一后呈弓步状，上身含胸前倾，两臂侧平举，肘部自然弯曲，掌心向前下方，入水时，两手向前下方抱压水。同时两脚做剪水动作，形成向上的合力。使头始终保持在水面上，在入水时眼睛始终不离目标。

（2）蛙腿式入水：眼看溺水者，单腿或双腿蹬离池岸，跃起时两腿做蛙泳收腿动作，含胸收腹，两手侧平举，肘部自然弯曲，掌心向前下方。入水时，两腿向下做蛙泳蹬夹腿，同时两手臂向下抱压水，形成向上的合力，使头部始终保持在水面上。在入水时眼睛应始终不离目标。

（3）鱼跃浅跳式：起跳点应根据实际情况，可在池岸边或跑动中起跳。起跳是靠腿蹬离池岸，躯干同时用力伸直及两臂由下而上摆动入水。入水要浅，头部尽快出水面，捕捉施救目标。

（三）接近

（1）背面接近：在一般情况下应该采用此方法。救生者游至溺水者 1 米处急停。然后，右手托腋，左手从溺水者的左肩处夹胸托右腋，或双手托腋。

（2）侧面接近：当溺水者尚未下沉，特别是两手在水面上挥舞挣扎时，较适合采用此方法。救生者游至溺水者 3 米处，有意识地转向溺水者侧面游近，看准并果断、利索地用同侧手抓握住挣扎中的溺水者手腕部，将溺水者拉向施救者的胸前。然后，右手托腋，另一手从溺水者的左肩处夹胸托右腋. 或双手托腋控制溺水者。

（3）正面接近：救生者入水后，游至离溺水者 3 米左右处急停，下潜至溺水者髋部以下，然后双手扶溺水者髋部，将溺水者转体 180°，然后，右手托腋，另一手从溺水者的左肩处夹胸托右腋，或双手托腋控制溺水者。

（4）溺水者沉底接近：直接下潜至溺水者身旁，双手托腋，脚蹬池底，将溺水者托出水面。然后，右手托腋，另一手从溺水者的左肩处夹胸托右腋，或双手托腋控制溺水者。

（四）被溺水者抓住后怎样脱身

（1）若被溺水者正面搂住，救生者则把头低下潜入水中：并将溺水者的双臂向上推过头顶，迅速脱身到其够不着的水域。

（2）若被溺水者抓住一只脚，救生者要用另一只脚踹溺水者的肩膀，迅速脱身到其够不着的水域。

（3）若被溺水者从后面搂住头颈部，救生者要马上低下头保护咽喉，然后抓住其上面一只手腕往下拉，同时用另一只手托起其肘部。

（4）若以上方法都无法脱身，千万不要慌张，深深吸一口气，然后将溺水者按下水中，由于溺水者一心想浮出水面，此举使之下沉，势必放手，再趁势迅速脱身到其够不着的水域。若体力尚可，在脱身后可从后面接近溺水者进行施救。

（五）拖带

（1）夹胸拖带法（以左臂为例）：救生者左臂从溺水者的左肩上穿过，上臂和肘紧贴溺水者的胸部，左腋紧贴溺水者的左肩，左手抄于溺水者的右腋下，并以此作为拖带的用力点。在运送过程中，救生者的左髋要顶住溺水者的腰背部，保持水平位置，以便于拖带。救生者根据自己的特长，可采用蛙泳腿或侧泳腿技术。

（2）托双腋拖带法：救生者双手托住溺冰者的双腋下，稍含胸收腹，用反蛙泳腿技术进行拖带。

（3）托枕拖带法：救生者托住溺水者的后脑（枕部），采用侧泳或反蛙泳游进。

（4）双手托颌拖带法：托住溺水者的颌骨处，使溺水者的口鼻始终保持在水面上，用反蛙泳技术游进。

（六）上岸

（1）池边上岸方法：救生者用右手握住溺水者的右臂，并将其右手先放到岸边。随后用左手将溺水者的右手压在岸边，用右手和两腿的力量支撑上岸。然后迅速用右手拉住溺水者的右手腕，再用左手拉住溺水者的左手腕，再将溺水者沉入水（头不要没入水中），借溺水者身体向上的浮力，把他提拉上来，并立即进行抢救。

（2）扶梯上岸方法：将溺水者托运至梯前，搭在自己的右肩上，两手握住扶梯，稳步上岸。当溺水者的臀部够到池边时，慢慢放下，随后将右脚踏在池边上，右手托住溺水者的颈部，左手抓住扶梯，弯腰向前，慢慢将溺水者放倒，立即进行抢救。

第九章 散打基本技术训练

散打基本技术，是指散打的基本攻击技术和基本防守技术。它是警察散打实战技能的重要基础。散打讲究用简捷明快、实用的技术，在短时间内制服对手，包括打、踢、摔、拿。只有掌握扎实的基本技术，才能在实战中做到“进可攻，退可守”，采取灵活多变的战术，使自己立于不败之地。

第一节 手形和步形

一、手形

手形包括拳和掌。

（一）拳

四指并拢握紧，拇指紧扣在食指和中指的第二指节上，分拳眼、拳心、拳面、拳背。一般用直拳、摆拳、勾拳、砸拳，以拳面、拳背、击、砸对方要害部位。

（二）掌

掌分为立掌、插掌、横掌、八字掌。

（1）立掌：四指并拢伸直，拇指弯曲紧贴于虎口处，手掌与小臂略成直角。用手推、挡、击。

（2）横掌：四指并拢伸直，拇指弯曲紧贴于虎口处，手腕内收。用于砍、切。

（3）插掌：四指并拢伸直，拇指弯曲紧贴于虎口处，手腕挺直。用手插、戳。

（4）八字掌：四指并拢伸直，拇指向外分开。用于挡、抓、卡、压、扼、按。

（三）勾

五指聚拢屈腕，用于击肋、裆及掳腿、搂、啄等。

二、步形

步形分为弓步、马步、仆步、虚步

（一）弓步

两脚前后分开，重心下降，前腿弓，膝盖不超过脚尖；后腿绷直，脚尖微向外摆，全脚掌着地。左脚在前为左弓步，右脚在前为右弓步。

（二）马步

两脚分开略宽于肩，脚尖正对前方，屈膝半蹲，膝盖不超过脚尖，大腿略平，全脚着地；重心落于两腿之间，双手抱拳、叉腰或推掌。

（三）仆步

一腿全蹲，一腿侧向伸直，脚尖内扣，全脚掌着地。左腿全蹲为右仆步，右腿全蹲为左仆步。双手抱拳或叉腰。

（四）虚步

双腿一前一后，微屈膝，重心移到后腿上，前腿虚设，脚尖点地，稍向内摆，双手抱拳或叉腰。

第二节　格斗势、步法

格斗势又称戒备势，是实施攻击和防守的准备姿势，它便于进攻和防守；步法是在格斗中身体向不同方向移动的方法，是格斗实战中运用的击打技术和截挡技术的载体。攻击能否到位，防守能否恰到好处，步法的运行是至关重要的。

一、格斗势

格斗势有正势（左势）和反势（右势）。

（一）正势

动作要领：在立正的基础上，身体半面向右转，同时右脚向后撤一步，大约与肩同宽，两腿微屈，两脚尖朝向侧前方，左脚尖与右脚跟在左、右方向上相距5～10厘米，左脚全脚掌着地，右脚脚跟稍提起，身体重心落于两脚之间；同时两手半握拳，自然上提，拳心相对稍向下，左臂弯曲，略大于90°，拳与左肩同高；右臂弯曲，略小于90°，大臂微贴右肋，右拳护颌；下颌内收，口齿闭合，含胸收腹，目视前方。

动作要求：正头、含胸、收腹、松腰、沉胯、屈膝、重心居中，斜面对敌，注意力高度集中。

（二）反势

在格斗势的基础上，左脚撤步或右脚上步，右拳、右脚在前，左拳、左脚在后。其他动作的要领与格斗势正势相同。反势有利于左利手警察。

二、步法

步法包括前移步、后移步，左、右滑步，左、右闪步，垫步。

（一）前移步

前移步的基本形式有前滑步、前急步、前换步。主要用于稳步向前、移动、调整距离，占据有利位置。

1. 前滑步

动作要领：从格斗势正势开始。右脚蹬地，左脚沿其所在前后直线前移一步，然后右脚迅速跟进一步，仍保持格斗势，目视前方。

动作要求：蹬地、进步、跟进快速平稳，上体稳固，紧盯目标。

2. 前急步

动作要领：与前滑步相同。

动作要求：蹬地、进步，跟脚更突然、快速。

3. 前换步

动作要领：从格斗势正势开始。右脚蹬地、左转身，右脚沿其所在前后直线前移一大步变为前脚，然后左脚迅速沿其所在前后直线跟进半步，变为反势，目视前方。

动作要求：蹬地转身、进步，跟进快速平稳，上体稳固，紧盯目标。

(二) 后移步

后移步的基本形式有后滑步、后急步、后换步，主要用于短、中、长距离的快速后闪。

1. 后滑步

动作要领：从格斗势开始。左脚蹬地迫使重心后移，右脚沿所在前后直线后移一步，然后左脚迅速跟进一步，仍保持格斗势，目视前方。

动作要求：蹬地、退步，跟进快速平稳，上体稳固，紧盯目标。

2. 后急步

动作要领：与后滑步相同。

动作要求：蹬地退步，跟进更快速、更突然。

3. 后换步

动作要领：从格斗势正势开始。左脚蹬地，身体左转迫使重心后移，左脚沿其所在前后直线后移一大步变为后脚，然后右脚迅速沿其所在前后直线跟退半步，变为反势，目视前方。

动作要求：蹬地转身、退步，跟进快速平稳，上体稳固，紧盯目标。

(三) 左右闪步

主要用途：用于闪躲和向对手进攻。

1. 左闪步

动作要领：由格斗势开始。左脚向左侧或左斜前方直线滑进一步；随身体向右后闪转的同时，右脚向左后方弧线移动跟上一步。

动作要求：转体稳、闪步快。

2. 右闪步

动作要领：由格斗势正势开始。右脚向侧或向右斜前方滑进一步；随身体向左后闪转的同时，左脚向右划弧线滑动一小步，成格斗势反势。

动作要求：身体稳、闪步快、左右两步要连贯。

(四) 左右滑步

主要用途：用于向左、右躲闪直线攻来的拳或腿。

动作要领：由格斗势正势开始。左滑步时，左脚先向左平行移动，右脚随即跟进，还原成原格斗势。右滑步时，右脚先向右平行移动，左脚随即跟进，还原成原格斗势。

动作要求：动作协调、连贯，重心要稳。

(五) 垫步

主要用途：用于急速出拳或出腿攻击和急退防守及反击。

动作要领：由格斗势正势开始。前垫步时，右脚先向左脚后进一步，随即左脚向前一步，还原成格斗势；后垫步时，左脚先向右脚前后退一步，右脚随即后退一步，还原成格斗势。

动作要求：蹬地有力，进退迅速及时，重心要稳。

(六) 纵步

动作要领：由格斗势开始。两脚同时蹬地后，向前、向后或向左右腾出一步，保持格斗势。

动作要求：蹬地前的预蹲尽量要小，动作迅速。

第三节　拳法、腿法

一、拳法

拳法是手法，根据在格斗中的不同应用可分为：直拳、摆拳、勾拳。拳心、拳背、拳眼、拳峰都可作为进攻的部位。直拳、摆拳、勾拳主要用拳面去打对手。

（一）直拳

直拳是直线攻击罪犯的长距离拳法。其特点是直击对方、突破对方的防御，为主动进攻创造条件。左直拳隐蔽性强、发力短促、突然；右直拳势大力沉，主要用于攻击对手的头部、胸部或腹部。

1. 直拳的基本动作

（1）左直拳：由格斗势正势开始。重心稍向左，两腿蹬地，髋关节由左向右转动，左膝内扣，重心前移。同时，左臂内旋，拳心向下，拳向前直线出击，肩上发拳，手臂迅速伸直，着力点在拳面；右拳护颌，目视攻击方向。击出后，迅速将拳直线收回，还原成格斗势。

（2）右直拳：由格斗势正势开始。两腿蹬地，髋关节由右向左转动，右膝内扣，重心前移。同时，右臂内旋，拳心向下，拳向前直线出击，肩上发拳，手执臂迅速伸直，着力点在拳面；左拳护颌，目视攻击方向。击出后，迅速将拳直线收回，还原成格斗势。

动作要点：要用蹬右腿及拧腰之力出拳。

2. 直拳与步法的配合训练

直拳与步法配合训练时，可分为刺步直拳、跟步直拳和上步直拳。

（1）刺步直拳。

动作要领：由格斗势正势开始。左髋向右前方挺转，带动左侧髋肩同时向前方转送，左脚略抬，适当伸膝，脚跟外旋，向左前移，以脚前掌踏踩地面，左直拳快速击出；拳面着力，目视前方。

动作要求：上体中正，同侧同动，快速挺髋，使髋肩同时发力。无预动，紧盯对手眼睛，直击直收。

主要用法：以刺步直拳刺探，引诱对手；以刺步直拳快速攻击对手面部；以刺步直拳猛击敌之面部；与其他拳腿或摔法组合攻击对手。

（2）跟步直拳。

动作要领：从格斗势开始。右髋向左前方挺转，带动右侧髋肩同时向左前方转送，右脚略抬，适当伸膝，脚跟外旋向右前移，并以脚前掌踏踩地面，右直拳向前击出，拳面着力，目视前方。

动作要求：上体中正，同侧同动，快速挺髋，使髋肩同时发力。无预动，紧盯对手眼睛，直击直收。

主要用法：与刺步直拳相同。

（3）上步直拳。

动作要领：从格斗势开始。左脚略向后撤半步，右脚趁身体前冲和右腿蹬地之惯性；左腿在蹬与撑的配合下随右侧左拧，而脚跟外旋，大幅度前移并迅猛以脚前掌踏踩地面；同时送转右肩，击出右直拳，拳眼向上拳面着力，目视前方。

动作要点：上体中正，前脚略撤，后脚快进。第一步是为了制造前冲惯性，后一步才是真正的进步。同侧同动。无预动，紧盯对手眼睛，顺势收回。

（二）摆拳

摆拳是侧向攻击的拳法技术，其特点是可以较充分地利用躯干的扭动惯性，产生较大的攻击冲力，主要用于攻击对手头部侧面、颈部、肋部。适用于双方距离较近，且对方的防守姿势有变换的场合。

1. 摆拳的基本动作

（1）左摆拳。由格斗势的正势开始。上体稍向左转，两腿蹬地，髋关节向右转动，左膝内扣，重心前移。同时，左臂上抬与肩平，左肘弯曲约130°～150°，拳心向下稍向外，利用蹬、转发力。拳由左侧划弧线向右摆击，拳不超过身体中线。击出后，迅速将拳收回还原成格斗势。

（2）右摆拳。由格斗势正势开始。上体稍向右转，两腿蹬地，髋关节向左转动，右膝内扣，重心前移。同时，右臂上抬与肩平，右肘弯曲约130°～150°，拳心向下稍向外，利用蹬、转发力。拳由右侧划弧线向左摆击，拳不超过身体中线。击出后，迅速将拳收回还原成格斗势。

动作要求：转体、拧腰、出拳配合协调。

2. 摆拳与步法的配合训练

摆拳与步法的配合训练分为刺步摆拳、跟步摆拳、上步摆拳。分别参照刺步直拳、跟步直拳、上步直拳的动作要领。

（三）勾拳

勾拳是近距离击打对手的拳法。其特点是力量大，攻击力强，可以从任何一个角度发起攻击。主要攻击下颌部、腹部及头部侧面、肋部。

1. 勾拳的基本动作

（1）左上勾拳。左上勾拳由格斗势正势开始。两腿微屈，重心稍向左下沉，左臂弯曲约90°。随即两脚蹬地、挺身、髋关节向右转动、带动左拳由下向上方（前上方）勾击，勾击高度约与下颌（腹、肋）同高，着力点在拳面。右拳护颌，目视攻击方向。击出后迅速将拳收回，还原成格斗势。

动作要求：须屈臂出拳，转体勾击迅速，发力短促，击打方向明确。

（2）右上勾拳。由格斗正势开始。两腿微屈，重心稍向右下沉，右臂弯曲约90°。随即两腿蹬地，挺身，髋关节向左转动，带动右拳由下向上方勾击，勾击高度约与下颌（腹、肋）同高，着力点在拳面。右拳护颌，目视攻击方向。击出后迅速将拳收回，还原成格斗势。

动作要求：要利用蹬腿和转腰之力，迅速屈臂勾击，发力短促，击打方向明确，动作协调。

（3）左平勾拳。由格斗势正势开始。重心稍向左，两腿蹬地，髋关节由左向右转动，重心前移。同时，左臂抬肘，拳心向下，经左侧向右前方屈肘弧线平击。击打路线尽量与地面平行，大小臂夹角成 90°左右，着力点在拳面，目视攻击方向。击出后，迅速将拳收回，还原成格斗势。

动作要求：划弧幅度不宜过大，平勾拳要利用腰力。

(4) 右平勾拳。由格斗势正势开始。两腿蹬地，髋关节由右向左转动，重心前移。同时，右臂抬肘，拳心向下，经右侧向左前方屈肘弧线平击，大小臂成夹角 90°左右，着力点在拳面，目视攻击方向。击出后，迅速将拳收回，还原成格斗势。

动作要求：蹬腿、拧腰，勾拳动作要协调一致。

2. *勾拳与步法的配合训练*

勾拳与步法的配合训练，分为刺步勾拳、跟步勾拳、上步勾拳。可分别参照刺步直拳、跟步直拳及上步直拳的动作要领。

(四) 劈拳

劈拳是由上向下击打对手的拳法。其特点是顺势下击力量大。主要用于攻击对方头部。

1. *右劈拳基本动作*

动作要领：由格斗势正势开始。两腿微屈，重心稍向下沉，右臂弯曲约 90°，随即两腿蹬地、挺身、髋关节向左转动。同时右拳前上移后再向下劈击。目视前方。击出后，迅速将拳收回，还原成格斗势。

动作要求：利用收腹之力下劈。

2. *劈拳与步法的配合训练*

参照直拳与步法的配合训练。

二、腿法

腿法是散打攻、防中一种主要的技术方法。在实际的格斗中，有时一腿就可决定胜负。但是，“抬腿半边空”，如果腿法掌握不好，就会适得其反。腿法的基本技术动作包括：正蹬腿、侧踹腿、鞭腿、侧弹腿、正弹踢腿、勾踢、扫腿。

(一) 正蹬腿

正蹬腿是直线近距离攻击的腿法。其特点是力量大，突然性强，主要攻击对手的腹部、胸部。

1. *左正蹬腿*

动作要领：从格斗势正势开始。右脚垫步，重心前移右脚，右腿支撑，身体稍向右转的同时，左腿提膝上抬，使大腿尽量靠近胸部；右腿蹬地，重心迅速前移，展髋的同时，左大腿带动小腿，向前分直线蹬击，上体稍向后仰，右拳护颌，左手自然下摆，脚尖紧勾，着力点在脚跟，目视攻击方向。击出后，迅速将腿收回，还原成格斗势。

动作要求：无预动，紧盯目标，垫步与正蹬衔接要紧凑、快速。

2. *右正蹬腿*

动作要领：从格斗势正势开始。右脚适当外展向前进步，重心移至左脚，左腿支撑，身体稍向左转的同时，右腿提膝上抬，使大腿尽量靠近胸部；左腿蹬地，重心迅速前移，展髋的同时，右大腿带动小腿，向前方直线蹬击，上体稍向后仰，左拳护颌，右手自然下摆，着力点在脚跟，目视攻击方向。击出后，迅速将腿收回或右脚落地，还原成格斗势。

动作要求：提膝收腿要高，蹬击要快，重心要稳，与正蹬的衔接要紧凑、快速。

（二）侧踹腿

侧踹腿是直线进攻的长距离腿法。其特点是踹击力量大，能击打较高的目标，主要攻击对手的腹部、胸部、小腿。

1. 垫步侧踹

动作要领：从格斗式正式开始。右脚随身体右转而内旋脚跟向前垫步，重心移向右脚，使右腿支撑，上体向右侧倾斜，左腿屈膝平抬后送髋。展膝向侧前方直线踹出，脚外侧向上，力达脚全掌，右手护颌，左手自然下摆，转头目视踹击方向。击出后，迅速将腿收回，还原成格斗势。

动作要求：垫步快速轻巧，上体稳固侧倒；无预动，直踹直收。

2. 转身侧踹

动作要领：从格斗势正势开始。左脚随身体左转而内旋脚跟向前进步，重心前移，使左腿支撑。同时，右腿屈膝平抬后随身体继续右转而送髋、展膝向侧前方直线踹出，脚外侧向上，力达脚全掌；左拳护颌，右手自然下摆，转头目视踹击方向。击出后，迅速将腿收回，还原成格斗势。

动作要求：转身进步轻巧隐蔽，踹腿快速稳固，踹击要猛。

（三）倒弹腿

侧弹腿是横向由一侧弹踢向另一侧的腿法。其特点是力量大，但隐蔽性稍差，主要进攻对方的两肋、胸或头部。

1. 左侧弹腿

动作要领：从格斗势正势开始。上体右转 90°，身体重心落在右腿上，左腿屈膝提起并内转，脚尖绷直，随即左脚由左向右弹击，力达脚背，目视前方。

动作要求：转体提膝要协调，支撑腿要稳，弹击有力。

2. 右侧弹腿。

动作要领：从格斗势正势开始，上体左转 90°，身体重心落在左腿上，右腿屈膝提起并内转，脚尖绷直，随即右脚由右向左弹击，力达脚背，目视前方。

动作要求：提膝要稳，动作要协调一致。

（四）正弹踢腿

弹踢腿属于近距离腿法。其特点是突然，主要攻击对手小腹部或裆部；对方左腿在前时，用左腿踢；右腿在前时用右腿踢。

1. 左正弹踢腿

动作要领：从格斗势正势开始。右脚向前垫步；右髋前挺使右腿支撑重心，身体稍向右转的同时，左腿提膝上抬，小腿自然放松，右腿蹬地，重心前移，送髋、展膝向前上方弹击，脚背绷直，力达脚背或脚尖，目视攻击方向。

动作要求：两手和躯干始终保持格斗势，提膝要快，提膝与弹腿衔接要连贯，腿的动作要突然、迅速，力达脚尖。

2. 右正弹踢腿

动作要领：从格斗势正势开始。左脚适当外展向前进步；左髋前挺左腿支撑重心，身体稍向左转的同时，右腿提膝上抬，小腿自然放松，左腿蹬地，重心迅速前移，腿随身体左转，送髋、展膝，向前方弹击，脚背绷直，力达脚背或脚尖，目视攻击方向。

动作要求：参照左弹踢腿动作要求。

（五）勾踢

勾踢是踢绊对方支撑腿，使之倒地的腿法。脚向左勾踢，手向右拉。主要攻击对手的脚腕、脚跟及小腿；对方左脚在前时，用右脚勾踢；对方右脚在前时，用左脚勾踢。

动作要领：勾踢从格斗势正势开始。右勾踢左脚尖外摆，重心前移，使左腿支撑重心，随即右脚微提离地，脚尖内勾，由后向左前猛力勾踢。同时，上体左转，右拳摆至身体左前侧，并在勾踢的同时横向右下猛搂，右脚继之前落，成格斗势反势。然后再勾踢左脚。

动作要求：勾踢、下搂要猛，两力合一，着力点于脚的内侧，重心要稳。

（六）扫腿

扫腿是配合其他散打技法的腿法，主要攻击对手的脚踝，使其失去重心。

动作要领：从格斗势正势开始，左摆拳击打对方头部，可作虚晃，乘对方不防时，左脚尖外摆，重心前移，使左腿支撑重心。同时，右腿伸直，上体迅速下降，重心左转、拧腰，带动右腿从右弧线擦地前扫，脚尖内扣，目视攻击方向。

动作要求：拧腰、扫腿一致，动作连贯紧凑，一气呵成。

第四节　肘法、膝法

肘法是利用上肢关节攻击的技术。膝法是利用下肢关节攻击对方的技术。“宁挨十拳，不挨一肘，宁挨十肘，不挨一膝”“拳轻，掌重，肘要命”的说法，都充分说明了肘、膝在格斗中的重要性和巨大威力。

一、肘法

肘法包括横击肘、前顶肘、砸肘。

（一）横击肘

横击肘是利用小臂外侧，由侧面攻击对手的一种近距离击打方法。其特点是击打力量大，杀伤力强。主要攻击对手头部或颈部。

1. 左横击肘

动作要领：从格斗势正势开始。重心稍向左，随即身体向右转髋、转体，左膝内扣，重心前移。同时，左臂上抬与肩平，左肘弯曲约 30°，挥肘向右摆击，着力点在肘部；右拳护颌，目视攻击方向。击出后，迅速将肘收回，还原成格斗势。

2. 右横击肘

动作要领：从格斗势正势开始。身体向左转髋、转体，右膝内扣，重心前移。同时，右臂上抬与肩平，右肘弯曲约 30°，挥肘向左摆击，着力点在肘部；左拳护颌，目视攻击方向。击出后，迅速将肘收回，还原成格斗势。

动作要求：转体、挥肘迅猛，发力短促，击打准确。

（二）前顶肘

前顶肘是利用肘尖部位攻击对手的击打方法。其特点为攻击性强，隐蔽性较差。主要攻击罪犯的胸腹部或头部。

1. 左前顶肘

动作要领：从格斗势正势开始。身体稍向右转，左小臂内旋向下平臂屈肘，拳心向下，肘尖向前，右掌立掌推击左拳面，重心向前平顶肘，目视前方。击肘后，迅速将肘收回，还原成格斗势。

2. 右前顶肘

动作要领：从格斗势正势开始。右小臂内旋向下平臂屈肘，拳心向下，肘尖向前，右脚上步，左掌立掌推击右拳面，重心向前平顶肘，目视前方。击出后，迅速将肘收回，还原成格斗势。

动作要求：大小臂、肘、肩要平，顶肘要猛。

（三）砸肘

砸肘是利用肘尖部位由上向下运动攻击对手的击打方法。其特点是力大势沉。主要攻击对手的背部或腹部。

1. 左下砸肘

动作要领：从格斗势正势开始。左臂屈肘向上内收，左拳面向上，在向下沉腰的同时，左肘向前、向上、向下猛力砸击，着力点在肘尖。砸击后，迅速将肘收回，还原成格斗势。

2. 右下砸肘

动作要领：从格斗势正势开始。右臂屈肘向上内收，右拳面向上，在向下沉腰的同时，右肘向前、向上、向下猛力砸击，着力点在肘尖。砸击后，迅速将肘收回，还原成格斗势。

动作要求：提肘要快，砸肘要猛。

二、膝法

膝法包括冲膝、跪膝。

（一）冲膝

冲膝是直线冲撞对手的一种攻击方法。其特点是突然性，杀伤力强。主要攻击对手上体。

1. 左冲膝

动作要领：从格斗势正势开始。右腿支撑，重心移右腿，左腿屈膝向前上方直线冲撞，同时两手拉对手颈部或双肩，以上冲和下拉的合力撞击对手，着力点为膝盖；目视攻击方向。击出后，还原成格斗势。

2. 右冲膝

动作要领：从格斗正势开始。左腿支撑，重心移左腿，右腿屈膝向前上方直线冲撞，同时两手拉对手颈部或双肩，以上冲和下拉的合力撞击对手，着力点为膝盖；目视攻击方向。击出后，还原成格斗势。

动作要求：提膝、上冲要猛，拉颈、下压要狠，重心要稳。

（二）跪膝

跪膝是由上向下跪击对手的一种攻击方法。其特点是力量大。主要攻击对手的下肢或上体。

1. 跪膝

动作要领：从格斗势正势开始。身体右转，右腿微屈，身体重心落在右腿，左腿屈膝，以膝盖为着力点，向下跪击，目视攻击方向。跪击后，还原成格斗势。

2. 右跪膝

动作要领：从格斗势正势开始。身体左转，左腿微屈，身体重心落在左腿，右腿屈膝，以膝盖为着力点，向下跪击，目视攻击方向。跪击后，还原成格斗势。

动作要求：跪击要狠，要借助身体的下沉力。

第五节　拿法、摔法

一、拿法

通过对对方手指、腕关节的控制来制服或解脱对手的方法为拿法。关节是人体比较脆弱的部位，容易受到损害。因此，在训练及实际运用中应慎用，做到适可而止，防止造成不必要的损伤。

（一）拿腕法

1. 撅腕

动作要领：出左手，从对方右臂外侧擒抓其右腕，左腿在前，右腿在后，膝关节微屈，使其掌心向下，牢固控制其腕；然后，速出右手从其掌背向下锁扣擒抓，掌心向下，擒抓手一触其腕即猛然向内、向下握压，左手牢牢抓握控制其腕，与右手的推压动作形成对向拉带合力，两力集中一腕，其腕必然断裂。

动作要求：抓腕牢、撅腕猛，动作协调。

2. 卷腕

动作要领：速出左手，从对方右臂外侧擒抓其右腕；右腿在前，左腿在后，膝节微屈，右手捉起，使其掌心向上；然后，再速出右手从其掌背侧向上锁扣擒抓指根或全掌背，一抓即猛然向上、向内翻推其腕节，左手牢控回带，对向合力，其腕骨即断。

动作要求：出手快、发力猛、动作协调。

3. 拧腕

动作要领：速出右手，从对手右臂外侧反抓其腕，虎口前提起；随即向内、向外缠绕，使其手臂翻转，使其肘在上、掌心在上；然后，左手进捕抓其掌背，顺势用力向内折屈其腕节；右手同时牢牢控制，使劲拉带，使其腕断残；施用缠手时，如果单手缠不过去则先用双手缠，然后再腾出一只手实施攻击，连带折腕、断肘。

动作要求：出手快，缠绕紧，发力猛，动作协调。

4. 缠腕

动作要领：速出左手，从对方右臂外侧擒抓其右腕，右手提起，使其掌心成内上形位；然后，右手同时出击抓拿其整个手掌，掌心向内，虎口在上，手腕侧挺；左手向内缠转其腕骨，右手向外缠转其手掌，两力共同分错其手腕关节，致其腕骨撕裂。

动作要求：上步快，抓腕牢，缠腕合力。

（二）拿指法

1．扣手折指

动作要领：当对方右手由上向下抓握己方右手腕时，用右手扣压在其右手背上，两手将其右手夹紧；右手指抓起对方小指用力折，可使其掌指关节脱位。

动作要求：迅速、凶猛，干净利落，折腕狠。

2．腰被抱折指

动作要领：当对方由后抱住己方腰，其右手抓握左腕时，用左手扣压在其右手背上，使之不能离开。右手抓握其右手小指用力折，使其右小指的掌指关节脱位。

动作要求：左肘后击要快、要狠，拧臂要有力，踢头要狠。

3．发被抓折指

动作要领：当对方由前以右手抓己方头发时，用右手扣压在其右手背上，使其右手不能离开。己方左手用拇指抠扳对方右手小指掌侧面，其余四指握背侧面，用力抓其小指，使掌指关节脱位。

动作要求：转身要敏捷，翻腕时两手和头部动作要协调，折腕要狠。

4．握手折指

动作要领：右手与对方握手，乘其不备，用左手握住其右手腕，右手四指上挑，抓握其拇指猛折，使其拇指的掌关节脱位。

动作要求：快速、协调、连贯。

二、摔法

摔法是散打中的重要技法，通过使用抱、绊、踢、搂等招式将对手摔倒、制服。摔法的练习可以增强力量，锻炼灵活性，提高攻防能力。这里介绍三种摔法：搂推摔、抱腿顶摔、过背摔。

（一）搂推摔

动作要领：从格斗势开始。当对方用左直拳击打己方头部时，用右手挡抓其左手臂，右脚迅速上一步，右臂外摆将对方左臂拨开，顺势抱住对方左膝窝，用右手向后搂拉，同时左手变掌向前猛推对方胸部，将其摔倒。

动作要求：挡抓要准，动作迅速敏捷，上步及时，推拉动作协调、合力。

（二）抱腿顶摔

动作要领：从格斗势开始。当对方用右直拳向己方打来时，用左小臂迅速上挡，右脚上一步闪开，右直拳猛击对方面部。乘其后仰之际，左脚上步，弯腰抱腿从后拉上提肩，顶其腹部，合力将对方摔倒。

动作要求：抱腿快，顶腹猛，动作突然而富有爆发力，一气呵成。

（三）过背摔

动作要领：从格斗势开始。左手挡抓对方右手臂，右脚向前上步的同时，右手由其右腋下穿过，抱其右大臂转体，两脚蹬地，双手用力，蹬腿翘臀，将对方由肩上摔出。

动作要点：挡抓要准，进身、转体要快，下拉要猛。

第六节　防守法

防守是以准确的拍击、严密的阻挡或灵活的躲闪使自己免遭对方的击打。防守的基本技术包括：拍击、格挡、挡抓、抄抱、闪躲。防守和反击是不可分割的。只有严密地防守对方的进攻，才能把握最佳时机，快速有效地打击对方。

一、拍击

拍击主要用于防守对方直线攻击上体或头部的拳或腿。

动作要领：从格斗势正势开始。左手拍击，上体稍向左转的同时，左手变掌向右前下方拍击，右拳护颌，目视前方。拍击后，迅速还原成格斗势。右手拍击，上体稍向右转，右手变掌向左前下方拍击，左拳护颌，目视前方。拍击后，迅速还原成格斗势。

动作要求：转体，拍击协调，幅度小，发力短促。

二、格挡

格挡主要用于防守对方横向或直线攻击的拳或腿。

动作要领：从格斗势正势开始。左手格挡，左上格挡时，左臂上提，上体稍向左转，右拳护颌；左下格挡时，左臂外拧，向下向外挡击，同时上体稍向右转，右拳护颌，格挡时，着力点在左小臂，目视前方。格挡后，迅速还原成格斗势。右手格挡，右上格挡时，右臂上提，上体稍向右转，左拳护颌；右下格挡时，右臂外拧，向下向外挡击，同时上体稍向左转，左拳护颌，格挡时，着力点在右小臂，目视前方。格挡后，迅速还原成格斗势。

动作要求：格挡迅速、及时，手臂肌肉紧张。

三、挡抓

挡抓主要用于防守对手的拳、掌的攻击，并可乘势反击。

动作要领：从格斗势正势开始。左手挡抓，左拳变掌，以八字掌前挡并翻掌外抓扣紧对方手腕，右拳护颌，紧盯对方。右手挡抓，右拳变掌，以八字掌前挡并翻掌外抓扣紧对方手腕，左拳护颌，紧盯对方可乘势腿击或拳击。

动作要求：出手迅速，挡抓准确，扣腕要紧。

四、抄抱

抄抱主要用于接抱对方进攻腿的小腿或脚。

动作要领：从格斗势正势开始。左抄抱腿，左拳变掌，掌心向上，向下前方抄抱，右手变掌置于左胸前，掌心向外；接腿时，左手向上兜抄，右手向下扣抓，用两手合力抱紧对方脚踝或小腿。右抄抱腿，右拳变掌，掌心向上，向下前方抄抱，左手变掌置于右胸前，掌心向外；接腿时，右手向上兜抄，左手向下扣抓，用两手合力抱紧对方脚踝或小腿。

动作要求：兜抄、扣抓要快、准、紧。

五、闪躲

闪躲主要用于躲闪对手的各种直线进攻，闪躲分为左右滑步闪躲、左右闪步闪躲、向后闪躲、下潜。

（一）左右滑步闪躲

动作要领：从格斗势正势开始。当对方拳击己方头部时，应迅速降低重心，同时利用左滑步或右滑步闪身躲过来拳，紧盯对方。闪躲后，迅速还原成格斗势。

（二）左右闪步闪躲

动作要领：从格斗势正势开始。当对方拳击己方头部时，应迅速降低重心，同时利用左闪步或右闪步闪身躲过来拳，紧盯对方。闪躲后，迅速还原成格斗势。左右闪步参见第二节步法的左右闪步。

（三）向后闪躲

动作要领：从格斗势正势开始。当对方来拳或腿向己方击来时，身体重心后移，上体后仰进行闪躲，紧盯对方。向后闪躲后，迅速还原成格斗势。

（四）下潜避摇

动作要领：从格斗势正势开始。当对方来拳向己方击来时，两腿迅速屈膝，降低重心，在躲过其来拳后，两腿蹬地，迅速以腰为轴，向一侧摇动，紧盯对方。下潜避摇后，迅速还原成格斗势。

动作要求：掌握闪躲时机，滑步、闪步、下潜与闪躲要迅速、协调。

第七节　倒功

倒功，亦称跌法，即倒地时为了避免摔伤和摆脱困境等自我保护的方法。倒功能够增强防护能力，变被动为主动。倒功包括前倒、后倒、侧倒、前扑、跃起侧倒、前滚翻、后滚翻、抢背。

预备姿势：在立正的基础上，左脚向左分开约与肩同宽，屈膝半蹲，两臂后摆，半握拳，上体微向前倾。

一、前倒

动作要领：在立正的基础上，身体挺直，自然前倒，同时两臂屈肘，置于胸前，掌心向下，抬头收腹，以两掌及小臂着地。

动作要求：身体挺直，腰背紧张，前倒时要有一定的控制能力。

二、后倒

动作要领：在预备势的基础上，两臂前摆，两膝向前下顶，上体后仰；同时起右腿挺胸勾头，以肩及背部着地。

动作要求：摆臂要快，后仰、挺胸、勾头要协调一致。

三、侧倒

动作要领：在预备势的基础上，两臂迅速前摆，随即左后转身，右脚猛向左摆，以左臂、右脚掌、体侧着地，右臂上挡护头，两腿弯曲成剪式。

动作要求：右脚左摆要快，摆臂、转身、摆腿要协调一致。

四、前扑

动作要领：在预备势的基础上，两脚蹬地，向前跃起；同时两臂前摆，掌心向下，屈臂，以两掌、小臂及两脚内侧着地，两脚分开略比肩宽。

动作要求：跃起、摆臂要快，腿要挺直。

五、跃起侧倒

动作要领：在预备姿势的基础上，两脚向上跃起，两臂前摆，左后转身的同时，右脚猛向左摆，以双手、双臂、右脚掌、体侧着地，两腿弯曲成剪式。

动作要求：跃起、摆臂要快，转身摆腿要协调一致。

六、前滚翻

动作要领：在立正的基础上，屈膝下蹲，两臂前摆，两手撑地，弯腰收头，以背部着地，用两脚蹬力向前滚翻，随即双手抱膝，迅速起立。

动作要求：滚翻、起立要快。

七、后滚翻

动作要领：在立正的基础上，屈膝下蹲，弯腰收头，借身体后仰和双手撑力，按臀部、背部着地的顺序，向后滚翻，随即迅速起立。

动作要求：滚翻、起立要快。

八、抢背

动作要领：两脚前后站立，身体下蹲，同时屈右（左）肘，小臂先着地，头向左（右）侧转，双脚蹬地，按肩、颈、背、臀的顺序依次着地滚动，用左（右）手拍地。

动作要求：屈伸臂低头要协调，身体要抱成团。

第十章　套路技术

第一节　擒敌拳

擒敌拳由拳、腿、摔、拿等16组（亦称16动）技术动作组成，是一套节奏分明、动作连贯、攻防意识较强的实用拳术。其技术编排合理，能充分发挥身体各部位的肌肉、关节的灵活性，达到了增强体质，锻炼身体的目的；同时，具备较强的自卫和制敌作用。套路技术的训练对培养人民警察勇猛顽强的工作作风，同样具有重要意义。

一、拳术队形散开及靠拢

散开：一列横队时，听到“拳术队形报数”的口令后，从右至左报数，每人按自己所报的数字，用乘2减1的方法确定步数（如第6名报6，乘2减1为11步）。听到“成拳术队形——散开”的口令后，向左转，按正步走的要领行进。排尾第1名走第3步的同时，第2名迈出第1步，其余人员，按此法依次进行。走完自己的步数，自行立定，同时向右转，自行看齐。多列横队时，听到“拳术队形报数”的口令时，右一路和前一列按先纵队后横队、向后向前、从右至左的次序报数；而后用同样的方法确定向前、向左散开的步数。散开时，按先向前、后向左的顺序散开。

靠拢：听到“成原队形——靠拢”的口令，一列横队时，右翼第1名成立正姿势，列队人员向右转，跑步靠拢，立定，向左转，自行看齐。多列横队时，最后一列右翼第1名后退1步，成立正姿势，列队人员向右（后）转，取捷径跑步靠拢，自行立定，向左（后）转，自行看齐。

动作要求：动作准确、迅速。

二、预备姿势、（第一动）直拳横踢

动作要领：在立正的基础上，听到“擒敌拳——预备”的口令后，身体左转成格斗势。

左直拳，接右直拳，接右横踢，右脚落步，出左直拳（不收回），右拳置于下颌，两眼目视前方。

动作要求：击打迅猛连贯。

三、（第二动）抱腿顶摔

动作要领：左脚在右脚后垫步，左拳置于下颌，随即起右腿前蹬，右脚向前落步，上体前俯，成右弓步；同时两手前伸，与膝同高，掌心相对，随即肩向前顶，两手后拉置于腹前，两眼目视前下方。

动作要求：垫步前蹬快，抱腿顶摔猛。

四、(第三动) 勾摆连击

动作要领：左脚向前上步，左勾拳，按右勾拳，接左摆拳（不收回），右拳置于下颌，两眼目视前方。

动作要求：上步勾拳连贯迅猛。

五、(第四动) 抱臂背摔

动作要领：进步的同时，左手向外挡抓，掌心向外；右脚向左前上步，右手前伸上挑，掌心向上，置于左手前，随即左脚向右脚后插步，两腿弯曲；上体迅速向左后转体弯腰（小于90°），两手猛力下拉，同时两腿蹬直（两脚之间约一脚距离），臀部上顶，两手变拳置于身体左侧；身体左转，右脚下踹，左拳置于下颌，右拳置于大腿外侧，两眼目视前下方。

动作要求：转体、弯腰、下拉、蹬腿快速连贯。

六、(第五动) 侧踹勾拳

动作要领：右脚在左脚后垫步，左侧踹，左脚落地，左臂左上格挡；接右勾拳（不收回），左拳置于下颌，目视前方。

动作要求：侧踹快，勾击狠。

七、(第六动) 拉肘别臂

动作要领：进步的同时，左手由下向前上方插掌，掌心向左，略低于肩，右拳置于下颌；随即右手抓握左手腕，左手握拳，身体向右转体成右弓步，同时两手猛力后拉，身体下压，两手置于腹前，两眼目视前下方。

动作要求：插掌快，后拉下压猛。

八、(第七动) 掀腿压颈

动作要领：身体向左后转180°，左抄抱，右脚向左前踢腿（与小腿同高），同时身体右转，左手上挑与头同高，掌心向后，右手下压后摆，掌心向后；右脚踢腿后在左脚后落步，并用力下踏，同进左脚向前上步，左手臂左下格档，右掌置于腰际，随即右掌向前插击，掌心向下与喉部同高（不收回），左手变拳置于下颌，两眼目视前方。

动作要求：上挑、下压、踢腿迅猛连贯。

九、(第八动) 侧踹横踢

动作要领：右掌变拳置于下颌，同时右脚向前垫步，起左腿侧踹，按右横踢，右脚落步，出左直拳（不收回），两眼目视前方，右后转身180°成格斗势，目视前方。

动作要求：侧踹快，横踢猛。

十、(第九动) 前蹬弹踢

动作要领：右前蹬，接左腿弹踢，左脚落步，出右直拳（不收回），目视前方。

动作要求：前蹬猛，弹踢快，重心稳。

十一、（第十动）直摆勾击

动作要领：进步左直拳，接右摆拳，接左勾拳（不收回），两眼目视前方。

动作要求：击打迅猛连贯。

十二、（第十一动）接腿涮摔

动作要领：身体左转，抄抱腿，左手抓右手腕，左脚向左后撤一大步，成右弓步的同时，两手经膝前向右上划弧，与肩同高，两眼目视左下方。

动作要求：撤步、划弧步、猛。

十三、（第十二动）摆拳侧踹

动作要领：右摆拳，接左直拳，接左侧踹，左脚落步，出右直拳（不收回），两眼目视前方。

动作要求：击打迅猛，重心稳。

十四、（第十三动）抱腿撞裆

动作要领：进步的同时，身体下潜，两腿弯曲，两手变掌下插，左手在上（与膝同高），右手在下（与小腿同高），掌心相对；身体向右后转体 270° 的同时右脚上步，两掌变拳上提后拉于胸前，上体前俯；随即左膝下跪，左拳下击，与左膝同高，右拳置于下颌，两眼目视下方。

动作要求：上步抱腿快，转摔猛。

十五、（第十四动）绊腿跪裆

动作要领：起身左抄抱的同时，右脚进步，脚尖内扣（左脚跟上）；左脚向右脚后插步，右腿向后绊的同时身体向左下旋压，左手成拳，拳心向内，置于颌下，右手成八字掌，掌心向下置于左胸前。

动作要求：插步、绊腿、旋压迅猛连贯。

十六、（第十五动）格挡弹踢

动作要领：身体向右后转体的同时，右上格挡，左腿弹踢，左脚落步，出右直拳（不收回），目视前方。

动作要求：格挡到位，弹踢快。

十七、（第十六动、结束势）肘膝连击

动作要领：左横击肘，接右横击肘，随即两拳变八字掌前插，与肩同高，两手下拉；同时右冲膝，右脚落步，左后转体 180°，成格斗姿势。

动作要求：肘击、冲膝迅猛连贯，身体向右转的同时，右脚靠拢左脚，恢复立正姿势。

第二节　功力拳

功力拳是基本功与擒敌技术的一种综合练习套路。坚持经常训练可提高摔打技巧，增强格斗的功力。

预备势：在立正的基础上，听到“功力拳——预备”的口令后，身体向右转的同时，右脚后撤一步，两脚略成“八”字形，屈膝，体重大部分落于右脚；两手握拳前后拉开，左臂弯曲，约90°，拳与下颌同高，拳眼向内上。右拳置于腹前，拳眼向上，自然挺胸收腹，目视前方。

动作要求：转身、撤步、拉拳、屈膝要协调一致。

一、（第一动）推击弹踢

动作要领：右拳变立掌猛力向前推出，成左弓步，目视右手；起右脚猛力向前弹踢的同时，左拳向前冲出，拳心向下，右拳收宇腰际，拳心向上，目视前方。

动作要求：推击、弹踢要猛，重心要稳。

主要用途：击胸、面部；踢裆、腹部。

二、（第二动）防上勾打

动作要领：右脚猛力下踏的同时，左脚向前上步（只提起，未落地），左臂屈肘上挡，拳心向前，右臂自然后摆，目视前方。左脚落地成弓步同时，右拳由下向前上勾打，拳与下颌同高，拳心向内，目视右拳。

动作要求：防打结合要紧凑，勾拳要猛。

主要用途：防上、击腹。

三、（第三动）掏裆砍脖

动作要领：右手变掌向前下插，手略与裆部同高，左拳收于腰际，目视右手；左脚上步成弓步的同时，左手后拉上提至左腹，右掌猛力下砍，与膝同高，目视前方。

动作要求：变掌下插要快，后拉与下砍要协调一致。

主要用途：由后掏裆砍脖。

四、（第四动）抓腕砸肘

动作要领：左脚向前垫步，脚尖向外，右脚向前落步成右弓步；同时，左手变八字掌向前下做抓腕式；右手握拳自然后摆，目视左手；迅速左后转身的同时，右臂屈肘，经体前猛力砸于腹前，小臂略平，拳眼向上，左手变拳后拉于腰际，目视前下方。

动作要求：垫步抓腕要快，转身砸肘要猛。

主要用途：由前抓腕砸肘。

五、（第五动）挡臂掏腿

动作要领：重心移至右脚成右弓步，同时右臂屈肘向右上挡开，目视前方；左脚向前上步的同时，右拳变掌向前猛插，拳心向左，略与膝同高；右手屈指掏至腹前，拳心向内，距身体约 10 厘米；同时左手立掌向前推击，掌心向右前，掌指略与肩同高，目视前方。

动作要求：挡臂要快，掏腿要协调一致。

主要用途：掏腿，推击腹、胸部。

六、（第六动）马步侧打

动作要领：右脚向前上步成弓步，同时左手变八字掌，置于左胸前。右手变拳自然后摆，目视前方。左转身成马步的同时，左手挡抓，拧拉于腰际，右拳由后向前猛力侧打，目视右拳。

动作要求：上步要快，侧打要猛。

主要用途：拧臂、掼耳。

七、（第七动）踹腿锁喉

动作要领：左脚向右垫步的同时，右大腿抬平，脚尖里勾，两臂弯曲，置于胸前，掌心向下，目视前方。右脚向前猛踹，脚落地的同时，右手前插，左手抓右手腕，右手变拳，猛力后拉，下压于胸前，成石弓步，目视前方。

动作要求：踹、锁要紧密结合，重心要稳。

主要用途：由后踹腿锁喉。

八、（第八动）勾腿推腹

动作要领：收回右脚，两手置于腹前，目视前方。右转身，右脚猛力下踏的同时，左腿前伸，脚尖内勾，重心落于右脚，目左视。重心移至左脚成左弓步，同时两手变立掌猛力向前推击，掌心向侧前方，掌指略与肩同高。目视前方。

动作要求：勾腿要快、推击要猛。

主要用途：勾脚跟、推击腹部。

九、（第九动）勾踢肘击

动作要领：起右脚猛力向前勾踢的同时，两手变拳，左臂上挡外拨，右臂自然后摆，目视前方。右脚向前落地的同时，右臂屈肘于胸前。拳心向下，左拳变掌前推右拳面，猛力前击，右大臂略平，成右弓步，目视前方。

动作要求：勾踢重心要稳、肘击要猛。

主要用途：勾踢脚跟、脚踝、小腿，击胸

十、（第十动）砸面击肋

动作要领：右拳猛力向前反弹，拳心向上，目视右拳右脚成虚步的同时，左手由右小臂下穿掌上排，掌心向右前，右拳收于腰际，目视左手。右脚上步，左转身成马步的同时，左手抓拉收于腰际。右拳向右侧冲出，拳眼向上，略与肩同高，目视右拳。

动作要求：反弹、穿掌要快，冲拳要猛。

主要用途：反弹砸面、击肋、腹部。

十一、（第十一动）击腹别臂

动作要领：左转身成左弓步的同时，右拳由下向前上猛力勾打，左臂自然后摆，目视右拳。左手向前上方插掌，掌心向右，随即右手抓握左手腕，目视两手。左手握拳，右转身成右弓步的同时，两手猛力后拉下压于腹前，目视前下方。

动作要求：转身勾打要快，后拉下压要猛。

主要用途：击腹、别臂。

十二、（第十二动）抱腿顶摔

动作要领：左转身成左弓步的同时，左臂上挡，拳心向前下，右拳猛力向前冲出，拳心向下，目视前方。右脚向前上步成弓步的同时，两拳变掌前插，掌心相对，手略与膝同高，目视两手。左转身，右肩猛力前顶的同时，两掌屈指猛力后拉于体前，两小臂略平，与裆部同高，目视前下方。

动作要求：转身挡击要快，后拉肩顶要协调一致。

主要用途：仿上击面。由前、后抱腿顶摔。

十三、（第十三动）挡抓后绊

动作要领：左脚向前上步，膝微屈，脚尖向外。同时，左手变八字掌置于胸前，手略高于肩。右手变拳收于腰际，目视前方。起右脚经体前猛力后绊的同时，左手挡抓拧拉于腰际，右拳猛力向前冲出，拳心向下，成左弓步，目视前方。

动作要求：挡抓、拧拉、绊腿、冲拳要协调一致，重心要稳。

主要用途：拧臂绊腿，击面、胸部。

十四、（第十四动）戳喉击胸

动作要领：右转身屈膝下蹲的同时，左脚收回，靠近右脚，脚尖着地，左臂向下挡开，右拳收于腰际，目左视；左脚向前上步成弓步的同时，右手变掌猛前插，掌心向下，略与喉同高，左臂自然后摆；右脚向前上步成弓步的同步，右手变拳，拳心向下，屈肘前击，目视前方。

动作要求：防下、插掌要快，屈肘前击要猛。

主要用途：防下、戳喉、击胸。

十五、（第十五动）挡抓扼喉

动作要领：左脚向前上步，脚尖向外，同时，左手变八字掌置于胸前，右拳收于腰际，目视左手。提起右脚，脚尖自然下垂，右手变八字掌置于体侧，虎口向前上；左手挡抓，拧拉于腰际的同时，左后转身，右脚经体前猛力后绊，右手经体前与喉部同高，向左下猛按，虎口向下稍向前，略与膝同高，臂微屈，目视右手。

动作要求：上步变掌要快、扼喉，绊腿要协调一致。

主要用途：挡抓敌臂、绊腿、扼喉。

十六、（第十六动）防下直打

动作要领：右后转身，左脚向前上步，重心落于右脚；同时，左臂经胸前下砸于腹前，右拳收于腰际，目左视；重心移至左脚成左弓步，同时右拳向前冲出，左臂自然后摆，目视前方。

动作要求：上步下砸要快，直打要猛。

主要用途：防下，击面、胸部。

十七、（第十七动）折腕牵羊

动作要领：右脚向前上步成虚步的同时，两手在体前合掌，目视两手；右脚后撤成仆步，同时，两手猛力后拉，下压于腹前，目视前下方。

动作要求：合掌要快，后拉要猛，重心要稳。

主要用途：由前、后抓手折腕。

十八、（第十八动）防弹击腹

动作要领：以右脚的蹬力使重心前移成左弓步。同时，右拳向前猛力冲出，左手变拳自然后摆，目视前方。左脚迅速收回成虚步的同时，两手变拳叠并，猛力向下拍击，略与裆同高，目视两手。右脚迅速向前上步成弓步的同时，两手变拳猛力向前冲出，略低于肩，拳心向下，两拳相距10厘米，目视前方。

动作要求：收步拍击要快、上步冲拳要猛。

主要用途：防弹踢，击胸、腹部。

十九、（第十九动）缠腕冲拳

动作要领：起右脚的同时，左手抓握右手腕猛力后带于左腹前，目视两手。右转身的同时，右脚猛力下踏，左脚提起，两手经胸前猛力下切于右腹前，目视两手。左脚向前上步成弓步的同时，左手变八字掌挡抓，拧拉于腰际，右拳猛力向前冲出，目视前方。

动作要求：抓腕下切要快，踏脚要有力，冲拳要猛。

主要用途：抓腕、拧臂击面。

二十、（第二十动）插裆按摔

动作要领：左拳变八字掌向左上挡抓，右拳收于腰际，目视左手。左转身，右脚向前上步的同时，右手向前下插掌，略高于膝，掌心向左上；左手握拳，置于头上方，目视右手。稍向右转身的同时，左手向左下拧拉于右肩前，小臂略平，拳略低于肩，掌心向上稍向内；右手握拳向右后猛力上挑，屈肘，拳略高于头。拳心向内稍向下挺胸收腹，体重落于两脚，成马步，目视前方。

动作要求：上步插掌要快，下拉、上挑要协调一致。

主要用途：插去裆部，拉臂扛摔。

结束姿势：左脚靠拢右脚的同时，恢复立正姿势。

动作要求：靠腿、收拳要协调一致。

第三节　警棍术

警棍术的套路，是指将使用警棍的某些基本技术动作和实用技术动作，按实践中的一定规律组合、串联起来，使之形成一整套具有相对稳定的、连续的技术动作。通过警棍术的套路训练，可使学习者熟练掌握前面所讲的各个技术动作的要领，进一步巩固基本技术和实用技术。同时，提高学习者在实践中的攻防能力，以及增强其手法、眼法、身法、步法等各项身体素质、技术素质等方面，也能收到较为理想的效果。

本套警棍术是一套以基本技术为主的棍术。它的特点是：动作简单，容易掌握。全套动作气势勇猛，刚劲有力。不但可以个人单独练习，而且也适合集体形式的演习。这套警棍术除了可提高学习者各方面的身体素质和掌握技术要领的熟练程度外，还能提高他们的练习兴趣，培养他们的集体主义精神。

动作说明：右手持棍，贴住右腿，棍端向下，成立正姿势。当听到“第一套警棍术（预令）——预备（动令）”的口令时，左脚向左侧跨出一步，略与肩宽，脚尖稍内扣。右脚尖稍向外，两脚平行。全脚掌着地。两腿屈膝，重心放在两腿之间。上体侧面向前，左手握拳提起，左臂微曲大于90°，拳与肩同高。右手握棍，放在腹前，棍端斜向前上方。目视前方。

动作要求：精神振作，左转头迅速，提拳、出步、抱棍要整齐。

一、（第一动）左右劈砍

动作要领：右脚向前上步，同时，右手持棍，由腹前向上微收，并迅速向左前方劈击。左手内收于左胸前。左脚向前上步，成左弓步，右手持棍向后、向上，然后再向右前下方，成立圆式砍击。左手掩于右手腕处。

动作要求：上步劈、砍两棍清楚，协调有力，握紧警棍。

二、（第二动）回抹前捅

动作要领：左脚收于右脚，右手持棍，棍身平衡，棍端向前收至腹前。左手护于右手腕处。左脚上步，成左弓步；同时，右手持棍，左手手心抵于棍根，直线向前捅击。

动作要求：回抹旋臂用劲柔缓，前捅要有爆发力。

三、（第三动）马步反顶

动作要领：右脚上步，身体向左侧转成马步；同时，左手持棍，棍根由后上方向前顶击。右手握拳收到腰际，眼向右看。

动作要求：马步，脚趾抓地向右滑，顶击有力。

四、（第四动）架棍冲拳

动作要领：身体右转，右手持棍，由下向上，横平拳于头前方；同时，左臂由屈到伸，使拳直线向前冲击。

动作要求：架棍、冲拳要同时用力。

五、（第五动）下砍前劈

动作要领：左腿屈膝提起，右手持棍，由左上向右下方砍击；左腿向前落成左弓步，左手上架；同时，棍端从后上方前劈击。

动作要求：提膝、下砍要协调，前劈要有力。

六、（第六动）盖棍侧踹

动作要领：身体左转，左手虎口朝前，握于棍前段，回收。右手持棍，向前盖击。右腿屈膝提起侧踹，目视右侧。

动作要求：两手交错用劲盖棍，侧踹有力。

七、（第七动）插步反顶

动作要领：右脚落地，左脚从右脚后向右插步；两手持棍，用棍根向右反顶，眼向右看。

动作要求：重心右移，双手协力反顶。

八、（第八动）回身劈棍

动作要领：右脚向右撤步，身体左转，右手持棍，由右上方向左前方劈击；左手握拳，收于腰际；右手持棍，收于腹前；左拳变掌，向前击出，目视左掌。

动作要求：回转身要快，重心稳。

九、（第九动）接手平斩

动作要领：重心前移至左腿，成小弓步。同时，右手持棍，棍端朝下，经体前向左前方格棍；左手内收于右腋，向前平接手；右腿向前上步，成右弓步；同时，左手向后平摆，与肩同高，手心向后；右手持棍，经体后缠绕向右，向前平斩。

动作要求：缩身裹肩，用腕平斩。

十、（第十动）反身撩棍

动作要领：身体左后转，重心移至左脚；右脚跟抬起，成小弓步；同时，右手持棍回收，经体侧向下，向后猛撩，两眼向后看。

动作要求：重心后移快，撩棍迅速、有力。

十一、（第十一动）弓步上架

动作要领：身体右转，重心移至右腿，成右弓步。同时，左手握于棍前段，双手持棍，由下向上，横平架起，目视棍的前上方。

动作要求：后转迅速，上架略高于头部即可。

十二、（第十二动）蹬腿格棍

动作要领：右腿屈膝提起，向前蹬出；两手收于右腰际；左手松开，并握拳收于腰际；右手持棍，棍端朝上，由右后方向左前方旋臂内格。同时，右脚向前闪步，身体左转，目视棍身。

动作要求：蹬腿有力；内格棍时，侧身闪步。

十三、（第十三动）挎棍击鬓

动作要领：左脚向前上步，同时，左手握于棍前段，经右上方向左下方回挎。右手持棍柄，由右下方向左上方猛推击棍根。

动作要求：挎棍成弧形，要用劲击鬓，要拧腰发力。

十四、（第十四动）缩身捅棍

动作要领：左脚收至右腿前。同时，右手持棍，棍端向前，右臂弯曲回收，左手护于右手腕；左脚上步，成左弓步；同时，左手变掌上架，右手持棍，以棍端向前直捅，目视前方。

动作要求：两腿屈膝，重心下降，前捅有力。

十五、（第十五动）后顶挑棍

动作要领：左手握于棍前端，两手用棍根向后用力顶击；身体随即从右向后转；左脚上步，左手握于棍前端，由下向前上方挑击，目视前方。

动作要求：后顶有力，转身要快。

十六、（第十六动）点棍收势

动作要领：左手松开，握拳收于腰际。右手持棍，以棍端向前下方点击，同时左脚回收；左腿向前迈出；同时，右手持棍收于腹前，左拳前出，目视前方，成预备势。

动作要求：压腕、提臂要有爆发力，点击用力。收势动作整齐。

结束动作：左脚向右脚并拢，成立正姿势。同时，左拳变掌，落于左腿侧；右手持棍，经体前向右下方落于右腿侧。棍端朝下，头向右转，目视正前方。

第十一章 实战技能训练

实战技能训练是人民警察模拟实际情形的散打技能训练。人民警察在掌握了散打基本技能以后，通过实战训练，掌握过硬的临场制敌的本领，有效地维护社会治安。

第一节 主动擒拿

主动擒拿是指警察主动使用擒拿技术，出其不意，攻其不备，迅速将犯罪嫌疑人制服的一种技击方法。

一、由前接近犯罪嫌疑人的擒拿动作

（一）击腹别臂

动作要领：警察由前接近犯罪嫌疑人右侧，左手抓握其右手，同时用右手勾拳猛击其腹部。乘犯罪嫌疑人收腹弯腰之际，右手抓其右手腕，右小臂由下向上猛挑其右肘内侧。身体向右后转体的同时，左脚向前上步，左手折腕前推，右手外抽后抓肘，左手推，右手拉，将犯罪嫌疑人制服。

动作要求：击腹要狠，上挑要快，前推后拉要狠。

（二）拉肘别臂

动作要领：警察由前接近犯罪嫌疑人右侧，左小臂挡住其右臂。左小臂从其臂内侧穿过，同时右手由上扳住其肘部向怀里猛拉，随即左手扒住其大臂猛力下压，右后转体，起左脚绊对方右腿将其摔倒制服。

动作要求：拉肘别臂要快，下压绊腿要协调一致。

（三）抓腕砸肘

动作要领：警察由前接近犯罪嫌疑人左侧时，左手虎口向前，迅速抓其左手腕。随着左转身的同时，右小臂猛砸其肘，将其制服。

动作要求：抓腕要准，转体要快，砸肘要狠。

（四）击肋携臂

动作要领：警察由前接近犯罪嫌疑人右侧时，右手从其腰、手间穿过外拨，同时左手迅速抓其右手手腕外拉，随即右臂屈肘猛击其肋部。右臂猛拉对方肘部，右后转体，左脚向左前上步，右手扒肩，左手折腕前推，将其制服。

动作要求：抓手要准，击肋要狠，携臂要快。

二、由后接近犯罪嫌疑人时的擒拿动作

（一）抱膝压伏

动作要领：当警察接近犯罪嫌疑人背后时，迅速成右弓步，同时两手抱膝；以后拉和肩顶臀部之合力将其摔倒。左脚迅速上步骑压其腰（右腿跪，左腿伸），右手从其颌下穿

过，以小臂猛锁对方喉部，左手抓住其左手，折腕将其臂向后拉直，置于警察大腿根处，收回左脚靠近其左肩外侧。换手锁喉，以同样方法控制其右臂，两腿夹住其双肘，即可捆绑。

动作要求：后拉和肩顶要协调一致，骑压要快，锁喉要狠。

（二）折腕牵羊

动作要领：向后接近犯罪嫌疑人右侧，迅速以左手抓住其右手背，折腕外拧；随即右手以同样方法抓其手，两拇指紧顶其手背，猛折其手腕下压外拧，迫其下蹲。右脚后撤一步，同时折腕下压后拉，将其拉倒。将其右臂从颌下绕过，随即骑压其腰，右手控制其右手腕，右手从其腋下穿过，将其左手拧到背上；进行“8”字捆绑。

动作要求：抓手要准，折腕要狠，下压后拉要协调一致。

（三）踹腿锁喉

动作要领：接近犯罪嫌疑人背后，右脚猛踹其腘窝（膝部的后面），乘其后仰之际，右小臂插入其颌下，以内侧骨卡压其喉，左手抓右手腕，右手变拳，后拉下压，同时右脚着地，肩顶犯罪嫌疑人头部。左后转体将其摔倒，右脚上步骑压其腰，左手抓住其左手后拉置于警察大腿根处，换手锁喉，以同样的方法控制其右臂，压伏擒敌。

动作要求：踹腿要猛，锁喉要狠，骑压要快。

（四）夹肘折腕

动作要领：由后接近犯罪嫌疑人左后侧时，左手迅速抓握其左手腕，用力上抬，使其屈肘。右臂迅速从其腋下穿过，屈扣其左手腕，并用力下折，将其制服。

动作要求：抓腕准，上抬快，折腕有力。

（五）别臂按头

动作要领：从背后接近犯罪嫌疑人，用双手从其腋下用力屈肘上挑，随即两臂外撑的同时用手按压住其头部后侧扣压。右膝顶住其腰部后侧，向后拉使其坐于地下，随即向侧翻压将其制服。

动作要求：双手插腋、按头要快，动作协调一致。

（六）夹臂绊摔

动作要领：从背后接近犯罪嫌疑人，左手抓住其左手腕，右臂屈肘击打其后脑后顺势夹住其大臂，同时右腿从犯罪嫌疑人体前伸过，绊住其双腿。合力将其摔倒，控制其肩肘关节将其制服。

动作要求：夹臂要稳、绊腿要快。

第二节　被动擒拿

被动擒拿也称解脱擒拿，是指在犯罪嫌疑人用某种方式控制住人民警察的情况下，人民警察利用解脱擒拿技术，由被动变主动，将犯罪嫌疑人制服的一种技击方法。

一、头发被抓时的解脱擒拿

（一）破正面抓发——撤步折腕

动作要领：当犯罪嫌疑人从前用右手抓住警察头发时，警察两手迅速扣紧其手背，右脚后撤步。撤步的同时，两手反折其右手腕，向前向下猛拉，使其跪地后前倒，将犯罪嫌疑人右臂从颈下绕过，同时右转身骑压其腰部，将其制服。

动作要求：扣手背要准，反折、前拉要狠，绕颈骑压要迅速。

（二）破背面抓发——撤步击肋

动作要领：当犯罪嫌疑人由后用右手抓住警察头发时，警察右手迅速扣紧其手背。左脚后撤一步的同时，左肘猛击其肋部。左手抓住其小臂，弯腰转体，低头前顶，两手猛力反拧下压，将其制服。

动作要求：扣手、撤步要快，击肋要准，折腕下压要狠。

二、喉部被掐时的解脱擒拿

（一）破正面掐喉砸击顶面

动作要领：当犯罪嫌疑人由前用双手卡警察喉部时，警察两手迅速由上向下砸击其双臂。随即两手顺势扒其双肩，用前额猛顶其面部，将其制服。

动作要求：砸击迅速有力，前顶要狠。

（二）破背后掐喉——抓臂背摔

动作要领：当犯罪嫌疑人用双手从背后掐住警察颈部时，即可收下颌、提肩，双手分别抓住犯罪嫌疑人手腕，同时用后腿撩腿攻其裆部。随即双手向前拉拽其两臂，并向后撤步，将其从背后摔出。两手拉住其双手，左脚踏其胸部，将其制服。

动作要求：撩裆准且猛，撤步背摔要快，左脚下踏要狠。

三、颈部被锁时的解脱擒拿

（一）破颈部由后被锁——撩裆拧臂

动作要领：当犯罪嫌疑人由后锁住警察颈部时，警察右手迅速紧扣其右手腕下拉，随即左手向后猛击其裆部。乘犯罪嫌疑人弯腰之际，左脚迅速后撤一步，同时两手抓住其右手腕。随即将其左臂从自己头上绕过外拧，两手用力扳拧的同时，起左脚猛踹其膝关节，将其制服。

动作要求：扣手、下拉快，撩裆准，外拧、踹腿狠。

（二）破颈部由侧被锁——抓发抄腿

动作要领：当犯罪嫌疑人由右侧面以左臂锁住警察颈部时，警察快速出右手抓住其头发，左手抄其左腘窝；随即将其右腿提起，同时猛往下拽其头部，迫使其全身随头部向后移动。在其头部后仰的一刹那，左手迅速抄托其左腿，将其摔倒制服。

动作要点：揪发狠，抄腿快，动作连续，两力猝发。

四、衣领被抓时的解脱擒拿

（一）破前领被抓——折腕后绊

动作要领：当犯罪嫌疑人由前抓住警察衣领时，警察右手迅速紧扣其手背。警察上体右转，弯腰含胸，猛力压折嫌犯手腕。左手推压犯罪嫌疑人肘部的同时，左腿猛绊犯罪嫌疑人右腿，使其倒地，左脚上步，骑压犯罪嫌疑人，扳头，将其制服。

动作要求：扣压手背要紧，折腕要狠，推肘绊腰要协调。

（二）破后领被抓——勾踢肘击

动作要领：当犯罪嫌疑人由后用右手抓住警察衣领时，警察右脚迅速后撤一步，身体向右转的同时，右小臂猛击其肘部。左脚垫步，起右脚勾踢其前脚，同时右肘猛击其肋部，使其倒地。警察迅速骑压犯罪嫌疑人，按头扳下颌，将其制服。

动作要求：后撤、转身要快，勾踢要准，击肋、骑压要狠。

五、肩被抓时的解脱擒拿

（一）破由前抓肩——扣手别肘

动作要领：当犯罪嫌疑人用右手抓住警察左肩时，警察同时用右手扣住其右手。随即左臂屈肘，由左向右别其右肘，左腿后扫绊，将其制服。

动作要求：扣手要紧，压肘、扫腿要快速连贯。

（二）破背后抓肩——挎肘绊摔

动作要领：当犯罪嫌疑人用右手由后抓住警察左肩时，警察用右手抓其右手背，同时左脚摆扣步配合右转体。随即左臂沿顺时针挥摆，缠绕其右臂，并向上屈肘挎别其臂。右手推掐其喉，右腿绊其右腿；摔倒后以右膝跪压其肋、左膝跪压其头，将其制服。

动作要求：转体、屈肘挎臂要快，绊摔及时。

（三）破由前抓两肩——上步别腿

动作要领：当犯罪嫌疑人抓住警察两肩欲摔时，警察立即由其两臂内侧抓推住其两肩；同时两手向右拉动其两肩。趁犯罪嫌疑人向左反抗之机，向其右侧上左腿、右臂屈肘压其胸，左转体。犯罪嫌疑人可被侧向摔倒。

动作要求：抓肩、上步、转体快；压胸有力。

六、手腕被抓时的解脱擒拿

（一）破同侧臂逆抓——折腕下压

动作要领：当犯罪嫌疑人用左手正面逆抓警察右手腕时，警察用左手扣紧其左手背，向后拉臂。右小臂向外划弧并内旋，从其虎口脱出的同时，双手反抓其手腕。左手向上，右手向下，用力下压其腕关节外缘一侧，迫其倒地，将其制服。

动作要求：扣手紧，折腕低头向前顶，压臂、绊腿要迅速。

（二）破异侧臂交叉逆抓——缠腕蹬臂

动作要领：当犯罪嫌疑人右手抓住警察右手腕时，警察左手紧扣其手背。警察右手稍向内带，由下右上挑，四指紧扣其小臂，猛力向下切按其手腕。随即右脚后撤一步，使其倒地，两手反拧其小臂上拉，左脚蹬踏其大臂，将其制服。

动作要求：扣压其手背要紧，上挑、切腕要狠，下压、后拉要猛。

（三）破背后顺抓——摆臂击肋

动作要领：当犯罪嫌疑人由后抓住警察左手腕时，警察立即向前摆臂，解脱犯罪嫌疑人对警察左手的控制；同时，两腿微屈，身体左转，左臂屈肘向后侧猛顶犯罪嫌疑人肋部，将其制服。

动作要求：向前摆臂要突然，击肋要狠。

七、手臂被反拧时的解脱擒拿——踩脚击头

动作要领：当犯罪嫌疑人用左手抓住警察右手腕，右手抓小臂，使其向自己背后屈臂时，警察用左脚猛踩其左脚背。左臂平拉屈肘，向后猛击其左侧下颌；同时左脚绊犯罪嫌疑人左脚，使其倒地，随即，骑压腰部，扳颈将其制服。

动作要求：下踩要准，击下颌要狠，骑压要快，扳颈要猛。

八、腰被抱时的解脱擒拿

（一）破腰由前被抱——撞裆击背

动作要领：当犯罪嫌疑人由前抱住警察腰时，警察迅速起右膝撞击其裆部或小腹部；同时右肘或双肘猛击其背，将其击倒。警察迅速右转体骑压其腰部，左手按脖，右拳掼耳，将其制服。也可双手掐喉或一手按头，一手扳下颌，用力外拧对手颈部，将其制服。

动作要求：撞裆要准，击背、扳下颌要狠。

（二）破腰由后被抱——转体别臂

动作要领：当犯罪嫌疑人由后抱住警察腰时，警察迅速用左手抓住其右手腕，同时右臂屈肘击其头部；乘犯罪嫌疑人松手之际，左脚上步右后转体以拉肘别臂，将其制服。

动作要求：抓腕要准，击头要狠，拉肘别臂要快。

九、被抱腰锁臂时的解脱擒拿

（一）挫腿摔

动作要领：当犯罪嫌疑人从正面将警察抱腰锁臂时，在其将警察抱起之前，警察迅速将右腿插入其两腿间。当犯罪嫌疑人将警察向上抱起时，警察以右腿勾其右腘窝，顺势用力挑其左腿；同时，警察身体顺势前压、倒地，将其压于身下将其制服。

动作要求：勾腿要牢，挫腿和上抱要一致，动作迅速、连贯。

（二）别腿靠摔

动作要领：当犯罪嫌疑人从正面将警察抱住并锁臂时，假如其重心较高，警察可迅速下潜，同时，将左腿插入其两腿中间，并迅速勾住其右腿。双臂抱住其左大腿；同时，左肩顶撞其胸部，左腿向前勾绊，以后拉上提之合力，将其仰面摔倒制服。

动作要求：勾腿抱腿要准，肩顶、后绊和后拉上提要协调。

十、被撞倒骑压时的解脱擒拿

（一）抱腿肘击

动作要领：警察被撞倒地，当犯罪嫌疑人骑压在背上准备掼耳、锁喉时，警察连出右手环抱其右小腿；同时立即转身右滚，右手托起其右腘窝处，翻身用左肘猛击其心窝。

动作要求：拉腿快，转身协调有力，肘击要猛。

（二）双腿锁肩

动作要领：警察被犯罪嫌疑人击中，仰面倒地，犯罪嫌疑人骑坐其腹部，双手锁喉（这是非常危险的情况）。警察双手挤推其两肘部，使其力量消失；随后右手抓握其腕，左手折其手指，双腿向上别缠其双肩下压。犯罪嫌疑人后倒后，警察迅速起身，屈右肘猛击

其裆部，将其制服。

动作要求：右手拧腕迅速有力，左手的扳手动作凶狠及时。

第三节　防凶器擒拿技术

防凶器擒拿，是指警察受到持有器械或危险物品的犯罪嫌疑人的攻击时，警察运用散打技术，保护自己，反击制胜的一种技击方法。

一、防短棍制胜

（一）当犯罪嫌疑人持棍由上劈下时——上挡别臂

动作要领：犯罪嫌疑人右手持棍，左脚在前站立，警察正实战姿势。当犯罪嫌疑人右手持棍上举准备斜劈警察头部时，警察右脚迅速向犯罪嫌疑人右脚前上步，同时右小臂上挡犯罪嫌疑持棍的手腕，左手抓住犯罪嫌疑人右大臂，以右臂前推犯罪嫌疑人手腕，左手回拉其大臂之合力将其右臂反锁；左脚向前垫步的同时起右脚猛力绊对手右腿，将其摔倒制服。

动作要求：上挡抓腕要准，别臂绊腿要狠。

此动作也可用于防匕首下刺。

（二）当犯罪嫌疑人持棍横扫警察颈部时——夹脖摔

动作要领：当犯罪嫌疑人横扫警察颈部时，警察向前滑步，左手挡抓其右手腕的同时，右脚向其右脚前上步，右手从其颈左侧前插搂夹其颈，左脚背步，臂顶其腹；以左手下拉、左臂夹脖左拧、臂顶其腹之合力将其摔倒制服。

动作要求：接抓敌手腕要准，上步夹脖要快；如犯罪嫌疑人抱警察反摔，警察可用右脚缠住其左小腿，以右脚上挑、上体后拧之合力将其向后摔倒。

（三）当犯罪嫌疑人持棍横扫警察腰部时——截腕压肘

动作要领：当犯罪嫌疑人横扫警察腰部时，警察右脚迅速向前上步，双手拇指交叉，四指上下分开向左接抓其手腕。右肘顺势击肋，乘其后撤之时，警察右脚撤步，双手将其手腕由左经上向右下拉直，左腋猛压犯罪嫌疑人右大臂，将其制服。

动作要求：接腕要准、击肋要狠，后撤、下压要快。

（四）当犯罪嫌疑人持棍横扫警察左小腿时——逃腿踢面

动作要领：当犯罪嫌疑人下扫警察小腿时，警察左腿迅速屈膝提起避开其棍，左脚不落地顺势弹踢其面。乘犯罪嫌疑人后仰之际，左脚向前落地，右手抓其右手腕；身体右转的同时，左小臂猛击其右肘将对方制服。

动作要求：逃腿时机要掌握好，踢面要准；如踢面不准，可双手再接腕将其制服。

（五）当犯罪嫌疑人持棍直戳警察右胸时——里拨踹膝

动作要领：当犯罪嫌疑人持棍向警察右胸戳来时，警察的左脚迅速向左前上步闪身，左小臂向里格挡的同时，双手搂抓其棍；起左脚猛力侧踹其右膝关节，顺势夺棍将其制服。

动作要求：闪身要快，搂抓要准；前拽、后踹二力要协调一致。

（六）当犯罪嫌疑人持棍直戳警察左胸时——外拨蹬腹

动作要领：当犯罪嫌疑人持棍向警察左胸戳来时，警察右脚迅速向前上步，上体左转，右臂向外拨其棍的同时，双手搂抓其棍。左脚垫步，起右脚猛力前蹬其腹，夺棍将其制服。

动作要求：上步闪身要快，搂抓其棍要准，前蹬其腹要狠。此动作也可弹踢犯罪嫌疑人裆部将其制服。

二、防长棍制胜

（一）当犯罪嫌疑人持棍向警察头部劈下时——别肘踹膝

动作要领：犯罪嫌疑人双手持棍向警察头部斜劈时，警察迅速向左滑步，下潜闪身，右腿半跪，左腿略下蹲。当犯罪嫌疑人向警察反劈时，警察迅速向右滑步，右臂由上至下搂夹其棍，左手从犯罪嫌疑人右臂下插人抓住棍子向内别臂的同时，左脚踹犯罪嫌疑人右膝。以别肘踹膝抓棍后拉之合力将其摔倒；迅速用棍端戳击对方胸部，将其制服。

动作要求：下潜闪身要快，夹抓其棍要准，别肘踹膝要狠。此动作适用于中、远距离。

（二）当犯罪嫌疑人持棍横扫警察腰部时——推肘击面

动作要领：当犯罪嫌疑人挥棍准备横扫警察腰部时，警察右脚迅速向其左脚外侧上步，右手向里推向其左肘的同时，左直拳猛击其面。乘其后仰之时，左脚向其左脚后上步绊其左腿，左小臂夹颈将其摔倒制服。

动作要求：推肘要准，击面要狠。此动作适于距对手较近时使用。

（三）当犯罪嫌疑人持棍扫警察小腿时——击面顶裆

动作要领：当犯罪嫌疑人持棍下扫警察小腿时，警察迅速向前上跃起，避开其棍，双脚落地后，右直拳猛击其面。趁犯罪嫌疑人后仰之时，双手抓其肩后拉的同时，右膝猛顶其裆，将其制服。

动作要求：跃起时机要把握准，击面要快，顶裆要狠。

（四）当犯罪嫌疑人持棍直戳警察右胸——防右别臂

动作要领：犯罪嫌疑人左手在前、右手在后持棍站立，警察正实战姿势。当犯罪嫌疑人持棍前戳警察右胸时，警察左脚迅速向左前方上步成左弓步，同时右手挡抓其棍回拉贴紧小臂，并扣压于腰际；上右脚，左拳击其面，再用左脚猛踢其裆；乘其弯腰之际，警察左臂顺势插入其右臂内上挑下压，右掌砍其颈，随即卷腕，别臂将其制服。

动作要求：挡抓其棍要准，踢裆别臂要狠。此动作也可用于防步枪突刺。

（五）当犯罪嫌疑人持棍直戳警察左胸时——防左勾踢

动作要领：当犯罪嫌疑人持棍前戳警察左胸部时，警察右脚迅速向右前上步，上体左转，左脚后撤的同时，右臂立肘向外格挡其棍，左臂由上经外向里夹抓其棍；左脚向前上步，右摆拳击犯罪嫌疑人头部，如其后闪，警察右手下抓其肩部服装，猛力右拽的同时，右脚勾踢其左脚跟，将其摔倒；迅速骑胸、卡喉、掼耳将其制服。

动作要求：外格抓夹其棍要准，右拽、勾踢要协调一致。此动作也可用于防步枪突刺。

三、防匕首制胜

（一）防直刺——卷腕踹膝

动作要领：当犯罪嫌疑人右手持匕首直刺警察胸部时，警察向左侧移步闪身的同时，左手抓其手腕；左手向外拧其手腕，同时以右掌向外推卷其右手掌外缘；右脚猛踹其腘窝，将其制服。

动作要求：闪身与抓手腕要同时进行，左手抓腕要准确。

（二）防上刺——击腹别肘

动作要领：当犯罪嫌疑人右手持匕首向警察头部刺来时，警察用左臂向上挡抓其手腕的同时，右拳猛击其腹。趁犯罪嫌疑人弯腰之际，警察右手由其右臂侧绕过，抓其右手腕部，双手同时向外掰。右脚踹其腘窝，将其制服。

动作要求：右手抓犯罪嫌疑人的手腕要快。

四、防枪制胜

（一）对正面受到持枪犯攻击时的反击——压臂后拉

动作要领：犯罪嫌疑人右手持枪对准警察胸部时，警察向右转体闪身的同时，双手抓其持枪手腕，并向后拉其臂；双手用力拧其手腕，继续向后转体，以左腘窝部位用力向下压其臂，左腿跪地，反其肘关节，将其制服。

动作要求：后拉动作要快、猛，压臂要实。

（二）背后受到持枪攻击时的反击——砍颈顶裆

动作要领：当犯罪嫌疑人右手持枪顶警察后腰时，警察趁其不备，向后撤左步，左后转身，左小臂向外格挡其右小臂，警察左小臂上屈，夹住其右大臂，右手变掌横砍其右侧颈部；右手向前下拉其后颈部，起右腿，用右冲膝反击其裆部，将其制服。

动作要求：撤步、转身、格挡要快，夹臂要及时，顶裆要准，砍颈要狠。

（三）侧面受到持枪攻击时的反击——抓腕折臂

动作要领：当犯罪嫌疑人右手持枪对准警察头部时，警察向右侧快速移动闪身的同时，左手抓握其手腕，右手绕到其臂外侧；警察右小臂下压其臂弯处的同时，左手向右前方推其臂，用力折其臂，左手可将枪夺下。

动作要求：向右移动快，左手抓握准确。

五、受到腰带攻击时的反击——击面顶裆

动作要领：当犯罪嫌疑人两手手持腰带，由后面套住警察颈部时，警察两手迅速在颈前抓住腰带向前猛拉；随即右转体从右后横击肘，猛击其右侧面部，同时左手抓其右肩，以左冲膝攻击其裆部，将其制服。

动作要求：抓腰带要快，转身横击要狠，冲膝要准。

第四节　防守反击

防守反击技术是以准确而严密的防守，阻挡或躲闪对方的进攻，然后把握最佳时机，

快速有效地打击对手的方法和手段。防守反击没有固定的形式，随战术的变化而变化，在实战中需综合、灵活运用多种技战术。防守和反击是不可分割的整体，防守的目的是为了更有效地进行反击。

一、直拳攻击头部时的防守反击

（一）当犯罪嫌疑人用左直拳攻击警察头部时

1. 移步踢膝——冲步折肘——提臂砍颈

动作要领：当犯罪嫌疑人左直拳攻击警察头部时，警察迅速向右前方滑步避闪；警察起右腿顺势踹其左膝，重残犯罪嫌疑人；警察落右脚后，乘其受重挫之际，迅速冲步于其左后侧以拉其左手，并以右掌狠击左肘关节；再顺势抖右掌狠劈其颌（颈）关节。

动作要求：反击动作连贯、迅速、紧促，不给对手以喘息之机。

2. 连环拳击

动作要领：当犯罪嫌疑人左直拳攻击警察头部时，警察迅速起右手抓其手腕，同时配以左直拳击其面部；随即警察又跟进右直拳攻击其面部；再补上一记左摆拳猛击其头部，将其制服。

猛击其头部，将其制服

动作要求：格挡与左直拳应同时发出，做到打防一体，右直拳出击应果断迅猛。

（二）当犯罪嫌疑人用右直拳攻击警察头部时

1. 扯手击肘——踹击右膝——挑肘击颌

动作要领：当犯罪嫌疑人右直拳猛击警察头部时，警察迅速向左前方移步闪身，右手顺势接拉其右手，同时起左掌猛推击其右肘关节。在其惨痛之际，警察再转身配合拧腰送胯之合力，以右腿猛踹其右膝外侧；再乘势左上步，配合右手护推之合力，屈左时猛挑击其颌（颈）关节，给其重创。

动作要求：闪步要快、稳；充分利用拧腰送胯、右手护推之合力，增强攻击力度。

2. 冲步勾踢——砍颈

动作要领：当犯罪嫌疑人以右直拳攻击警察头部时，警察迅速侧身闪避并左滑冲步至其右侧，右手掳抓其右臂向前牵带，右脚顺势踢其右腿内侧；犯罪嫌疑人重心不稳前扑；警察右脚落地同时扬双掌由上至下猛砍其后颈，其受击倒地，被警察制服。

动作要求：闪身快、稳，顺势抓臂有力，动作连贯。

二、摆拳攻击头部时的防守反击

（一）右手反抽——抓发下拉

动作要领：当犯罪嫌疑人使用摆拳连续攻击警察头部时，警察用右手臂进行格挡。在用右手臂格挡其右拳后，迅速借势用右手反抽打其太阳穴部位，随即顺势用右手抓发下拉，右膝猛击其头部。

动作要求：格挡要准确到位，右手抽击动作要与格挡动作连贯、协调，顶膝要与拉头动作配合一致。

（二）潜身——摆肘击胸（颈）

动作要领：当犯罪嫌疑人欲以右摆拳猛击警察头部时，警察迅速下潜身，以左上步右摆肘迎击其胸部；然后迅速起身以左摆肘连击对方右额或右颈。

动作要求：向左前方上步，潜身迎击要主动及时，潜身时头要前抵。

三、上勾拳攻击腹部（下颌）时的防守反击

（一）向下格挡——挑颌击胸

动作要领：当犯罪嫌疑人右上勾拳攻击警察腹部时，警察左手向下格挡防开攻拳；随即起右挑肘猛击其下颌；趁其疼痛、仰头之际，速起右膝猛击其胸，将其制服。

动作要求：挑颌要狠，顶膝、击胸要快。

（二）向后闪躲右前蹬腿反击

动作要领：当犯罪嫌疑人以右勾拳进攻警察下颌部时，警察向后闪，躲过其来拳；重心迅速前移，利用右前蹬腿反击其胸部或腹部。

动作要求：闪躲幅度要小，反击要迅速。

四、正蹬腿攻击上体时的防守反击

（一）抄抱挫膝摔

动作要领：当犯罪嫌疑人用右正蹬腿攻击警察胸部时，警察右闪身的同时，左手里抄顺势夹抱其腿，右腿前插对方支撑后侧；随即警察左转体，右手猛挫压其膝内侧将其摔倒。

动作要求：接腿快、抱腿紧、插腿快，绊腿挫膝，发力短促，迅猛。

（二）搂挂勾踢摔

动作要领：当犯罪嫌疑人用左正蹬腿攻击警察腹部时，警察即向右闪身，顺势左手外搂挂防腿；同时，警察右手向左上方横摆，右手向右、向后横劈其胸成头部，以右脚勾踢其支撑腿的踝窝处，向右转体，上下形成错劲，扫倒对方。

动作要求：搂挂快，横劈、勾踢时向右转体，形成偶力。

五、侧踹腿攻击时的防守反击

（一）闪步击膝——横扫勾踢

动作要领：当犯罪嫌疑人右侧踹腿踹击警察胸部时，警察迅速向右前方闪步移身；犯罪嫌疑人踹击落空时，警察乘势起右踹腿踹击其左膝；同时，迅速下压重心，以下落之右腿勾扫其左脚踝处，趁其受伤且重心不稳时，将其勾扫倒地。

动作要求：把握好击膝时间，做到眼明手快，上勾扫其腿时重心下压，施以横扫之掼劲。

（二）踹击后膝——掌击下颌——拉肘别臂

动作要领：当犯罪嫌疑人左腿踹击警察膝部时，警察迅速向左前侧闪步移进；趁其空当速起右腿狠踢其右膝（或右膝侧面）；趁犯罪嫌疑人受伤弯腰之际，冲右步，以右掌狠推击其下颌；左上步置于其右侧方，施以拉肘别臂技术。

动作要求：踢击其膝后，冲步及移步步法要快，做到眼明手疾，把握好位置与距离，做到击则威猛，威慑对方。

六、横扫腿攻击时的防守反击

（一）蹲闪——拳击——摆肘顶裆

动作要领：当犯罪嫌疑人以右高边腿横扫警察头部时，警察见势迅速右侧蹲闪，在侧移的同时以左拳迎击其裆；拳收回的同时再次以上步顶肘猛击其裆；也可用上步右摆肘摆击其裆。

动作要求：以左脚在前的姿势向右前侧方移动，侧移蹲闪的同时出拳，上步顶肘及时有力。

（二）左转格挡——搂抓锁腿——右腿横扫

动作要领：当犯罪嫌疑人以右高边腿横扫警察头部时，警察向左侧转体的同时左小臂用力向外格挡其腿；动作不停，右手由下向上搂抓其腿，两手协力将其腿锁住，右脚向左侧横扫其支撑腿，将其摔倒。

动作要求：挡击其攻击腿要准确，扫腿要狠、准。

（三）抱腿——勾扫——砍颈

动作要领：当犯罪嫌疑人以右横边腿攻击警察肋部时，警察用左手外抄防守并用左臂夹抱住其腿；随即上左步，用右脚勾扫其支持腿，同时用右手搂砍其颈部右侧，将其摔倒。

动作要求：接腿动作快，上下脚动作勾、搂、拧用力协调合一。

七、弹踢腿攻击时的防守反击

上左步——抄抱腿——砍颈：

动作要领：当犯罪嫌疑人右脚正面弹踢警察裆部时，警察立即右闪向其犯罪嫌疑人右侧上左步，右手由外向里抄抱右腿，左手上举，右手上抬；右手成掌，由上向下斜砍其颈部犯罪嫌疑人可被砍伤，立即后倒。

动作要点：抱腿紧，下砍有力。

第十二章　公安院校公共体育

公安院校公共体育是通过有目的、有计划、有组织的对学生进行田径、体操、球类等项目的教学，使学生明确公共体育的目的和意义，掌握基本知识、技术和技能，从而增强学生体质、提高身体素质，使他们学会科学锻炼身体的方法，并养成锻炼身体的良好习惯，为更好地掌握警察体育的专业技能打下坚实的基础。

第一节　田径

田径是体育运动的基础，分田赛、径赛和全能比舞三部分，由走、跑、跳跃、投掷等动作组成。

一、跑

跑是人体活动的基本技能，是体育锻炼中最简便的方法，包括快速跑、耐久跑、障碍跑、健身跑以及利用自然地形的越野跑等。

跑是单脚支撑与腾空互相交替的周期性运动。

跑的姿势：上体稍前倾，两臂以肩为轴摆动，并保持与前进方向一致，两腿支撑和摆动交替进行，腿和手臂要协调配合；当身体重心垂直线移过支撑点，髋、膝关节依次伸展，离开地面的瞬间，踝关节做迅速有力的蹬伸，完成后蹬动作。此时，重心前移的速度最大。当摆动腿折叠前摆到最高点时，大腿积极下压，膝关节放松，小腿顺惯性缓冲着地，用前腿掌做扒地动作。

跑的速度快慢取决于步频和步长。步子长、步频快，则跑速快，反之则慢。

（一）快速跑

快速跑取决于自身的素质和掌握基本技术的程度。

快速跑的基本技术包括：起跑、起跑后的快速跑、途中跑和终点跑四个阶段。

1. 起跑

起跑的任务是迅速摆脱静止状态，获得向前的最大冲力，为起跑后的快速跑创造条件。

（1）蹲踞式起跑其动作包括“各就位”、“预备”、鸣枪（或“跑”）三个过程。

① 听到“各就位”的口令后，从容走到起跑器前，两手撑地，一只脚踏在前，另一只脚的脚底抵在起跑器上，后膝跪地，两手撑于起跑线后，虎口朝前，比肩稍宽，两臂伸直，眼看下方，注意听“预备”口令。

② 听到“预备”口令后，后膝离地，臀部平稳地抬起，与肩高或高于肩，两肩不超过起跑线。体重落在前腿上，两脚紧贴起跑器、蹬实。集中注意听枪声或“跑”的命令。

③ 听到枪声或“跑”的命令后，两手迅速离地，后腿迅速向前迈出，同时前腿充分蹬直，身体保持较大的前倾角度，向前冲出去。

④ 起跑器的安装方法：起跑器有“普通式”和“拉长式”两种。前起跑器的支撑面与地面约成 40°～45°，后起跑器与地面约成 70°～80°，安装时要求有利于起动和发挥速度。

（2）弯道起跑：起跑器的安装在跑道右侧紧靠外道处，两个起跑器之间的中线正对弯道切点方向，起跑后沿着切线跑进，跑至切点前身体要逐渐向左倾斜，自然进入弯道。

2. 起跑后的快速跑

起跑后的快速跑是从蹬离起跑器到途中跑之间的一个阶段，其任务是充分利用向前的冲力，尽快地获得较高速度，快速跑的距离一般为 25～30 米。

3. 途中跑

途中跑是全程跑中距离最长、速度最快的阶段，其任务是发挥和保持高速度跑。

（1）直道途中跑：保持跑的正确姿势，动作要轻松、自然，重心移动力求平稳。

（2）弯道跑：进入弯道后，身体逐渐内倾，右脚内侧蹬地，左脚外侧着地，右臂摆动的幅度和力量大于左臂，后摆时，肘关节稍偏向右后方，前摆时稍向左前方，左臂则靠近体侧，转入直道前逐渐减少身体倾斜度。

4. 终点跑

这是全程跑的最后一段，其任务是全力以赴保持高速跑过终点，距离 15～20 米。

（二）耐久跑

耐久跑是通过较长距离的跑，发展持久奔跑的能力，既要求有一定的速度，又要求有持久性，是增长耐力的有效手段。

基本技术：由于跑的距离较长，机体负荷量较大，体力消耗大，氧的需要量很高，因此技术要求与快速跑有所区别。

（1）起跑：一般采用站立式起跑，也有采用半蹲踞式起跑的。其动作过程，按“各就位”、鸣枪的顺序进行。

（2）途中跑：上体前倾度，摆臂、摆腿的动作幅度和后蹬力量都较小。落地有前脚掌和全脚掌着地两种，但要注意屈膝缓冲，动作轻快，步伐均匀，身体重心保持平稳。

（3）弯道跑：与快速跑相比，弯道跑的步幅要小些，不宜在弯道超越。

（4）终点冲刺跑：冲刺跑的距离应根据所跑距离长短和个人体力而定。

（5）呼吸：要求均匀深长而有节奏地呼吸，一般是 2～3 步一呼气，再 2～3 步一吸气。

（6）战术：在中、长距离比赛时，应注意力量速度的分配，制定好战术。

① 匀速跑：用均匀的速度跑完全程。

② 跟随跑：耐力一般，速度好，冲刺力强。

③ 领先跑：耐力好而速度差的能充分发挥耐力好的优势。

④ 领先与跟随交替：耐力与速度相当。

二、跳跃

跳跃是利用自身的弹跳使身体腾越尽可能高的高度，或跨越尽可能远的距离。通过各种跳的练习，可以提高人的弹跳能力和跨越障碍的能力，还能培养勇敢、果敢顽强的品质。

跳跃从形式上分包括跳高、跳远、跳越障碍等。

跳跃的项目一般包括助跑、起跳、腾空和落地四个部分。

(1) 助跑：助跑是为了获得最大的水平速度，并为起跳做好充分准备。要求节奏稳定，均匀加速，以获得准确起跳。

(2) 起跳：起跳技术是跳跃项目的重要环节，其目的是改变运动方向，通过快速有力的起跳动作，从水平速度转向垂直速度，起跳时重心应处于较低的位置，以增加垂直向上的效果。

(3) 腾空：起跳结束后，即进入腾空阶段，腾起的高度有利于完成空中动作，推迟落地时间。腾空时，要将“腾空步”保持一定的时间。

(4) 落地：正确的落地动作在跳高中能起到缓冲作用而防止受伤，在跳远中能争取更远的距离。

(一) 跳远

跳远有急行跳远（包括蹲踞式、挺身式、走步式）、三级跳远、达标测验项目中的立定跳远。

1. 蹲踞式跳远：快速助跑，最后一步的步幅稍小，起跳腿积极下压，以全脚掌着地，用力踏板，关节充分伸展，摆动腿积极前摆，两臂配合下肢向上方摆动。腾空后，摆动腿屈膝前摆，起跳腿向摆动腿靠拢，在空中成蹲踞姿势，大腿上举靠近胸部，小腿积极前伸，脚触沙后，屈膝缓冲，两臂向前挥摆，上体前倾。

2. 挺身式跳远：起跳后，起跳腿与后摆的摆动腿靠拢，臀部前移，胸、腰前挺，形成挺身姿势。

(二) 跳高

跳高是身体越过垂直障碍的一种技能，包括跨越式、剪式、滚式、俯卧式、背越式和撑杆跳高。

1. 跨越式跳高

(1) 基本技术：从横杆侧面沿直线助跑（一般为 35°～45°），远离横杆的脚侧对横杆起跳（起跳点距横杆投影线垂直距离 60～80 厘米），腾空后上体前倾，摆动腿上摆过杆，向下转压；同时起跳腿迅速向上高抬，完成跨越过杆动作。过杆后，身体侧对横杆，用摆动腿先落地。

(2) 跨越式跳高的教学步骤与练习方法：先进行原地跨过较低的横杆练习。走几步，最后一步接起跳、跨越过不高于身体重心的横杆。慢跑几步起跳，跨越过稍高于身体重心的横杆。加长助跳距离，加快助跑速度，改进完整的跨越式跳高技术。

2. 俯卧式跳高

直线助跑，以靠近横杆的脚起跳，起跳腾空后摆动腿、摆至横杆上，起跳腿屈膝上收，成杆上俯卧姿势，接着身体旋转过杆，以肩、背部着垫。

3. 背越式跳高

弧线助跑，用远离横杆一侧的腿起跳，助跑步数一般为 8～12 步，前几步跑直线，后 4 步跑弧线，用走步丈量法丈量起跳点、标记点、起跑点。起跳腾空后，头、肩先过杆，髋部充分展开，使身体成“桥”形；接着，躯干、臀部、大腿和小腿依次过杆，臀部过杆后，随即收腹，小腿上甩，以肩、背着垫落地。

三、投掷

投掷是锻炼和提高人体基本活动能力的有效手段，主要是提高力量素质。

田径运动中的投掷项目有铅球、铁饼、标枪和链球，还有锻炼标准中的掷实心球项目。

（一）投掷的技术原理

投掷属于非周期性运动项目，要经过握持器械，助跑或旋转或滑步，最后用力和保持平衡几个阶段。

握持器械和助跑等是为最后用力做准备的阶段，其任务是使投掷者或器械获得一定的速度，为最后用力做好准备。

最后用力是投掷过程最重要的阶段，决定器械投出的远度，器械投出的远度决定于器械出手的初速度和出手角度，出手角度适宜、初速度越大，投掷距离越远。

所有投掷项目的器械出手角度都小于最适宜的斜抛角度 45°，掷链球为 42°～44°，推铅球为 38°～42°，投标枪和投铁饼为 30°～36°。

（二）推铅球

铅球的重量在《国家锻炼标准》中规定，学生男子为 5 千克，女子为 4 千克，推铅球是在直径 2.135 米的圆圈内进行，并要求球的落点在 40°夹角的扇形投掷区内。

推铅球一般分为侧向滑步推铅球、背向滑步推铅球和旋转推铅球三种。

推铅球的基本技术（以右为手例）。推铅球是一个连续完整的动作。从技术上分握球和持球、预备姿势、滑步、最后用力、维持身体平衡五个部分。

1．握球和持球

不论采用何种方法推铅球，握球和持球技术相同：五指自然分开，将球置于指根处，拇指和小指扶在球的两侧，掌心空处，手腕背屈；然后将球放在右肩锁骨窝处紧贴颈部，使球稳定，手稍外转，掌心向前，肘关节与肩同高或略低于肩，左臂自然上举。

2．预备姿势

（1）侧向：持球后，身体左侧正对投掷方向，两脚左右开立，左脚稍前伸，与肩同宽，重心落在右脚上，上体稍向右倾斜，左脚前脚掌内侧着地，左臂自然上举，目视前方。

（2）背向：预备姿势分高姿势和低姿势两种。

① 高姿势：持球后，背对投掷方向，两脚前后开立约一脚宽，右脚尖贴近圈后内沿，脚跟正对投掷方向；左脚在后，前脚掌或脚尖着地；上体正直，左臂微屈上举，重心落在右腿上，目视前下方。此种姿势被广为采用。

② 低姿势：持球后，背对投掷方向，两脚前后开立约两脚宽，右脚尖贴近圈后内沿，脚跟正对投掷方向，左脚在后，前脚掌或脚尖着地，两腿弯曲，重心在两腿上，上体前倾，左臂自然下垂，目视下方。

3．滑步

滑步是为了获得预先速度，有侧向和背向滑步两种。

（1）侧向滑步：做好预备姿势，滑步时左腿向投掷方向摆动，同时收右脚至圆心附近，左脚迅速落地，形成超越器械动作，为最后用力做准备。

(2) 背向滑步（以高姿为例）：预备姿势做好后，左腿做预摆，然后用大腿带动小腿向投掷方向摆动，同时右脚用力蹬伸，迅速收小腿，重心要低要稳，滑至圆心，左腿迅速以前脚掌内侧着地，上体前倾，球落在身体重心的后面，形成良好的超越器械的动作，为最后用力创造良好的条件。

4. 最后用力

最后用力是推铅球技术中最重要的一个环节。滑步结束后，在左脚着地的瞬间，右腿迅速用力蹬转，上体逐渐抬起，左手臂带动肩、髋部迅速转向投掷方向，重心移向左腿，形成左腿支撑；挺胸、抬头、转肩推臂，用力将球从手中推出去。

5. 维持身体平衡

右臂推球的同时，左臂向左侧制动，两腿交换，维持身体平衡，站稳后从后半圈退出。

第二节　体操

体操是现代体育运动项目之一，是指以徒手、持轻器械或在器械上按规定完成的具有一定艺术性的身体练习形式。

一、技巧

技巧俗称“垫上运动”。它包括滚动、滚翻、手翻、空翻、平衡等动作。经常练习技巧运动可提高身体的协调能力，增强关节的灵活性和韧带的弹性，并培养勇敢、果断、机智等意志品质。

（一）纵劈腿

动作要领：从前后分腿站立开始，两脚分别向前后方向滑动，后脚滑动时脚尖向后方使脚背内侧着垫，直至成前后分腿坐的姿势。

动作要求：两腿成一条直线，上体收腹挺胸，两臂侧举。

保护帮助：保护帮助者分腿站在练习者后面，两手托其两腋下，慢慢将其放下。

（二）燕式平衡（以右腿站立为例）

动作要领：从站立开始，右腿向前一步，左腿尽力后举，抬头，挺髋，两臂侧举。保持上体姿势，上体前倾至俯平衡姿势。

动作要求：后举腿的脚踝要高于头，最低要与头平，站立稳定，上体保持正确姿态。

保护帮助：保护帮助者站在练习者侧面，一手托其肩部，一手托其后举的腿。

（三）肩肘倒立

动作要领：从直角坐开始，向后滚动，收腹举腿翻臀，两臂伸直用力压垫子。两腿向肩的上方伸直，同时展髋、俯头，两手及时撑于腰背两侧，两肘内夹。

动作要求：伸髋及时，两肘内夹，稳定。

保护帮助：保护帮助者站在练习者侧面，当其伸腿时两手握两膝处上提，并用一膝抵腰部，使身体与地面垂直。

（四）头手倒立

动作要领：由蹲撑开始，两手撑垫同肩宽，头顶前部着垫，三点支撑成等边三角形，一腿伸直上举，使臀靠近垂直部位，另一腿蹬地，当身体立稳时，并腿伸髋立腰成头手倒立。

动作要求：髋、膝、脚面在一条直线上，身体垂直地面，停2秒钟。

保护帮助：保护者站在练习者侧面，当其蹬地并腿时，两手挟住其小腿。如头手倒立向前倒时，俯头做前滚翻以自我保护。

（五）手倒立

动作要领：从前后分腿站立、两臂上举开始，上体前屈，两手撑地同肩宽（五指分开撑地），后腿后上摆，前腿蹬地，当身体重心接近支撑点垂直面时，蹬地腿向摆动腿靠拢，立腰、含胸，直臂顶肩成手倒立。

动作要求：身体垂直地面，停2秒钟。

保护帮助：保护帮助者站在练习者前面，两手扶其髋两侧，或扶大腿两侧。

（六）前滚翻

动作要领：从蹲立两手撑垫开始，提臀同时屈臂低头，用头后部在两手支撑点前着垫，两腿蹬地，颈、背、腰、臀依次着垫，屈膝团身向前滚动，当背部着垫时，两手抱小腿，上体紧跟大腿向前滚动成蹲立。

动作要求：滚动圆滑、方向正。

（七）鱼跃前滚翻

动作要领：从半蹲、两臂后举开始，两腿用力蹬地，同时两臂用力前摆，身体向前上方跃出，眼看手，两手触垫时，两臂快速支撑屈肘，低头做团身前滚翻。

动作要求：腾起时要有明显的腾空和速度，滚翻圆滑。

保护帮助：保护者开立站于练习者撑地处的侧面，当其跃起时，一手托肩部、一手托大腿，帮助完成滚翻动作。

（八）后滚翻

动作要领：从蹲撑开始，身体略前移，身体重心后倒，两手放在肩上，掌心向上，准备撑垫；臀部在靠近足跟处着垫，低头含胸团身向后滚动，屈臂夹肘；当滚翻至肩部着垫时，臀上翻，两手撑垫推直手臂，两脚落垫成蹲撑。

动作要求：滚动过程中团身要紧，不要过早打开，滚动圆滑，方向要正。

保护帮助：保护帮助者站在练习者侧后，当其滚至肩着垫时，两手扶其髋的两侧前部向上提拉。

（九）侧手翻

动作要领（以向左为例）：从右脚站立、左腿侧举、左臂侧举、右臂上举开始，上体向左侧倒，左腿落地，右腿向右侧上方摆起，左手撑地，左腿用力蹬地，右臂从头上向左摆并撑地，分腿成倒立姿势；左手、右手依次用力推地，当右脚落地时，左腿侧伸、展髋至分腿站立。

动作要求：手脚落在一条直线上，空中倒立垂直地面。

保护帮助：保护帮助者站在练习者后面，两手交叉，左臂在上扶住其腰部，随其翻转给予助力，两脚随其侧翻方向移动。

二、跳跃

跳跃是体操的技巧之一，包括一般跳跃和支撑跳跃。

（一）踏板练习

利用踏板可进行挺身跳、屈腿跳，分腿跳等练习。

动作要领：助跑3～5步，踏跳时，单脚上板，双脚起跳，两腿弯曲，借助弹跳板的反弹力向前上方摆臂起跳，当身体腾到最高点时迅速做动作（如挺身、屈腿、分腿），落地时下肢弯曲缓冲，两臂合理摆动维持平衡。

动作要求：腾起要有高度，动作充分，身体正。

保护帮助：保护帮助者站在练习者落地点侧面，视情况扶其背或腰部。

（二）横箱跳上，经分腿立撑分腿跳下

动作要领：短距离助跑踏跳，两手向前下方撑箱，同时提臀，屈髋经分腿立撑，向前上方摆臂，挺身分腿跳下。注意落地缓冲。

动作要求：起跳充分，分腿直，挺身充分。

保护帮助：保护帮助者站在箱的前侧方，当练习者跳上时，一手握其上臂，另一手托其髋部，帮助练习者成分腿立撑；当跳下时，一手扶背部或腹部，或站在箱正前方，当练习者跳上时，两手扶其两肩，然后移到侧前方，保护其落地。

（三）斜进直角腾越（以向右为例）

动作要领：首先跳板与跳跃器械约成20°。其次是单脚上板、单脚起跳。在跳跃过程中右手撑马，右腿带动髋关节向右前上方摆起，同时肩稍向后倾。右手与左手交替撑马，在空中左腿与右腿并拢，经直角姿势越过马。两腿积极下压，及时推马、展髋、挺身落地。

动作要求：经直角腾跃时臀与肘平，落下过程中要有明显的展髋挺身的动作。

保护帮助：保护帮助者站在马的近端右侧方，当练习者起跳时，左手托其臀部，右手扶其右上臂，帮助腾越。

（四）横山羊（马）分腿腾越、纵马分腿腾越

动作要领：做横山羊分腿腾越时，要有节奏的助跑，积极踏板起跳，空中含胸紧腰，两臂主动前伸，用力向前下方撑山手，并在肩过支撑点前顶肩推手；稍提臀，两腿向侧分开稍制动，立起上体，腾越过山羊挺身落地。

横马分腿腾跃动作要领与横山羊分腿腾跃基本相同，但要注意，推手时，臀稍高，两腿分开时制动要明显，两膝伸直。

纵马分腿跃技术与横马分腿腾跃基本相同，但要求助跑速度要快，腾空要充分，腾起后两臂主动向远端前伸撑马。

动作要求：腾空充分，分腿幅度大，并且有明显制动，展体充分，落地屈膝缓冲。

保护帮助：保护帮助者站在跳跃器械正前方，当练习者撑器械时，用两手顶住其两肩，并顺势握上臂稍上提，随之分腿。也可以站在落地点侧面，视情况给予保护。

三、单杠

单杠是竞技体操项目之一，包括支撑、悬垂、摆动、屈伸、回环、腾越、转体、换握、空翻等动作。在单杠的教学中，要加强保护帮助，防止手皮撕裂和伤害事故的发生。

（一）跳上成支撑

动作要领：由正立两臂伸直握杠开始，两腿用力蹬地向前上方跳起，同时两臂迅速用

力压杠上成支撑，支撑时大腿上部靠杠、两臂伸直，上体稍前倾，挺胸、紧腰、伸髋，腿稍后举。

动作要求：动作伸展，直臂支撑。

保护帮助：保护帮助者站在杠后练习者的侧方，两手扶其腰两侧，帮助上杠成支撑；接着一手扶其肩，另一手托其大腿，帮助成正确的支撑姿势。

(二）支撑单腿摆越成骑撑及还原（以右腿摆越为例）

动作要领：由支撑开始，右臂用力推离，左肩稍向左移，同时右腿迅速向前摆越，随后右臂立即换直臂撑杠，立腰成骑撑，还原时动作相反。

动作要求：注意重心的移动，直腿摆越，骑撑稳定。

保护帮助：保护帮助者站在杠后练习者左侧方，左手握左上臂，右手托左腿，帮助练习者完成动作。

(三）支撑后摆下

动作要领：由支撑开始，肩稍前倾，两腿向前预摆，接着含胸顶肩，用力腹弹向后上方高高摆起伸直的身体，并打开肩角，后摆接近极点时，制动腿用力推离单杠，两臂侧上举，积极抬起上体，挺身落地。

动作要求：后摆高度与肩平，腾空时要挺身。

保护帮助者站在杠后练习者的一侧，一手扶上臂，另一手托大腿，顺势帮助后摆，落地时两手扶腰侧，防止前后倒。

(四）骑撑后倒挂膝上（以右腿骑撑为例）

动作要领：由右腿骑撑开始，两臂伸直撑杠，提起身体并后移，同时左腿稍后摆，右腿屈膝挂杠，上体弧形后倒成挂膝悬垂前摆，把伸直的左腿和髋部向前送出，然后制动并后摆。当肩部过杠成垂直部位时，左腿顺势加速后摆，同时直臂用力压杠翻腕，上体积极前屈，上杠成支撑。

动作要求：动作连贯，幅度大。

保护帮助：保护帮助者站在杠前练习者的左侧，一手帮助下压摆动腿，另一手托其背部帮助上杠成骑撑。

(五）单脚蹬地翻上成支撑（以右脚蹬地为例）

动作要领：由站立悬垂开始，左腿后举，接着向前上方用力摆起，右腿积极蹬地并与左腿靠拢，使身体位置提高、腹部贴杠，同时用力引臂倒肩以产生向后翻转的力量，两腿翻至杠后水平时制动，同时控腰翻腕，抬头挺胸上成支撑。

动作要求：摆腿倒肩及时，动作连贯，制动腿及时。

保护帮助：保护帮助者站在杠前练习者的一侧，一手扶其背部，另一手托其臀部，帮助上杠成支撑；接着一手托其大腿前，另一手扶其上臂，防止前倒、后倒。

(六）骑撑前回环（以右腿骑撑为例）

动作要领：由右腿骑撑开始，直臂顶肩撑杠，提起身体；同时，举起右腿并向前跨出，上体挺直前倒，使左大腿前上部紧靠单杠回环，当回环肩接近杠的水平时，右腿向前上压杠，左腿继续配合后摆，同时迅速向前上屈体、翻腕，上杠成骑撑。

动作要求：直臂、直腿回环，动作稳定。

保护帮助：保护帮助者站在杠后练习者的右侧，右手从杠下翻握其右手腕，另一手从杠下托其大腿，帮助其提起身体前跨回环；上杠成支撑时，一手托其左大腿，另一手扶其右上臂，防止前翻、后倒。

四、双杠

双杠是男子竞技体操项目之一。它的主要动作是在支撑、挂臂撑和悬垂等条件下，用摆动、屈伸、转体、滚翻、回环和空翻等方法完成动力性动作，并包括少量的静力性动作。

（一）分腿前滚翻

动作要领：从两手靠在腿前握杠的分腿坐开始，两臂用力撑杠并弯曲，同时上体前倒，尽量提腰折体、低头含胸。肩靠近两手。分肘撑杠，两腿并拢。身体重心移过肩支撑面的瞬间，两手向前换握，两腿向前伸压，两臂撑直，上体前跟成分腿坐。

动作要求：动作圆滑，有并腿过程。

保护帮助：保护帮助者站在杠侧，一手从杠下托练习者的肩部，另一手托其腿帮助滚动。然后从杠下顶住其腰部，防止臀部迅速下降。

（二）分腿坐慢起成肩倒立

动作要领：从两手靠近大腿前握杠的分腿坐开始，两臂用力撑杠并弯曲，上体前倒，尽量提腰折体，重心前移。肩在手前20～30厘米处分肘撑杠，两手稍向下滑动握杠，两腿尽量侧分。身体重心靠近支撑面时，两腿内收并拢，伸髋，抬头成肩倒立。

动作要求：速度均匀，直体垂直杠面，停2秒钟。

保护帮助：保护帮助者站在杠侧，一手托练习者的大腿，使重心靠近支撑面，另一手从杠下托其肩部，防止其落杠下。

（三）支撑移行

动作要领：从杠端跳上成支撑开始，上体左倒，肩稍左倾，下肢稍向右摆，右手推离杠，向前移行一定距离（约20厘米），再撑杠。上体右倒，肩稍右倾，肢体稍向左摆，左手推离杠，向前移动一定距离（约20厘米）再撑杠，再连续进行。

动作要求：动作协调，直臂顶肩。

保护帮助：保护帮助者站在杠侧，用手握练习者的上臂，帮助其支撑并向前移动。

（四）支撑摆动

动作要领：从支撑后摆极点开始，身体伸直，脚向后伸，自然下摆，前摆过垂直部位时用力向前上方踢脚，带动髋部前送，直臂顶肩，尽力拉开肩角，梗头、含胸，至前摆极点。身体伸直自然下摆，后摆过垂直部位时用力向后上方摆腿，含胸、紧腰，带动髋部后摆，直臂顶肩，尽力拉开肩角，至后摆极点。

动作要求：前摆拉开肩角，后摆过肩。

保护帮助：保护帮助者站在杠侧，用手握练习者的上臂帮助支撑。

（五）分腿骑坐前进

动作要领：从分腿骑坐开始，两手握杠，身体前移，伸髋压杠，抬头挺胸，两臂经侧举在大腿前30～40厘米处握撑杠。两腿压杠弹起后摆进杠并拢，以肩为轴，前摆过杠面后向侧分腿靠近两手坐杠。

动作要求：进杠有腾起，骑坐不砸杠。

保护帮助：保护帮助者站在杠侧，一手握练习者的上臂帮助支撑，另一手托其大腿帮助弹起进杠。

（六）支撑前摆下（以向左为例）

动作要领：以支撑后摆极点开始，前摆过垂直部位后，稍用力向前方兜腿，过杠面后向左移动，肩稍后倾，同时屈髋（约成90°）。前摆至极点时，向前伸髋、展体，右手与左手依次推杠，右手换撑左杠，越杠挺身落下，在杠外侧立。

动作要求：有展体腾空过程。

保护帮助：保护帮助者站在杠左侧，左手握练习者的上臂，右手托送其腰部，帮助前摆向右越杠跳下。

（七）支撑后摆下（以向左为例）

动作要领：从支撑前摆极点开始，身体后摆至垂直部位时，用力后摆、挺身，超过杠面后向左侧移动。接近极点时右手迅速换撑左杠，重心向左平移，经两臂撑左杠挺身姿势后，左后推杠至臂侧举，身体下落越过左杆至杠外侧。

动作要求：直体后摆高于肩。

保护帮助：保护帮助者在杠左侧，一手握练习者的上臂，另一手从杠中托送其腹部帮助支撑，身体侧移越杠下。

（八）握臂撑屈伸上

动作要领：从挂臂撑前摆过杠面开始，两臂用力压杠，向上举腿翻臀，成臀部高于杠面的屈体挂臂撑姿势。用力向前上方伸腿、送髋，然后立即制动腿，同时两臂用力压杠，上体向前上方急振成稍屈体支撑姿势。

动作要求：成支撑时髋平于肘。

保护帮助：保护帮助者站在杠侧，一手握练习者的上臂，另一手从杠下托其腰部，帮助其上杠至支撑。

第三节　球类

一、篮球

篮球运动是球类项目之一，把球投入对方防守的球架铁圈中算得分，得分多的获胜。要求运动员在跑、跳、投等运动中做出各种反应快速奔跑、停转、跳跃等动作。它是一项对抗性很强的运动项目，可以培养学生勇敢顽强、机智果断和集体主义的优良品质。

（一）基本技术

篮球的基本技术包括脚步动作、传球、接球、运球、投篮、突破防守、抢篮板球等。只有加强基本技术的练习，才能提高篮球的运动水平。

1. 传接球

传接球在篮球运动中最能体现团结合作的集体力量。

（1）双手胸前传接球：双手胸前传球时，双手五指自然张开，拇指相对成“八”字形，用指根从以上部位握住球的后侧部，掌心空出，两肘自然弯曲于体侧，将球置于胸前部位。身体成基本站立姿势，眼睛注视传球目标。

接球，两眼注视来球，两臂伸出迎球，两手五指自然张开；拇指相对成“八”字形，其他手指朝前上方，两手成一个半球形；当手指接触球后，用力握球，同时两臂随球后引缓冲来球力量。双手持球于胸腹之间。

（2）单手肩上传、接球（以右手为例）时，左脚向传球方向迈出半步，同时将手引至面肩上方，肘关节外展，上臂与面近似平行，右手手腕后仰托球的后下部，左肩对着传球方向，重心落在后脚上。接着用右脚蹬地，转体，右前臂迅速向前挥摆，手腕前屈，通过食指、中指拨球，将球传出。

在原地单手接球时，两眼注视来球，右手向来球方向伸出五指自然张开，掌心正对来球，手腕和手指要放松。

2．投篮

投篮是篮球运动中的一项关键性技术，是惟一的得分手段。因此，掌握正确的投篮技术，对投篮命中率有着十分重要的意义。

（1）双手胸前投篮，两肘自然下垂，将球置于胸前。投篮时，两脚蹬地，腰腹部伸展，两臂向前上方伸出，两手腕同时外翻，拇指稍用力压球，食指、中指拨球，使球从拇指、食指、中指指端飞出。球出手后，脚跟提起，身体随投篮出手方向自然伸展。

（2）原地单手肩上投篮：右脚在前，左脚稍后，两膝微屈，重心落在两脚之间。右手五指自然张开，用指根及指根以上部位触球，掌心空出，翻腕托球的后下部，右臂屈肘稍向内收，置球于右肩前上方，上臂与肩关节成水平。投篮时，下脚蹬地发力，右臂随腰腹部伸展向前上方抬肘伸臂，用手腕前屈和手指拨球，使球从食指、中指指端飞出。

（3）行进间单手肩上投篮：在快速奔跑中，右脚向前跨一大步时接球，接着上左脚蹬地起跳，右腿屈膝上抬，同时双手举球于右肩前上方；腾空后，上体稍向后仰，当接近最高点时，向前上方抬肘伸臂，用手腕和手指拨球的力量将球投出。

3．运球

运球动作是由身体姿势、手臂动作、球的落点、手脚协调配合四个环节组成。

（1）高运球：高运球时，上体稍向前倾，抬头目视前方，以肘关节为轴，用手拍按球的后上方，把球的落点控制在身体侧前方。球反弹的高度在大腿的上 1/3 处。

（2）低运球：两膝迅速弯曲，重心降低，抬头目视前方，上体前倾，靠近防守队员一侧，用上体和腿保护球，球反弹的高度在膝关节以下时运球。

（3）体前变向换手运球：以运动员右手运球向对手右侧突破为例。先向对手左侧快速运球，当对手向左侧移动堵截时，运球队员突然变向，用右手拍按球的右侧后上方，并靠近身体向左侧送拍球，使球落在身体的右侧前方反弹，右脚迅速向左侧前方跨出，上体左转并前倾探肩，换手拍按球的后上方，加速运球突破。

（二）基本战术

篮球战术能在比赛中充分发挥队员的身体和技术特长，合理地组织同伴之间的相互配合，同伴之间必须依赖，团结合作，依靠集体力量，在全队的努力配合下更好地发挥个人的作用。

篮球战术可分为进攻战术和防守战术两个部分。

1．进攻战术

（1）传切配合：持球队员传球后摆脱对手向篮下切入，接回传球，投篮或突破。

（2）掩护配合：运球掩护是掩护者利用运球掩护同伴，使同伴借以摆脱防守，从而创造得分机会的一种配合方法。

2．防守战术

（1）半场人盯人防守。半场人盯人防守战术，是在比赛中由攻转守时，全队有组织地迅速退回后场，在半场内每个队员负责盯住一个进攻队员的基础上，利用各种防守基础配合，协同同伴进行防守所组成的一种防守技术。防守选位是根据对手、球篮、球来选位，近球紧、远球松，随时抢占有利位置。防守持球队员一般要逼近对方，保证与对手、球篮成一条线。防守不持球队员要以球为主，人球常顾。根据对手与场上情况的变化，准确及时抢断球，夹击、协防和补防。

（2）区域联防。区域联防是在由攻转守时，队员有组织地迅速退回后场，每个队员分工负责防守一定的区域，并把每个区域有机地相互协调成一个整体的全队防导战术。区域联防一般采用“2-1-2”阵式。这种阵式队员分布比较均衡，外线可防止投篮、突破，内线可防止中锋进攻，利于协调配合和调整变换。

（三）比赛场地和比赛方法

1．比赛场地

篮球场是一个长方形的平面，长 28 米，宽 15 米。球场丈量是从界线的内沿量起，天花板或最低障碍物的高度至少 7 米。

球场照明要均匀，亮度要充足，灯光设备的安装不得妨碍队员的视觉。球场长边的界线叫边线，短边的界线叫端线，中线是从边线的中点画一条平行于端线的线，并且向外两边各延长 15 厘米线宽 5 厘米。它的中心必须落在连接两条端线中点的假想线上。从罚球线两端画两条线至距离端线中心各 3 米的地方，所构成的地面区域叫限制区。罚球区是限制区加上以罚球线中点为圆心，以 1.80 米为半径，向限制区外所画出的半圆区域。在限制区的半圆要画成虚线。中圈要在球场的中央，半径为 1.80 米，从圆圈的外沿丈量。

2．比赛方法

正式比赛时每队上场 5 名队员，由双方各一队员跳起争球。比赛双方各 5 名队员，按比赛规则，通过掷、拍、滚或运，将球投入一定高度的对方球篮得分，同时阻止对方获球或得分。

比赛过程中一般采用半场人盯人防守或区域联防两种方法。半场人盯人防守战术，是以比赛中由攻转守时，全队有组织地迅速退回后场，在半场内每个队员盯住一个进攻队员的基础上，利用各种防守配合，协同同伴进行防守所组成的一种防守方法。区域联防是由攻转守时，队员有组织地迅速退回后场，每个队员分工负责防守一定的区域，并把这个区域有机地、相互协同地连成一个整体的防守战术。

二、排球

排球运动是一项集体性较强的项目。它具有攻防技术的双重性，激烈的对抗性，高度的技巧性，广泛的趣味性和娱乐性等特点。参加排球运动能全面发展身体素质和运动技能。

（一）基本技术

排球的基本技术包括：传球、发球、垫球、扣球和拦网等。

1. 发球

发球是惟一可以不经过比赛过程而直接得分的进攻性技术。

(1) 侧面下手发球：动作简单易学，便于掌握，准确性高，适用于初学者。

发球时，两脚左右开立，侧对发球方向，重心偏右脚，两膝微屈，上身稍前倾，左手持球于腹前，将球向体侧右前约一臂距离垂直抛起，约高 20 厘米；抛球之前，右臂伸直，以肩为轴向右后摆动，借右脚蹬地的力量，身体重心随着右手向前摆动而前移，当球下落时，以手掌根部击球的后下方，同时身体左转。

(2) 正面上手发球：球发出后有一定的进攻性和破坏性，易控制发球的落点，所以此种发球比较普遍采用。

发球时，两脚开立，左脚在前，重心落在右脚上，左手将球置于身前，将球平稳、垂直地抛于右肩前上方；在左手抛球的同时，右臂抬起，肘与肩平，屈肘后引，上体微向右转，挺胸收腹；击球时，上体左转，同时蹬地收腹，带动手臂伸直，向上方快速挥动，用手掌掌根击球的中下部。

2. 垫球

主要用于接发球、拦网回球和接扣球等。常用的垫球技术有正面双手垫球、跨步垫球、体侧垫球、单身垫球等。

(1) 正面双手垫球：垫球前，正对来球方向，迅速移动重叠互握，两拇指平行，手腕下压。当球将要飞到腹前一臂距离时，两臂夹紧外翻前伸，插入球下，用上臂桡骨平面迎击球的后下部将球垫出。

(2) 跨步垫球：垫球时，看准来球落点，一脚支撑并蹬地，另一脚向来球方向跨出一大步，屈膝深蹲，上体前倾，塌腰，臀部下降。两臂插入球下，前臂和手腕部位击球的底部。

3. 传球

传球是组成战术的核心，是衔接防守和进攻的桥梁。

正面上手传球：面对来球，身体成稍蹲准备姿势，两臂屈肘自然举起，放松置于脸前。当来球接近额前上方时，开始蹬地、伸膝、伸臂，两手微张向前上方迎球。击球点在额前上方约一球距离处，当手触球时，两手自然张开，手指微屈成半球形，手腕稍后仰，拇指相对接近“一”字形。用拇指内侧、食指全部、中指二三指节触球，无名指和小指在球两侧辅助控制球的方向。在触球的一瞬间，通过球压在手上，用手指手腕产生的反弹力将球传出。

(二) 基本战术

基本战术是在比赛中根据球的运动规律，有意识地运用合理技术配合，所采用的有目的、有预见性的集体行动。排球的攻守战术体系一般可分为发球技术和接发球技术。

(1) 发球战术：一般可利用加强攻击、控制落点、灵活多变的发球，使对方判断失误，或接发球失误，从而破坏其进攻战术。

(2) 接发球战术：接发球是战术的基础。接发球队员有目的地将球垫到预定位置，组织进攻。接发球的基础阵形有 5 人接发球和 4 人接发球站位。

① 五人接发球站位：一名二传队员站在网前或由后排插上，其余五名队员均负责接发球，并将对方发的球垫到预定位置。在对方发球水平高、落点多变、攻击性强时，大多

采用这种站位，可分为“一三二”站位和“一二三”站位。

② 四人接发球站位：四名队员在后排站一弧形，避免前后左右之间互相干扰，缩短后排插上跑动的距离，有利于组织战术配合。

（三）比赛方法和比赛场地

1. 比赛场地

排球比赛场地呈长方形，是由两个正方形组成，边长 18 米，端线宽 9 米。场地平坦，上空 7 米以内的空间范围不得有障碍物。连接两条边线中点的线叫中线，它将场地分为均等的两个正方形场区。中线两侧 3 米处有两条与中线平行的线叫做进攻线（又称 3 米线）。球场上所有线条都用相同颜色画出（建议用白色），宽度为 5 厘米。球网垂直挂在中线上空。正式比赛时，男子网高 2.43 米，女子网高 2.2 米，少年的球网高度可根据实际情况另做规定。球场两条边线分别向外延伸两条 15 厘米长的短线，构成了发球区。

2. 比赛方法

正式比赛时每队上场队员 6 人，由一方后排 1 号队员在发球区内将球直接发出。每方最多击球三次（拦网除外），每个队员不可连续击打球两次。比赛进行过程中，队员不能触网和越过中线触及对方场区。每球争夺结束后，由胜队发球，如原发球队获胜，则继续发球；如对方胜球，则要先顺时针抢转一个位置再发球。

正式比赛采用五局三胜制。新规则规定，全部五局的比赛都是每球得分，无论双方谁得球权都要得分。前四局采用 25 分制，谁先得到 25 分谁先取胜，但在比分相同时胜队必须要比负队高出 2 分才算获胜。如 24:24 时，先高出对方 2 分的队为获胜队。第五局采用 15 分制，也就是说最后一局决胜局，谁先得到 15 分谁获胜，但当比分 14:14 时，比赛继续进行至领先 2 分为止，无最高分限制。

三、足球

足球是球类运动项目之一，主要用脚踢球。有人称它为“世界第一运动”。足球运动的特点就是在快速和激烈地对抗中完成各种复杂的技术动作。

（一）基本技术

足球运动的基本动作是由踢球、停球、头顶球、运球等技术所组成。

1. 踢球

常见的踢法有脚内侧踢球、脚背正面踢球、脚背内侧踢球。

（1）脚内侧踢球：正对出球方向跑动，最后一步稍大，支撑脚落在球的外侧，膝微屈，踢球的腿内侧正对出球，摆动大腿带动小腿加速前摆，用脚内侧部位击球的后中部。

（2）脚背正面踢球：助跑最后一步稍大，支撑脚踏在球的侧面，脚尖正对出球方向，膝关节微屈，两臂自然张开；踢球的腿以大腿带动小腿由后前摆动，动作要领大致同脚内侧踢球，但是击球时脚背绷直、脚趾扣紧。

（3）脚背内侧踢球：斜线助跑，支撑脚踏在球的侧后方，屈膝，脚尖指向出球方向；踢球的腿以大腿带动小腿迅速前摆，击球的瞬间脚背绷直，脚趾紧扣，脚尖指向斜下方，以脚背内侧部位击球的后中部。

2．停球

主要用脚内侧、胸部停球最普遍。

（1）脚内侧停球。

① 脚内侧停地滚球：支撑脚正对来球，膝微屈；控球的腿弯曲，膝外转并前迎，脚尖稍翘起，当脚与球接触的刹那，开始后撤，用脚内侧接触球。

② 脚内侧停空中球：根据来球的高度，将控球的脚抬起前迎，在脚与球接触的瞬间开始后撤，用脚内侧接触球。

（2）胸部停球：面对来球方向，两脚前后开立，重心前移，挺胸迎球。当球与胸部接触的瞬间，迅速收胸收腹，以缓冲来球力量，把球停在身前，挡压球落地。

3．头顶球

头顶球分为前额正面顶球和前额侧面顶球。

（1）原地前额正面顶球：身体正对来球，两脚前后开立，膝微屈，上体稍后仰，重心放在后脚上，目视来球；在顶球的一刹那，后脚用力蹬地，重心前移，同时迅速向前摆体，颈部紧张快速甩头，用前额正面顶球的后中部。

（2）原地前额侧面顶球：顶球前，与出球方向同侧的腿向前跨出一步，两膝微屈，身体重心放在后脚上，上体和头稍向侧倾斜，转体约 45°，两眼斜视来球。顶球时，后脚蹬地，上体和头向出球方向迅速扭转，屈体甩头，在与出球方向同侧肩的前上方，用前额侧面顶球。

4．运球

包括脚背正面运球、脚背外侧运球、脚内侧运球等。

（1）脚内侧运球：运球时支撑脚稍向前跨，踏在球的前侧方，膝关节稍屈，上体前倾向里转。运球时控球的脚提起，用脚内侧推球的后中部。

（2）脚背外侧运球：跑动中控球的脚提起，膝微屈，脚稍内转，用脚背外侧推拨球。

（3）脚背正面运球：跑动中运球时脚提起，脚尖下指，用脚背正面推拨球前进。

（二）基本战术

足球比赛攻守过程中采取的个人行动和集体配合，称为足球的基本战术。可分为进攻战术和防守战术两大类。

比赛阵形：比赛阵形是指比赛场上队员基本位置的排列，是本队防守力量搭配和分工的形式。

阵形的排列是由后卫数、前卫数、前锋数排列顺序组成。如“4-3-3”阵形，是指 4 个后卫、3 个前卫、3 个前锋。

1．进攻战术

（1）摆脱与跑位：进攻时，无球队员应积极地跑位，摆脱对方，给有球的同伴创造传球的有利条件。采取的方法有突然起动、冲刺跑、急停、突然转向、变速和假动作等。

（2）传球：选择传球目标、掌握传球时机、控制传球力量，将球传给对对方有威胁的队员。

（3）射门：射门是一切战术配合的最终目的。射门必须突然、果断、有力、准确。其中准确是关键。

（4）二过一配合：两人传球配合是集体进攻战术的基础。在局部地区两个进攻队员通过传球与跑位配合，突破一个队员的防守，使进攻向前推进。

（5）全局性进攻战术：是指进攻面比较广，投入的人数比较多的进攻战术配合。它包括边路进攻和中路进攻。

2．防守战术

（1）盯人：防守队员的位置一般在对方控制球的队员与本方球门中心所构成的一条直线上。对非持球对方的防守站位，一般应选在既有利于观察到球的变换位置，又能兼顾到被防守队员的活动情况，与被防守对手的距离，则要以球所处位置距该对手的远近而定。如：对距球远的对手，可采用松动盯人的战术。当球和对方队员接近本方球门时，一般要紧逼盯人。

（2）保护与补位：保护是补位的前提，没有保护也就不可能有效地补位。保护时队员选位间距应适当，应取斜线站位。补位是队员去补空当，或是队员交换防守、相互补位。

（3）围抢：是指几个人同时围住有球队员进行抢球的一种积极的防守方法。

（4）全局性防守战术：包括人盯人防守、区域盯人防守、混合防守等。

（三）基本规则

1．场地规格

面积：长（边线）90～120 米，宽（端线）45～90 米。国际比赛场地长 100～110 米，宽 64～75 米。

球门：两门柱内侧距离 7.32 米，木柱和横木的宽厚不得超过 12 厘米，横木下沿离地面 2.44 米。足球场地各线宽 12 厘米，都包括在规定的区域内。

2．比赛时间和比赛开始

正式比赛时间为 90 分，分上下两半场（各 45 分），中间休息 10 分，每半场损失的时间，由裁判酌情补足。比赛是由攻方在中圈开球，球向前滚动一周开始计时。

3．队员和替补队员

正式比赛时，场上每队 11 人，凡不足 7 人不得开赛或继续比赛。队员因伤或其他原因可在场上死球时替换，被换下场队员不得再上场比赛。

4．死球和恢复比赛

球的整体全部越过边线或端线（包括在空中以及裁判鸣哨停止比赛）为死球。这时应分别掷界外球，踢球门球、角球、任意球及坠球等，重新恢复比赛。

5．进球

以球的位置来判定，即球的整体从球门柱间和横梁下面超过球门线外沿垂直面为进球得分，不以守门员接球时的站位为依据。

6．越位

当进攻队员在踢球或顶球（触球）瞬间，同队队员在守方半场内，所站位置处在球的前面和端线之间，而守方不足两名队员时，则构成越位。直接接到门球、角球和掷界外球不判越位。

7. 犯规和不正当行为

见表 12-1。

表12-1　犯规和不正当行为及处罚方式

犯规和不正当行为		罚则
直接任意球	·踢、绊、摔对方队员 ·跳向对方冲撞和蹬踏 ·有危险性的猛烈冲撞 ·用手或臂拉扯、推拦对方 ·用手或臂有意识触球	1. 对方可直接射门 2. 守方在罚球区犯规，判对方罚点球
间接任意球	·队员为踢球出现危险动作 ·冲撞无球守门员 ·守门员回步，守门员用手接同伴从罚球区外回传球 ·发定位球时，一人连踢 ·越位	在犯规、越位点，由对方踢间接任意球，不得直接射门
警告	·队员擅自进、离场 ·队员连续违反规则 ·对裁判有不礼貌言行或其他不正当行为	1. 劝告 2. 警告 3. 出示黄牌
罚出场	·有恶劣行为或严重、有意犯规 ·连续违反规则，不服判决 ·用言语辱骂裁判，经警告不改	1. 出示红牌 2. 退出比赛

参考文献

[1] 过家兴，等. 运动训练学 [M]. 北京：北京体育大学出版社，1986.
[2] 中国人民解放军总参谋部军训部. 体育训练教材 [M]. 北京：解放军出版社，1989.
[3] 董亚军，等. 警察体能训练通论 [M]. 北京：中国人民公安大学出版社，1996.
[4] 王海源. 浅谈障碍运动的萌芽与发展 [J]. 江苏公安专科学校学报，1996 (6)：112-114.
[5] 王玉泉. 警察体育总论 [M]. 北京：中国人民公安大学出版社，1997.
[6] 田志明. 警察体育教程 [M]. 北京：群众出版社，1999.
[7] 解放军体育学院军体理论研究所. 美国陆军体育训练 [M]. 北京：军事谊文出版社，2000.
[8] 全国体育院校成人教育协作组. 体育概论 [M]. 北京：人民体育出版社，2000.
[9] 陈安槐，等. 体育大辞典 [M]. 上海：上海辞书出版社，2000.
[10] 王海源. 谈警体越障教学训练 [J]. 江苏警官学院学报，2001 (5)：167-170.
[11] 王海源. 论构建21世纪警察体育教育的“三大支点” [J]. 上海体育学院学报，2001 (5)：44-46.
[12] 刘大海，等. 体育与健康理论教程 [M]. 北京：北京体育大学出版社，2001.
[13] 扬世勇，等. 体能训练学 [M]. 成都：四川科学技术出版社，2002.
[14] 晋明朗，等. 军事攀登 [J]. 解放军体育学院学报，2002 (2)：126-128.
[15] [澳] 约翰·A·霍利，等. 运动医学与科学手册——跑步 [M]. 徐昌豹，译. 北京：人民体育出版社，2002.
[16] 约翰·怀斯曼. 强身手册 [M]. 李斯，译. 海口：海南出版社，2003.
[17] 万德光，等. 现代力量训练 [M]. 北京：人民体育出版社，2003.
[18] 李文静. 游泳学练问答 [M]. 北京：北京体育大学出版社，2003.
[19] 克劳斯·博斯. 体能训练晴雨表 [M]. 劳石，译. 北京：中华工商联合出版社，2004.
[20] 王海源. 警察体能基础教育训练 [M]. 北京：中国人民公安大学出版社，2005.
[21] 王海源. 现代警察体能训练的功效性 [J]. 公安教育，2007 (4)：53-55.
[22] 王海源. 警察体育与警务技能辨析 [J]. 北京体育大学学报，2007 (8)：133-137.
[23] 薛天祥. 高等教育学 [M]. 桂林：广西师范大学出版社，2004.
[24] 杨锡让. 实用运动生理学 [M]. 北京：北京体育大学出版社，2007.
[25] 李心天. 医学心理学 [M]. 北京：人民卫生出版社，1993.
[26] 王琳，王安利. 实用运动医务监督 [M]. 北京：北京体育大学出版社，2005.
[27] 张英波. 田径体能训练 [M]. 北京：人民体育出版社，2006.
[28] 李鸿江. 学校体能教程 [M]. 北京：北京体育大学出版社，2003.
[29] 南仲喜，王林. 身体素质训练指导全书 [M]. 北京：北京体育大学出版社，2003.

[30] 刘令姝. 健身房百问 [M]. 北京：北京体育大学出版社，2008.
[31] 赵之心. 哑铃最健身 [M]. 北京：中国轻工业出版社，2008.
[32] 唐思宗，杨世勇. 身体训练学 [M]. 成都：成都科技大学出版社，1992.
[33] 北京体育大学游泳教研室. 跟专家练游泳 [M]. 北京：北京体育大学出版社，1998.